JN005595

頻出度順

漢字検定問題集 4級

成美堂出版

本書の見方と使い方

1 POINT 頻《ひん》出度順だから勉強しやすい!

本書では、これまでの試験問題21年分(約260回分)を集計し、出題回数に応じて、A～Cのランクに分けて出題しています。試験によく出る順に学習できるので、短時間で効率的に学習できます。

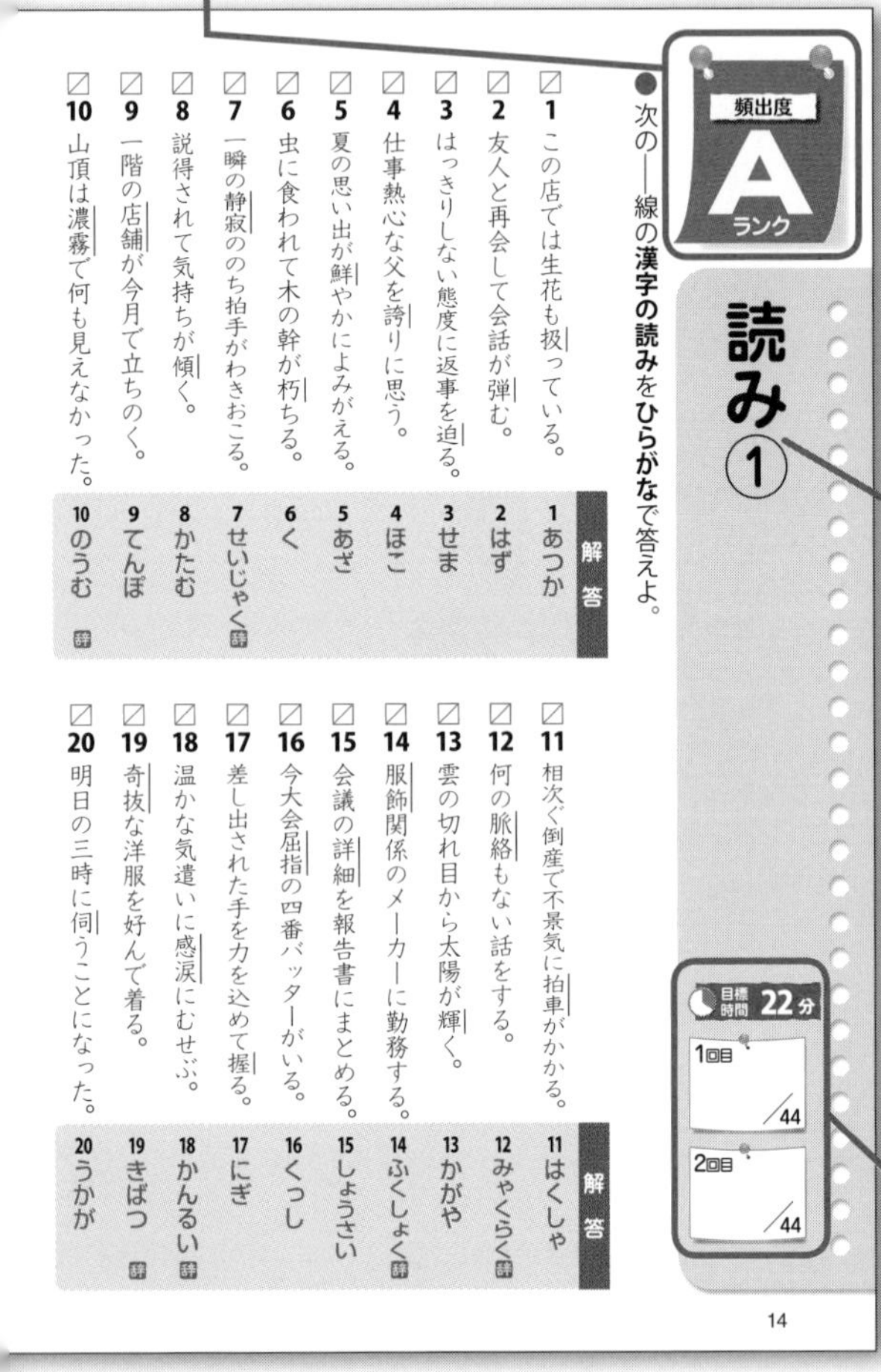
頻出度 A ランク

読み ①

次の――線の漢字の読みをひらがなで答えよ。

1 この店では生花も扱っている。
2 友人と再会して会話が弾む。
3 はっきりしない態度に返事を迫る。
4 仕事熱心な父を誇りに思う。
5 夏の思い出が鮮やかによみがえる。
6 虫に食われて木の幹が朽ちる。
7 一瞬の静寂ののち拍手がわきおこる。
8 説得されて気持ちが傾く。
9 一階の店舗が今月で立ちのく。
10 山頂は濃霧で何も見えなかった。

解答
1 あつか
2 はず
3 せま
4 ほこ
5 あざ
6 く
7 せいじゃく 辞
8 かたむ
9 てんぽ
10 のうむ 辞

11 相次ぐ倒産で不景気に拍車がかかる。
12 何の脈絡もない話をする。
13 雲の切れ目から太陽が輝く。
14 服飾関係のメーカーに勤務する。
15 会議の詳細を報告書にまとめる。
16 今大会屈指の四番バッターがいる。
17 差し出された手を力を込めて握る。
18 温かな気遣いに感涙にむせぶ。
19 奇抜な洋服を好んで着る。
20 明日の三時に伺うことになった。

解答
11 はくしゃ
12 みゃくらく 辞
13 かがや
14 ふくしょく 辞
15 しょうさい
16 くっし
17 にぎ
18 かんるい 辞
19 きばつ 辞
20 うかが

目標時間 22分

1回目 /44

2回目 /44

14

Aランク
これまでに最も出題されているもの。

Bランク
これまでの試験でよく出題されているもの。

Cランク
それほど多く出題されていないが、満点をめざすなら学習しておきたいもの。

出題分野

漢字検定4級では10の分野に分かれています。

目標時間と自己採点記入欄

実際の試験時間(60分)から換算した目標時間です。

5 POINT 別冊「漢字検定4級合格ブック」で配当漢字を完全マスター!

「4級配当漢字表」をはじめ、「重要な熟字訓・当て字」「よく出る部首の問題」など役立つ資料をコンパクトにまとめました。持ち運びに便利なので、別冊だけ持ち歩いて、いつでもどこでも暗記ができます。赤シートにも対応しています。

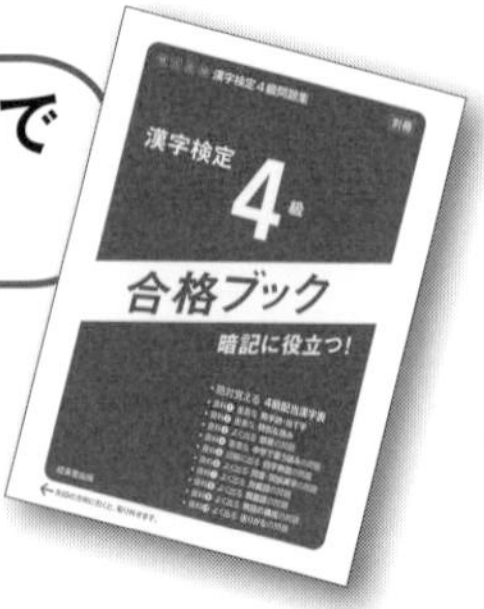

2 POINT 赤シートで答えなどをかくせるからスピーディにチェックできる！

答えを赤シートで隠しながら解いていけばいいので、何度でも気軽に問題を解くことができます。

チェックボックス

間違えた問題をチェックできるので、くり返し勉強できます。

読み
送りがな
四字熟語
誤字訂正
書き取り
模擬テスト
☑21 今回の会合の趣旨を説明する。
☑22 田舎の家は天井が高い。
☑23 畑を荒らすサルを捕獲した。
☑24 船は危険を冒して進んだ。
☑25 母は芋料理をよく作る。
☑26 兄は上級生にも匹敵する力がある。
☑27 試合の前に選手の士気を鼓舞する。
☑28 妹は濃い味つけの料理が好きだ。
☑29 同じ間違いを何度も繰り返す。
☑30 寸暇をおしんで勉強する。
☑31 鉄が腐食してさびが出た。
☑32 図書室で本を熱心に黙読する。
☑33 優雅な舞をたん能する。
☑34 二月は暦の上ではもう春だ。
21 しゅし 22 てんじょう 23 ほかく 24 おか 25 いも 26 ひってき 27 こぶ 28 こ 29 く 30 すんか 31 32 33 34
☑35 誇張して話すくせがある。
☑36 かゆみをおさえる薬を皮膚にぬる。
☑37 細かい筆づかいで風景を描写する。
☑38 修学旅行で京都の寺を巡る。
☑39 放置自転車は歩行者の迷惑だ。
☑40 食事や運動に注意し健康を維持する。
☑41 大事な箇所に赤線を引く。
☑42 村はこの十年ですっかり開拓された。
☑43 事故で電車が三十分遅延した。
☑44 女性のほうが長生きする傾向にある。
35 こちょう 36 ひふ 37 びょうしゃ 38 めぐ 39 めいわく 40 いじ 41 かしょ 42 かいたく 43 ちえん 44 けいこう
意味をCheck!
7 静寂…静かでひっそりしていること。
10 濃霧…こく立ちこめた霧。
12 脈絡…物事のつながり。筋道。
14 服飾…衣服やその飾り、装身具のこと。
18 感涙…感激または感謝して流す涙のこと。
19 奇抜…人の意表をつくほど風変わりなこと。
26 匹敵…競争相手として、実力や価値が同じくらいであること。
30 寸暇…わずかのひま。
31 腐食…くさってくずれること。
42 開拓…未開の地を切り開いて住居などをつくること。
15

3 POINT 辞書いらずのていねいな解説！

辞書をひきたくなるようなむずかしい言葉には、意味を書いてあります。四字熟語もすべて意味が入っているので、辞書を引く手間が省けて、勉強がはかどります。

ひよこのパラパラマンガ

疲れたときにめくってみてください。

辞書のアイコン

この問題の解答または文中の語句について、「意味をCheck《チェック》!」欄で意味を説明しています。

4 POINT 仕上げに使える模擬《ぎ》テスト3回分収録！

本試験とそっくりの形式の模擬テストを3回分用意してあります。実際の試験の60分間で解いて、自分で採点してみましょう。

本書の特長

頻《ひん》出度順だから効率的に学習できる

試験に出やすい漢字を分析《せき》

漢字検定４級では、４級配当漢字の**３１３**字と、**小学校６年間で習う漢字１０２６字を合わせた１３３９字が出題範囲**になります。

とはいえ、この字がすべて出題されるわけではありません。

下の表を見てください。この表は、漢字検定の過去問題21年分(約２６０回分)の試験で実際に出題された問題を分析《せき》した結果です。**出題範囲が決まっているので、特定の漢字が何度も出題されます。**

たとえば、読みの問題では「誇る」が25回も出題されている一方、「威容」は1回しか出題されていません。部首の問題では、「影」と「狩」はどちらも４級配当漢字ですが、「影」が23回出題されているのに対し、「狩」の出題は1回のみです。

過去問題21年分で出題の多い問題

出題分野	出題例(出題回数)
読み	誇る(25回) 幾(24回)
同音・同訓異字	カン―鑑(19回) 乾(16回) 勧(16回) コウ―更(19回) 恒(16回) 抗(16回)
漢字識別	腕(16回) 躍(14回)
熟語の構成	栄枯(23回) 送迎(21回)
部首	壱・影・奥(23回) 彩・殿・誉(22回)
対義語・類義語	繁雑⇔簡略(20回) 用心＝警戒(21回)
送りがな	果てる(18回) 借りる(16回)
四字熟語	是非善悪(33回) 起承転結(28回)
誤字訂正	典示・添示⇩展示(9回) 真刻⇩深刻 など(8回)
書き取り	盛んだ(18回) 裏切る(17回)

分析《せき》結果からA、B、Cランクに分類

本書では、この結果をもとにして、出題回数が多い順に**Aランク**(最頻出問題)、**Bランク**(必修問題)、**Cランク**(満点問題)の３つのランクに分類して問題を掲《けい》載しています。

A ランク 最頻出問題。**過去に何度も繰り返し出題された問題**で、これからも出題されやすい「**試験によく出る問題**」です。覚えておけば得点源につながり、短期間での合格も可能です。

B ランク 必修問題。比較的よく出る問題で、覚えておけば確実に合格することにつながります。

C ランク 満点問題。出題頻度はそれほど高くありませんが、満点をめざすなら覚えておきたい問題です。

４級配当漢字の中で、出題分野によっては実際には出題されたことのない漢字もあります。本書は頻出度順になっているため、そのような漢字を覚えなくてよいようになっています。

漢字検定4級 受検ガイド

実施は年3回、だれでも受けられる

漢字検定は、年齢、性別、国籍《せき》を問わず、だれでも受検できます。

受験方法には、公開会場での個人の受検、準会場での団体受検、コンピューターを使って試験を受けるCBT受検があります。

試験に関する問合せ先

公益財団法人
日本漢字能力検定協会
【ホームページ】https://www.kanken.or.jp/
<本部>
京都市東山区祇園町南側551番地

ホームページにある「よくある質問」を読んで該当する質問がみつからなければメールフォームでお問合せください。電話でのお問合せ窓口は0120-509-315（無料）です。

漢字検定の概要（個人受検の場合）

試験実施	年3回 ①6月中の日曜日 ②10～11月中の日曜日 ③翌年1～2月中の日曜日
試験会場	全国と海外の主要都市
受検料	3500円(4級)
申込方法	インターネット申し込みのみ。日本漢字能力検定協会のホームページから受検者専用サイトで申し込みを行い、クレジットカードやQRコード、コンビニ店頭で決済を行う
申込期間	検定日の約2か月前から1か月前まで
試験時間	60分 開始時間の異なる級をえらべば2つ以上の級を受検することもできる
合格基準	200点満点で正答率70%程度(140点程度)以上が合格の目安
合格の通知	合格者には合格証書、合格証明書、検定結果通知が、不合格者には検定結果通知が郵送される

※本書の情報は制作時点のものです。受検をお考えの方は、ご自身で（公財）日本漢字検定能力協会の発表する最新情報をご確認ください。

各級のレベルと出題内容

級	レベル（対象漢字数）	程　度	主な出題内容	合格基準	検定時間
1	大学・一般程度（約6000字）	常用漢字を含めて、約6000字の漢字の音・訓を理解し、文章の中で適切に使える。	漢字の読み、漢字の書取、故事・諺、対義語・類義語、同音・同訓異字、誤字訂正、四字熟語	200点満点中80%程度	各60分
準1	大学・一般程度（約3000字）	常用漢字を含めて、約3000字の漢字の音・訓を理解し、文章の中で適切に使える。	漢字の読み、漢字の書取、故事・諺、対義語・類義語、同音・同訓異字、誤字訂正、四字熟語		
2	高校卒業・大学・一般程度（2136字）	すべての常用漢字を理解し、文章の中で適切に使える。	漢字の読み、漢字の書取、部首・部首名、送り仮名、対義語・類義語、同音・同訓異字、誤字訂正、四字熟語、熟語の構成		
準2	高校在学程度（1951字）	常用漢字のうち1951字を理解し、文章の中で適切に使える。	漢字の読み、漢字の書取、部首・部首名、送り仮名、対義語・類義語、同音・同訓異字、誤字訂正、四字熟語、熟語の構成	200点満点中70%程度	
3	中学卒業程度（1623字）	常用漢字のうち約1600字を理解し、文章の中で適切に使える。	漢字の読み、漢字の書取、部首・部首名、送り仮名、対義語・類義語、同音・同訓異字、誤字訂正、四字熟語、熟語の構成		
4	中学校在学程度（1339字）	常用漢字のうち約1300字を理解し、文章の中で適切に使える。	漢字の読み、漢字の書取、部首・部首名、送り仮名、対義語・類義語、同音・同訓異字、誤字訂正、四字熟語、熟語の構成		
5	小学校６年生修了程度（1026字）	小学校６年生までの学習漢字を理解し、文章の中で漢字が果たしている役割に対する知識を身に付け、漢字を文章の中で適切に使える。	漢字の読み、漢字の書取、部首・部首名、筆順・画数、送り仮名、対義語・類義語、同音・同訓異字、誤字訂正、四字熟語、熟語の構成		

※６級以下は省略

漢字検定４級の審査基準

程度	常用漢字のうち約1300字を理解し、文章の中で適切に使える。	
領域・内容	**[読むことと書くこと]** 小学校学年別漢字配当表のすべての漢字と、その他の常用漢字約300字の読み書きを習得し、文章の中で適切に使える。	● 音読みと訓読みとを正しく理解していること。 ● 送り仮名や仮名遣いに注意して正しく書けること。 ● 熟語の構成を正しく理解していること。 ● 熟字訓、当て字を理解していること。（小豆＝あずき、土産＝みやげ　など） ● 対義語、類義語、同音・同訓異字を正しく理解していること。
	[四字熟語]四字熟語を理解している。	
	[部　首]部首を識別し、漢字の構成と意味を理解している。	

※本書は出題が予想される形式で構成しています。実際の試験は、（公財）日本漢字能力検定協会の審査基準の変更の有無にかかわらず、出題形式や問題数が変更されることもあります。

2020年度からの試験制度変更について

平成29年改訂の小学校学習指導要領が2020年度から全面実施されたことに伴い、漢字検定でも一部の漢字の配当級が変更になりました。４級では、４級配当漢字だった「香」「井」「沖」が７級配当漢字に変更され、配当漢字から外れています。本書ではこの試験制度変更を踏まえて、配当級が変更となった漢字の出題頻《ぴん》度を予想した上で、A・B・Cの各ランクに予想問題として掲《けい》載しています。

【出題分野別】学習のポイント

読み

配点●1問1点×30問＝30点（総得点の15％）
4級配当漢字からの出題が9割以上です。音読みの出題が約7割、訓読みが約3割です。

❶4級配当漢字をマスターする

読みの問題は30問（30点）あり、全体に占める割合が高い分野ですから、ここでの取りこぼしがないように、4級配当漢字の音読みと訓読みをしっかり覚えましょう。30問中の約7割が音読みの問題、約3割が訓読みの問題です。

過去問題21年分では、次のような問題が多く出題されています。

- 静寂（せいじゃく）
- 脈絡（みゃくらく）
- 誇る（ほこ）
- 幾（いく）
- 茂る（しげ）

❷下級の漢字で中学校で習う読みに注意

4級より下の級の配当漢字で、中学校でその読みを習うものについてもよく出題されています。たとえば、次のようなものです。

- 迷惑（めいわく） ⇩「迷」6級配当漢字
- 盛況（せいきょう） ⇩「盛」5級配当漢字
- 引率（いんそつ） ⇩「率」6級配当漢字
- 羽毛（うもう） ⇩「羽」9級配当漢字

❸熟字訓・当て字・特別な読み

出題数は多くありませんが、必ずといっていいほど出題されます。

- 息子（むすこ）
- 日和（ひより）
- 木綿（もめん）

これらの漢字については、本書の別冊15ページに掲《けい》載してあるので参照して下さい。

同音・同訓異字

配点●1問2点×15問＝30点（総得点の15％）
3問1組のうちの2～3問が、4級配当漢字からの出題です。

❶下級の漢字も要チェック

3問すべて正解するには、下級の漢字もおさらいし、漢字1字の意味も知っておく必要があります。過去問題21年分の試験では

- コウ ― 更（4級）・恒（4級）・抗（4級）
- カン ― 鑑（4級）・勧（4級）・監（4級）

などがよく出題されています。

❷わからないときは問題文を読み返す

- 並んだごちそうにカン声が上がる⇩

ごちそう＝うれしいこと⇩歓

のように考えると、正解の「歓」を見つけることができます。

漢字識別

配点●1問2点×5問＝10点（総得点の5％）

正解の漢字は9割が4級配当漢字で、残りの1割は下級の漢字が使われています。

❶4級配当漢字を熟語とともに覚える

二字熟語についての知識が問われます。正解の漢字はほぼすべてが4級配当の漢字なので、4級配当の漢字と、その漢字を使った熟語を覚えておく必要があります。過去問題21年分では、

- 敏腕・腕力・腕章
- 跳躍・躍動・飛躍

などがよく出題されています。

❷選択《たくし》肢の漢字を消していく

確実にわかった漢字を選択肢から消して、効率よく問題を解いていきましょう。

どうしても正解が出せず、選択肢の漢字のうち、どれが4級配当かがわかるときは、その漢字が正解ではないかと疑ってみるのもひとつの手です。

熟語の構成

配点●1問2点×10問＝20点（総得点の10％）

ほとんどが4級配当漢字を使った熟語です。約1割の熟語は下級の漢字が使われています。

●漢字の関係を答える問題

二字熟語を構成する上下の漢字の関係を次のア～オから選ぶ問題です。

ア 同じような意味の漢字を重ねたもの（**獲得**）
イ 反対または対応の意味を表す字を重ねたもの（**栄枯**）
ウ 上の字が下の字を修飾しているもの（**安眠**）
エ 下の字が上の字の目的語・補語になっているもの（**尽力**）
オ 上の字が下の字の意味を打ち消しているもの（**不屈**）

ア～オの見分け方のコツは、別冊46、47ページを参照してください。

部　首

配点●1問1点×10問＝10点（総得点の5％）

4級配当漢字からの出題が7～8割で、残りの2～3割は下級の漢字から出題されています。

❶4級配当漢字の部首を暗記

部首の問題は、4つの選択《たくし》肢の中から正解となる部首を選ぶ問題です。部首名は問われませんが、部首名とセットで覚えたほうが覚えやすいでしょう。

部首は辞書ごとに異なるものもあるので、協会発行のものを使うといいでしょう。本書もこれに準じています。

❷判別しにくいものはまとめて復習

4級配当漢字以外で部首が判別しにくいものに、次のようなものがあります。

- 翌（5級）⇩羽（立ではない）
- 術（6級）⇩行（彳ではない）
- 受（8級）⇩又（爫ではない）
- 我（5級）⇩戈（一ではない）

対義語・類義語

配点●1問2点×10問＝20点（総得点の10％）

4級配当漢字を使った熟語を中心に、下級の漢字も出題されます。

●熟語の知識を増やす

4級配当漢字、下級の漢字ともに出題されます。対義語5問、類義語5問が出題されます。

過去問題21年分では

対義語
- ●返却⇔借用
- ●繁雑⇔簡略

類義語
- ●用心＝警戒
- ●釈明＝弁解

などがよく出題されています。

漢字や熟語の意味を理解していないと対義語・類義語は答えられません。辞書をひく習慣をつけましょう。

よく出る対義語・類義語については、本書の別冊42～45ページに掲載《けい》してあるので、参照して下さい。

送りがな

配点●1問2点×5問＝10点（総得点の5％）

4級配当漢字を使った問題は4割で、残りの6割は下級の漢字が使われています。

❶訓読みをおさらいする

4級までに学ぶ漢字に正しく送りがなをつけることが求められます。

過去問題21年分では

- ●ハテル（果てる）…7級
- ●タリル（足りる）…10級
- ●モトヅク（基づく）…6級
- ●カリル（借りる）…7級

などがよく出題されています。

❷文字数が多い訓読みは注意

よく出題されるのは、訓読みの文字数が多い漢字です。4級だけでなく、下級の漢字についても、それらの漢字を集中的におさらいしておくのがよいでしょう。

四字熟語

配点●1問2点×10問＝20点（総得点の10％）

短文中の四字熟語のうち、一字を書く問題。4級までに学ぶ漢字から出題されます。

●意味も含めて覚える

問題文から正解を類推するのが難しく、前もって覚えておく必要があります。本書の別冊25～37ページを使いながら意味といっしょに覚えておくのがよいでしょう。

過去問題21年分では

- ●一網ダ尽（一網《いちもう》打尽《だじん》）
- ●山紫水メイ（山《さん》紫《し》水明《すいめい》）

などがよく出題されています。

また、同じ四字熟語であっても書く漢字一字が異なる形で出題されることもあります。たとえば、「起ショウ転結」「起承テン結」といったものですが、本書では、これをふまえて過去問を集計、出題していますので、どんな出題のされ方でも対応できる力が身につきます。

誤字訂正

配点●1問2点×5問＝10点(総得点の5%)

4級配当漢字が誤字・解答になっていることは少なく、ほとんどが下級の漢字からの出題です。

❶文中の二字熟語をよく見る

何気なく読んだだけでは誤りは見つからないので、必ず間違いがある、という気持ちで文章を読むようにします。

過去問題21年分では

- 発期・発奇⇩発揮
- 典示・添示⇩展示
- 真刻　⇩深刻
- 精備・制備⇩整備

などがよく出題されています。

❷時間をかけすぎない

実際の試験では誤字訂正の問題に時間をかけすぎないようにしましょう。総得点に対する比重も低いので、すぐにわからなかった問題は最後にやるようにしたほうが得策です。

書き取り

配点●1問2点×20問＝40点(総得点の20%)

4級配当漢字を使った問題が6〜7割、下級の漢字を使った問題が3〜4割です。

❶4級までの漢字を書けるように

4級までに学んだ漢字が出題範囲になり、音読み・訓読みが半々程度の割合で出題されます。4級配当漢字を使った問題が6〜7割出題されます。

書き取り以外のほかの問題にも言えることですが、「書き」の分野の問題は、下級の漢字も含めて、4級までの漢字を正しく書けるようにしておきましょう。

❷取りこぼしがないようにする

書き取りの問題は全部で20問ですが、配点が1問2点なので総得点が40点になり、全体の20%を占めるため得点源としたいところです。

せっかく覚えた漢字も、うろ覚えだったり乱暴に書いたりして×になってはもったいない話です。正しく覚えて、取りこぼしがないようにしましょう。

❸中学で学ぶ読みに要注意

小学校6年生までに学ぶ学習漢字には、中学校で学ぶ音訓が含まれています。これらの漢字については、本書の別冊19〜24ページに掲《けい》載してあるので、参照して下さい。

- **モト**づく(基)…6級
- ムナ**モト**(胸元)…「胸」5級

❹字形の似ている漢字は要注意

とくに、似たような字形の漢字は、しっかり区別して書けるようにする必要があります。

- 適(6級)─摘(4級)─滴(4級)
- 操(5級)─燥(4級)
- 補(5級)─捕(4級)─舗(4級)
- 性(6級)─姓(4級)

も・く・じ

本書は、
● [頻《ひん》出度順]問題集(A、B、Cランク)
● 模擬《ぎ》テスト
● [別冊]漢字検定4級合格ブック
で構成されています。

Cランク 満点問題

模擬《ぎ》テスト …… 199

［別冊］漢字検定4級合格ブック

本書は2024年7月現在の情報に基づいています。

【頻《ひん》出度順】問題集

頻出度 A ランク

最頻《ひん》出問題

過去の試験で最も出題されているもの。

頻出度 B ランク

必修問題

過去の試験でよく出題されているもの。

頻出度 C ランク

満点問題

出題頻《ひん》度はそれほど多くないが
満点をめざすなら学習しておきたいもの。

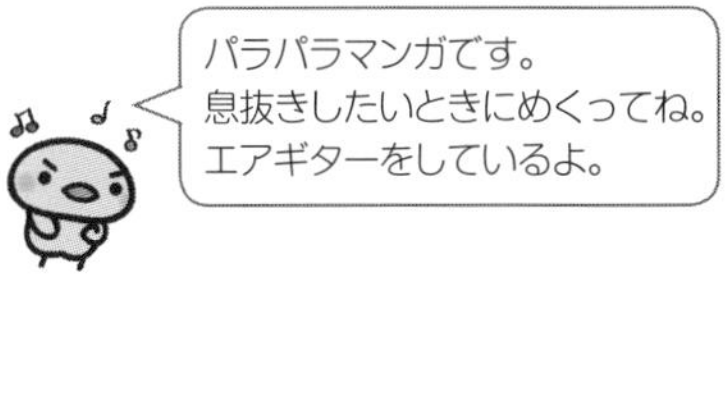
パラパラマンガです。
息抜きしたいときにめくってね。
エアギターをしているよ。

頻出度
A
ランク

読み①

目標時間 22分

1回目 ／44

2回目 ／44

●次の——線の**漢字の読み**を**ひらがな**で答えよ。

□1 この店では生花も扱っている。

□2 友人と再会して会話が弾む。

□3 はっきりしない態度に返事を迫る。

□4 仕事熱心な父を誇りに思う。

□5 夏の思い出が鮮やかによみがえる。

□6 虫に食われて木の幹が朽ちる。

□7 一瞬の静寂ののち拍手がわきおこる。

□8 説得されて気持ちが傾く。

□9 一階の店舗が今月で立ちのく。

□10 山頂は濃霧で何も見えなかった。

解答

1 あつか
2 はず
3 せま
4 ほこ
5 あざ
6 く
7 せいじゃく 辞
8 かたむ
9 てんぽ
10 のうむ 辞

□11 相次ぐ倒産で不景気に拍車がかかる。

□12 何の脈絡もない話をする。

□13 雲の切れ目から太陽が輝く。

□14 服飾関係のメーカーに勤務する。

□15 会議の詳細を報告書にまとめる。

□16 今大会屈指の四番バッターがいる。

□17 差し出された手を力を込めて握る。

□18 温かな気遣いに感涙にむせぶ。

□19 奇抜な洋服を好んで着る。

□20 明日の三時に伺うことになった。

解答

11 はくしゃ
12 みゃくらく 辞
13 かがや
14 ふくしょく 辞
15 しょうさい
16 くっし
17 にぎ
18 かんるい 辞
19 きばつ 辞
20 うかが

☐ **21** 今回の会合の趣旨を説明する。
☐ **22** 田舎の家は天井が高い。
☐ **23** 畑を荒らすサルを捕獲した。
☐ **24** 船は危険を冒して進んだ。
☐ **25** 母は芋料理をよく作る。
☐ **26** 兄は上級生にも匹敵する力がある。
☐ **27** 試合の前に選手の士気を鼓舞する。
☐ **28** 妹は濃い味つけの料理が好きだ。
☐ **29** 同じ間違いを何度も繰り返す。
☐ **30** 寸暇をおしんで勉強する。
☐ **31** 鉄が腐食してさびが出た。
☐ **32** 図書室で本を熱心に黙読する。
☐ **33** 優雅な舞をたん能する。
☐ **34** 二月は暦の上ではもう春だ。

21 しゅし
22 てんじょう
23 ほかく
24 おか
25 いも
26 ひってき 辞
27 こぶ
28 こ
29 く
30 すんか 辞
31 ふしょく 辞
32 もくどく
33 ゆうが
34 こよみ

☐ **35** 誇張して話すくせがある。
☐ **36** かゆみをおさえる薬を皮膚にぬる。
☐ **37** 細かい筆づかいで風景を描写する。
☐ **38** 修学旅行で京都の寺を巡る。
☐ **39** 放置自転車は歩行者の迷惑だ。
☐ **40** 食事や運動に注意し健康を維持する。
☐ **41** 大事な箇所に赤線を引く。
☐ **42** 村はこの十年ですっかり開拓された。
☐ **43** 事故で電車が三十分遅延した。
☐ **44** 女性のほうが長生きする傾向にある。

35 こちょう
36 ひふ
37 びょうしゃ
38 めぐ
39 めいわく
40 いじ
41 かしょ
42 かいたく 辞
43 ちえん
44 けいこう

意味をCheck!

7 静寂…静かでひっそりしていること。
10 濃霧…こく立ちこめた霧。
12 脈絡…物事のつながり。筋道。
14 服飾…衣服やその飾り、装身具のこと。
18 感涙…感激または感謝して流す涙のこと。

19 奇抜…人の意表をつくほど風変わりなこと。
26 匹敵…競争相手として、実力や価値が同じくらいであること。
30 寸暇…わずかのひま。
31 腐食…くさってくずれること。
42 開拓…未開の地を切り開いて住居などをつくること。

頻出度

A

ランク

読み②

目標時間 22分

1回目 /44

2回目 /44

●次の——線の漢字の読みをひらがなで答えよ。

1 弟は優しいが軽薄なところがある。

2 事件について釈明する。

3 就寝時刻は午後十時だ。

4 事の成り行きを慎重に見極める。

5 政治家が街頭で政策を訴える。

6 相手との相違点を認めて付き合う。

7 空が淡いオレンジ色に染まる。

8 災害に備えて飲料水を蓄える。

9 戦争を放棄《き》して恒久の平和をちかう。

10 インフルエンザが猛威をふるう。

解答

1 けいはく 辞

2 しゃくめい 辞

3 しゅうしん

4 しんちょう

5 うった

6 そうい

7 あわ

8 たくわ

9 こうきゅう 辞

10 もうい 辞

11 運動神経はいいが体力は劣る。

12 偉い人の伝記を読んだ。

13 店は息子夫婦にゆずって隠居の身だ。

14 自然の恩恵に感謝する。

15 軒先に柿《かき》をつるす。

16 試験は時間との闘いだと思う。

17 祭りを民俗学的に考察する。

18 鋭い包丁で魚をさばく。

19 その行動は社会の規範に反する。

20 ここ数年で夏の〝緑のカーテン〟が浸透した。

解答

11 おと

12 えら

13 いんきょ

14 おんけい 辞

15 のきさき

16 たたか

17 みんぞく

18 するど

19 きはん 辞

20 しんとう

☐ **21** 自校の野球チームに声援を送る。
☐ **22** 会話が尽きて二人で黙る。
☐ **23** 友人と怖い映画を見に行く。
☐ **24** 煙突から煙が上がる。
☐ **25** 調子に乗った行動を戒める。
☐ **26** 代金が合わせて幾らになるか聞く。
☐ **27** 初もうでで家族の無事を祈願する。
☐ **28** 祖母はいつも柔和な表情をしている。
☐ **29** お年を召した白髪の婦人だ。
☐ **30** 時代に即応した教育が特徴だ。
☐ **31** 春の野原でよもぎを摘む。
☐ **32** 雨にぬれた前髪から滴が落ちる。
☐ **33** 親友につらい胸の内を吐露する。
☐ **34** 大臣の発言が波紋を広げている。

21 せいえん
22 だま
23 こわ
24 えんとつ
25 いまし
26 いく
27 きがん
28 にゅうわ 辞
29 め
30 そくおう
31 つ
32 しずく
33 とろ 辞
34 はもん

☐ **35** 十二月は仕事の繁忙期だ。
☐ **36** クジラが背中からしおを噴く。
☐ **37** 大型の新人投手を獲得する。
☐ **38** 傾斜のきつい山道を登る。
☐ **39** 自分の考えを堅持する。
☐ **40** 深夜勤務は二人で交替で行う。
☐ **41** 彼岸には先祖の墓参りに行く。
☐ **42** 秋の運動会は恒例となっている。
☐ **43** 需要と供給で価格が決まる。
☐ **44** 政府の対応が海外から称賛される。

35 はんぼう 辞
36 ふ
37 かくとく
38 けいしゃ
39 けんじ
40 こうたい
41 ひがん
42 こうれい 辞
43 じゅよう
44 しょうさん

意味をCheck!

1 軽薄…態度や言葉が軽く、誠意や真実みが感じられないこと。
2 釈明…事情などを説明すること。
9 恒久…長く変わらないこと。
10 猛威…猛烈な勢い、すさまじい威力のこと。
14 恩恵…恵み、いつくしみ。

---

19 規範…手本、模範。
28 柔和…性質や態度がやさしくおとなしいこと。
33 吐露…心中に思っていることを隠さずに述べて表すこと。
35 繁忙…業務が多く忙しいこと。
42 恒例…いつも決まって行われること。

頻出度 A ランク

読み③

目標時間 22分

1回目 /44

2回目 /44

●次の――線の**漢字の読み**を**ひらがな**で答えよ。

1 警備中の警察官に尋問される。
2 母は父を駅まで車で送迎している。
3 代金のほかに別途手数料がかかる。
4 休日は雨で暇をもてあました。
5 病院で検査を受けるように勧める。
6 狭い道を運転するのは苦手だ。
7 パソコンを駆使して表を作る。
8 健康のために主食を玄米にする。
9 言葉を尽くして相手に説明する。
10 新しくできた店が盛況を極める。

解答

1 じんもん
2 そうげい
3 べっと 辞
4 ひま
5 すす
6 せま
7 くし 辞
8 げんまい
9 つ
10 せいきょう 辞

11 迫力のある試合に圧倒される。
12 洗たく物を乾燥機にかける。
13 大自然の恵みに感謝する。
14 進路に迷って担任の意見を仰ぐ。
15 水道管の工事で、重機で道路を掘る。
16 他国に使者を遣わして友好を図る。
17 部下の盾となって釈明会見をする。
18 ハトは平和の象徴と言われる。
19 交通事故に辺りは騒然となった。
20 父は今月の中旬にも退院する。

解答

11 はくりょく
12 かんそう
13 めぐ
14 あお
15 ほ
16 つか 辞
17 たて
18 しょうちょう
19 そうぜん 辞
20 ちゅうじゅん

□21 弟はよく唐突な発言をする。
□22 勉強は得意だが運動神経は鈍い。
□23 母はある俳優の熱烈なファンだ。
□24 姉は派遣会社に登録している。
□25 ふろに入って発汗をうながす。
□26 工事中の道路を避けて目的地に行く。
□27 ここ数年で太陽光発電が普及した。
□28 遊園地が今月末で閉鎖される。
□29 山の峰に初雪が白く積もる。
□30 会議の冒頭に社長の訓示があった。
□31 川では水質の汚濁が深刻だ。
□32 家族と病院の橋渡し役となる。
□33 助けを求めて大声で叫ぶ。
□34 事件は作為的に仕組まれた。

21 とうとつ 辞
22 にぶ
23 ねつれつ 辞
24 はけん
25 はっかん
26 さ
27 ふきゅう
28 へいさ
29 みね
30 ぼうとう
31 おだく
32 はしわた
33 さけ
34 さくい 辞

□35 注意が散漫で間違いが多い。
□36 試合は序盤に取られた三点で決まった。
□37 野原の雑草が背丈ほど茂る。
□38 寒くなったので羽毛ぶとんを出す。
□39 将来は戯曲を書くのが夢だ。
□40 恐怖に引きつった表情を浮かべる。
□41 両者が互角に渡り合う好ゲームだ。
□42 一家が死亡する悲惨な火事があった。
□43 兄は優秀で神童の誉れが高い。
□44 甘言につられて投資をする。

35 さんまん
36 じょばん
37 しげ
38 うもう
39 ぎきょく 辞
40 きょうふ
41 ごかく
42 ひさん
43 ほまれ 辞
44 かんげん

意味をCheck!

3 別途…別の方法・用途。
7 駆使…自由に使いこなすこと。
10 盛況…会合などがさかんなありさま。
16 遣わす…上位の者が下位の者を行動させる。派遣する。
19 騒然…がやがやとさわがしいさま。

21 唐突…だしぬけ。突然。
23 熱烈…感情が高ぶって勢いが激しいこと。
34 作為…つくりごと。
39 戯曲…上演する目的で書いた演劇の脚本。台本。
43 誉れ…よいという評判を得ること。

頻出度 A ランク

読み④

目標時間 22分

1回目 /44

2回目 /44

● 次の――線の**漢字の読み**を**ひらがな**で答えよ。

1 詳しい事情が明らかになった。
2 クラス会の参加費を徴収する。
3 引っ越し業者に依頼する。
4 自己の権利を侵害される。
5 夏には池に水草が繁茂する。
6 猛烈な勢いで夕飯を平らげる。
7 水彩で春の野山の風景を描く。
8 威儀を正して式に臨んだ。
9 修学旅行で生徒を引率する。
10 栄誉をたたえて祝賀会を開く。

解答
1 くわ
2 ちょうしゅう
3 いらい
4 しんがい
5 はんも
6 もうれつ
7 えが・か
8 いぎ 辞
9 いんそつ
10 えいよ

11 鉛色の雲が垂れ込めている。
12 要点を箇条書きにして記す。
13 母は祖母の介護をしている。
14 人生の先輩の含蓄ある言葉を聞く。
15 節分で鬼のお面をかぶった。
16 近所の寺の境内で落ち葉を拾う。
17 サラブレッドが芝の上を駆ける。
18 仲間に迎合して悪事をはたらく。
19 家庭内の使途不明金をなくす。
20 父が海外出張していて寂しい。

解答
11 なまり
12 かじょう 辞
13 かいご
14 がんちく 辞
15 おに
16 けいだい
17 か
18 げいごう 辞
19 しと 辞
20 さび

□21 空き巣を捕まえる手柄を立てた。
□22 働いて財産を殖やす。
□23 大勢が集まる場所では私語を慎む。
□24 乾いたひじきを水に浸す。
□25 積載制限を守って荷物を積む。
□26 現実から逃避した生活をした。
□27 レースのカーテンから光が透ける。
□28 祖母は週に一回民謡を習っている。
□29 濃淡をつけた美しい絵を描く。
□30 読者から反響のはがきが届く。
□31 飼っているメダカが繁殖した。
□32 正月には今年の抱負を書き初めにする。
□33 話の矛先が自分に向く。
□34 下級生の模範となる行動をする。

21 てがら
22 ふ
23 つつし
24 ひた
25 せきさい
26 とうひ 辞
27 す
28 みんよう
29 のうたん
30 はんきょう
31 はんしょく
32 ほうふ 辞
33 ほこさき 辞
34 もはん

□35 海外で余暇をのんびり過ごす。
□36 有効成分は細かい粒子になっている。
□37 今年は一度も休まず皆勤だ。
□38 牛乳はカルシウムを含有している。
□39 中学校では吹奏楽部に入りたい。
□40 母は一日、老犬に付き添っている。
□41 市場は一つのメーカーが独占している。
□42 夏の暑さで食料品が腐る。
□43 三歳から日本舞踊を習っている。
□44 平凡ながらも幸せな毎日を送る。

35 よか
36 りゅうし 辞
37 かいきん
38 がんゆう
39 すいそう
40 そ
41 どくせん
42 くさ
43 ぶよう
44 へいぼん

意味をCheck!

8 **威儀**…重々しくいかめしい行動。
12 **箇条書き**…事柄を分けて書き並べること。
14 **含蓄**…深い意味を内部にふくんでいること。
18 **迎合**…他人に気に入られるように調子を合わせること。

19 **使途**…金銭や物資の使いみち。
26 **逃避**…不安からにげたり、さけようとすること。
32 **抱負**…心の中で思っている決意や志望のこと。
33 **矛先**…攻撃の方向。
36 **粒子**…物質を構成する細かいつぶ。

頻出度
A
ランク

読み⑤

目標時間 22分

1回目 ／44

2回目 ／44

● 次の――線の**漢字の読み**を**ひらがな**で答えよ。

1 商品の説明文と実物に矛盾がある。
2 おじは謡曲を結婚式で歌った。
3 バラは十二月から二月まで休眠する。
4 母と同じ看護師の職に就く。
5 小国は隣国に征服された。
6 自分の間違いを認めて謝る。
7 多くの文化人を輩出した大学だ。
8 ねずみを捕まえるのは難しい。
9 肉と野菜を弱火で煮る。
10 遠慮がちにお菓子を食べる。

解答

1 むじゅん
2 ようきょく 辞
3 きゅうみん
4 つ
5 せいふく
6 あやま
7 はいしゅつ 辞
8 つか
9 に
10 えんりょ

11 そうじをしていないので部屋が汚い。
12 兄は神経の過敏なところがある。
13 買ったばかりのおもちゃを壊す。
14 不安定な立場に追いこまれて苦悩する。
15 旅行のことを考えると心が躍る。
16 京都には趣のある庭園が多い。
17 一点の陰りもなく晴れ渡っている。
18 沖縄の海は水が澄んでいる。
19 丹念によった細い糸で仕立てる。
20 資料を添付して提出する。

解答

11 きたな
12 かびん
13 こわ
14 くのう
15 おど
16 おもむき
17 かげ
18 す
19 たんねん 辞
20 てんぷ 辞

21 父の小言に思わず顔を背ける。
22 店の裏口から荷物を搬出する。
23 病床の姉を定期的に見舞う。
24 敏速な行動で危険を避ける。
25 新しい事業は会社の浮沈に関わる。
26 日ごろの慢心が失敗の原因だ。
27 夏は暑いので頭髪を短くした。
28 隣の家は子犬を飼っている。
29 甘い言葉で友人を惑わす。
30 築百年の偉容を誇る大聖堂だ。
31 畑の害虫を農薬を使って駆除する。
32 スポーツクラブの継続手続きをする。
33 新しい商品は独特な香りがする。
34 経営立て直しに手腕を発揮する。

21 そむ
22 はんしゅつ
23 びょうしょう
24 びんそく
25 ふちん 辞
26 まんしん 辞
27 とうはつ
28 となり
29 まど
30 いよう 辞
31 くじょ
32 けいぞく
33 かお
34 しゅわん

35 知り合いを頼って上京する。
36 ようやく詳報が届いた。
37 学術の振興に力を入れる。
38 問題の早期解決を図る。
39 遊園地の絶叫マシンに好んで乗る。
40 すばらしい腕前に脱帽する。
41 法律に抵触する恐れがある。
42 姉はフランスに渡航した。
43 思いがけない指摘に当惑する。
44 パスポートは海外旅行の必需品だ。

35 たよ
36 しょうほう 辞
37 しんこう
38 はか
39 ぜっきょう
40 だつぼう
41 ていしょく 辞
42 とこう
43 とうわく
44 ひつじゅひん

意味をCheck!

2 謡曲…能楽の脚本。また、それに節をつけて歌うこと。
7 輩出…才能のあるすぐれた人が続々と世に出ること。
19 丹念…真心をこめ、念を入れて行うこと。
20 添付…書類などに他のものを添えること。

25 浮沈…栄えることと衰《おとろ》えること。
26 慢心…おごりたかぶること。また、その心。
30 偉容…すぐれて立派な姿。
36 詳報…くわしい知らせ。
41 抵触…ふれること。さしさわること。

頻出度
A
ランク

読み⑥

●次の――線の漢字の読みをひらがなで答えよ。

1 家の仕事を率先して手伝う。
2 初対面の人と握手をする。
3 威勢のいいかけ声をかける。
4 あと一歩のところで獲物を逃がす。
5 模擬《ぎ》テストの結果は合格圏内だった。
6 信頼できる友人に相談する。
7 政治家を風刺した狂歌をつくる。
8 努力して夢がかなったら本望だ。
9 よい縁に恵まれて姉は結婚した。
10 二学期にクラスに転校生を迎える。

解答
1 そっせん
2 あくしゅ
3 いせい
4 えもの
5 けんない 辞
6 しんらい
7 ふうし 辞
8 ほんもう 辞
9 えん
10 むか

11 山頂からの雄大な景色をながめる。
12 試合でけがをして戦線を離脱した。
13 間一髪のところで事故を回避する。
14 のび放題の雑草を刈る。
15 すばらしい成績に驚嘆する。
16 牛を鎖でつないでおく。
17 ラジオで野球の実況中継を聞く。
18 日差しが室内に斜めに差し込む。
19 海水浴中に雷雨に襲われる。
20 タイヤの弾力がなくなる。

解答
11 ゆうだい
12 りだつ
13 かいひ
14 か
15 きょうたん
16 くさり
17 じっきょう
18 なな
19 おそ
20 だんりょく

目標時間 22分

1回目 /44

2回目 /44

- □ 21 峠の茶屋でひと休みする。
- □ 22 遠くに立山《たてやま》連峰が見える。
- □ 23 入園料には乗車代金も含まれている。
- □ 24 粉末のコーヒーをお湯で溶かす。
- □ 25 父は淡泊な味が好みだ。
- □ 26 夜ふかしをしたので寝坊した。
- □ 27 依然として二人が行方不明だ。
- □ 28 今年も稲刈りの季節がやってきた。
- □ 29 その考えは単なる憶測に過ぎない。
- □ 30 練習試合で他県に遠征する。
- □ 31 事件の経緯を詳しく調べる。
- □ 32 互いに成長できるよい関係だ。
- □ 33 数年ぶりに再会して近況を報告する。
- □ 34 我が家の犬は雌である。

21 とうげ
22 れんぽう 辞
23 ふく
24 と
25 たんぱく
26 ねぼう
27 いぜん
28 いねか
29 おくそく
30 えんせい
31 けいい 辞
32 たが
33 きんきょう
34 めす

- □ 35 富士山が秀麗な姿を見せる。
- □ 36 営業所は人が出払って無人だった。
- □ 37 力が強すぎて制御不能になる。
- □ 38 太陽は銀河系の恒星の一つだ。
- □ 39 新人歌手が鮮烈なデビューを果たす。
- □ 40 連絡が取れず不安が増幅する。
- □ 41 なつかしい祖母の追憶に浸る。
- □ 42 添加物を使わないケーキが評判だ。
- □ 43 功績が評価されて殿堂入りする。
- □ 44 道端の雑草にかわいい花を見つける。

35 しゅうれい 辞
36 ではら
37 せいぎょ
38 こうせい
39 せんれつ 辞
40 ぞうふく 辞
41 ついおく 辞
42 てんか
43 でんどう
44 みちばた

意味をCheck!

5 圏内…ある範囲の中。範囲内。
7 風刺…遠まわしに社会・人物の欠点や罪悪などを批判すること。
8 本望…望みがかなって満足であること。
22 連峰…連なっている山々。
31 経緯…物事の詳しい筋道。

35 秀麗…すぐれてうるわしいこと。
39 鮮烈…強烈ではっきりしているさま。
40 増幅…物事の程度を大きくすること。
41 追憶…過ぎ去ったことを思い出すこと。

頻出度 A ランク

読み⑦

目標時間 22分

1回目 /44

2回目 /44

● 次の——線の**漢字の読み**を**ひらがな**で答えよ。

1 十年で町はすっかり寂れた。
2 薄着で出かけて寒風に震える。
3 荷物をまとめて箱詰めする。
4 飛行機の機体後方には尾翼がある。
5 都会を離れて風雅な暮らしをする。
6 事の成り行きをただ傍観する。
7 毎日仕事に忙殺されている。
8 客間に来客用のふとんを敷く。
9 父は体格がよく握力も強い。
10 大勢の中でひときわ異彩を放っている。

解答

1 さび
2 ふる
3 はこづ
4 びよく
5 ふうが
6 ぼうかん 辞
7 ぼうさつ 辞
8 し
9 あくりょく
10 いさい 辞

11 運転免許証の更新に出かける。
12 倒れた友人を必死で介抱する。
13 配属された部署で歓待を受ける。
14 今年一年の無病息災を祈念する。
15 二つの要職を兼務している。
16 このお菓子には香料が使われている。
17 妹は小説の執筆に夢中だ。
18 この町は農業と林業が盛んだ。
19 交替で巡回して安全を確認する。
20 鮮度の低い魚は目が濁っている。

解答

11 こうしん
12 かいほう
13 かんたい
14 きねん 辞
15 けんむ
16 こうりょう
17 しっぴつ
18 さか
19 じゅんかい
20 にご

21 娘の小遣いは月三千円だ。
22 突堤から海をながめる。
23 アルバムをめくって思い出に浸る。
24 あの書道家は重厚な筆致で知られる。
25 姉は容姿端麗なことで知られる。
26 珍しい八重の花が咲いた。
27 国会議員が議会で雄弁に語る。
28 病院で長らく療養生活を送る。
29 父は仕事で疲れているようだ。
30 裏口からどろ棒の入った形跡がある。
31 日ごろの不満が噴出する。
32 そのような行動は是認しがたい。
33 姉は陸上部で跳躍をしている。
34 家の前の私道が舗装された。

21 こづか
22 とってい 辞
23 ひた
24 ひっち 辞
25 たんれい 辞
26 めずら
27 ゆうべん
28 りょうよう
29 つか
30 けいせき 辞
31 ふんしゅつ
32 ぜにん 辞
33 ちょうやく
34 ほそう

35 試合前半は劣勢だったが逆転した。
36 悲恋を描いた名作を読む。
37 甘い味付けの料理を食べた。
38 弟の勝手な行動に迷惑を被る。
39 毎年、年末は仕事が忙しい。
40 子供用に柄の短い包丁を買う。
41 朝から茶柱が立つとは縁起がいい。
42 よその家では行儀よくふるまう。
43 長い黒髪を自慢にしている。
44 外国の飛行機が日本の領空を侵す。

35 れっせい
36 ひれん
37 あま
38 こうむ
39 いそが
40 え
41 えんぎ
42 ぎょうぎ
43 じまん
44 おか

意味をCheck!

6 傍観…かたわらで見ること。そのことに関わらないで、はたで見ていること。
7 忙殺…非常にいそがしいこと。
10 異彩…きわだってすぐれた様子。
14 祈念…神仏にいのること。
22 突堤…海や川に長くつき出た堤防状のもの。
24 筆致…書きぶり。ふでの調子。ふでつき。
25 端麗…形や姿が整って、うるわしいこと。
30 形跡…ある物事があった、はっきりしたあと。あとかた。
32 是認…よいと認めること。

頻出度 A ランク

同音・同訓異字①

目標時間 20分

1回目 /39

2回目 /39

● 次の――線のカタカナにあてはまる漢字をそれぞれのア～オから一つ選び、記号で答えよ。

1 専門家にカン定を依頼する。
2 真冬にはカン燥注意報が出る。
3 問題の多い職員に注意カン告を出す。
（ア 観 イ 鑑 ウ 管 エ 乾 オ 勧）

4 兄にはハク情なところがある。
5 イベントを行い好評をハクす。
6 自分の失敗をハク状する。
（ア 迫 イ 泊 ウ 博 エ 薄 オ 白）

7 新規参入に二の足をフむ。
8 株式投資で資産をフやす。
9 音楽の授業でたて笛をフく。
（ア 吹 イ 振 ウ 踏 エ 殖 オ 降）

解答
1 イ
2 エ
3 オ
4 エ 辞
5 ウ
6 オ
7 ウ
8 エ
9 ア

10 従来の記録を大幅にコウ新した。
11 年末コウ例の行事に参加する。
12 最後の一人になっても抵コウする。
（ア 恒 イ 更 ウ 抗 エ 候 オ 紅）

13 天からフ与された才能を伸ばす。
14 大きな犬にほえられて恐フを感じる。
15 姉はフ教活動に熱心だ。
（ア 怖 イ 布 ウ 府 エ 賦 オ 婦）

16 父に似てタン整な顔立ちをしている。
17 費用の半分を負タンする。
18 今年は有名な画家の生タン百周年だ。
（ア 炭 イ 短 ウ 誕 エ 担 オ 端）

解答
10 イ
11 ア 辞
12 ウ
13 エ 辞
14 ア
15 イ
16 オ
17 エ
18 ウ

☐ 19 先代のやり方を**トウ**襲する。
☐ 20 社長の考え方が社員に浸**トウ**する。
☐ 21 巨大なビルが**トウ**壊した。
（**ア** 透 **イ** 倒 **ウ** 糖 **エ** 登 **オ** 踏）

☐ 22 噴火して**ヨウ**岩が流れ出す。
☐ 23 童**ヨウ**を家族全員で歌った。
☐ 24 母は日本舞**ヨウ**を教えている。
（**ア** 謡 **イ** 溶 **ウ** 要 **エ** 踊 **オ** 陽）

☐ 25 登山で一週間**シン**食を共にする。
☐ 26 不法**シン**入防止の対策をとる。
☐ 27 父は何事にも**シン**重な性格だ。
（**ア** 寝 **イ** 慎 **ウ** 震 **エ** 信 **オ** 侵）

☐ 28 野原で花**ツ**みをして遊ぶ。
☐ 29 竹刀で相手の胴を**ツ**く。
☐ 30 大学を出て職に**ツ**いた。
（**ア** 就 **イ** 突 **ウ** 摘 **エ** 次 **オ** 積）

19	20	21	22	23	24	25	26	27	28	29	30
オ 辞	ア	イ	イ	ア	エ	ア	オ	イ	ウ	イ	ア

☐ 31 不正行**イ**は認められない。
☐ 32 前人未到の**イ**業を成しとげる。
☐ 33 **イ**勢のいいかけ声が響く。
（**ア** 為 **イ** 偉 **ウ** 居 **エ** 移 **オ** 威）

☐ 34 兄は首都**ケン**まで通勤している。
☐ 35 二つの役職を**ケン**務している。
☐ 36 派**ケン**社員として働いている。
（**ア** 権 **イ** 件 **ウ** 兼 **エ** 圏 **オ** 遣）

☐ 37 今年は二十年ぶりの**キョウ**作だ。
☐ 38 サッカーの応援に熱**キョウ**する。
☐ 39 思わぬ発見に**キョウ**嘆する。
（**ア** 狂 **イ** 経 **ウ** 鏡 **エ** 驚 **オ** 凶）

31	32	33	34	35	36	37	38	39
ア	イ 辞	オ	エ	ウ	オ	オ 辞	ア	エ 辞

意味をCheck!

4 薄情…思いやりの気持ちがないこと。また、その様子。
11 恒例…いつも決まって行われること。
13 賦与…分け与えること。
19 踏襲…前人のやり方などをそのまま受け継ぐこと。

32 偉業…すぐれた仕事。偉大な事業。
37 凶作…天候不順などにより、農作物の実りがひどく悪いこと。
39 驚嘆…すばらしいことなどに対しておどろき、感心すること。

頻出度 A ランク

同音・同訓異字②

目標時間 20分

1回目 /39

2回目 /39

● 次の――線のカタカナにあてはまる漢字をそれぞれのア～オから一つ選び、記号で答えよ。

1 大会の優勝をショウ賛する。
2 事件のショウ細をつまびらかにする。
3 簡単に自己ショウ介を行う。
（ア 将 イ 称 ウ 紹 エ 昭 オ 詳）

4 友人に家族を紹カイする。
5 会社が再生する可能性はカイ無だ。
6 初めて会う人物を警カイする。
（ア 会 イ 解 ウ 介 エ 戒 オ 皆）

7 運動会の実キョウを担当する。
8 冷夏が作物の実りに影キョウする。
9 キョウ怖を感じてたじろいだ。
（ア 況 イ 胸 ウ 恐 エ 響 オ 興）

解答
1 イ 辞
2 オ
3 ウ
4 ウ
5 オ 辞
6 エ
7 ア
8 エ
9 ウ

10 首位の座をしっかりケン持する。
11 優勝をかけて真ケン勝負をする。
12 目的の店は数ケン先にある。
（ア 検 イ 剣 ウ 軒 エ 建 オ 堅）

13 親の跡をツいで商売をする。
14 あらゆる手をツくして行方を探す。
15 贈り物の果物を箱にツめる。
（ア 詰 イ 継 ウ 付 エ 尽 オ 着）

16 探ていた事務所に調査をイ頼する。
17 詳しい経イを問いただす。
18 軽い運動をして体調をイ持する。
（ア 緯 イ 依 ウ 違 エ 異 オ 維）

解答
10 オ 辞
11 イ
12 ウ
13 イ 辞
14 エ
15 ア
16 イ
17 ア
18 オ

19 仕事量が多くてボウ殺される。
20 抗議行動をボウ観する。
21 文学作品のボウ頭部分を暗記する。
（ア 坊 イ 傍 ウ 冒 エ 忙 オ 棒）

22 あの曲にはトウ作の疑いがある。
23 現実からトウ避してはいけない。
24 管制トウから指令を出す。
（ア 逃 イ 盗 ウ 塔 エ 党 オ 等）

25 観光のシン興に努める。
26 大雨で川の水が床下にシン入した。
27 師の言葉を人生の指シンとする。
（ア 真 イ 針 ウ 振 エ 浸 オ 進）

28 結婚式は正午からトり行う。
29 中国から来た僧が教えをトく。
30 ワイシャツのボタンをトめる。
（ア 留 イ 執 ウ 取 エ 説 オ 採）

19 エ 辞	20 イ 辞	21 ウ	22 イ	23 ア	24 ウ	25 ウ 辞	26 エ	27 イ	28 イ	29 エ	30 ア

31 倉庫に荷物をハン入する。
32 市ハンの薬を服用する。
33 飼っている鳥がハン殖する。
（ア 板 イ 販 ウ 繁 エ 半 オ 搬）

34 フ敗した政治にはうんざりだ。
35 魚が水面にフ上する。
36 電気自動車のフ及には時間がかかる。
（ア 付 イ 普 ウ 不 エ 腐 オ 浮）

37 大学では民法を専コウする。
38 新たなコウ目を追加する。
39 新連載の原コウを書き始める。
（ア 攻 イ 稿 ウ 功 エ 項 オ 講）

31 オ	32 イ	33 ウ	34 エ	35 オ	36 イ	37 ア 辞	38 エ	39 イ

意味をCheck!

1 称賛…ほめたたえること。
5 皆無…まったくないこと。
10 堅持…自分の考えを守って譲らないこと。
13 継ぐ…継承する。保ち続ける。
19 忙殺…非常に忙しいこと。
20 傍観…かたわらで見ること。そのことに関わらないで、はたで見ていること。
25 振興…産業などが盛んになること。
37 専攻…一つのことを専門に研究すること。

頻出度 A ランク

同音・同訓異字③

目標時間 20分

1回目 /39

2回目 /39

●次の――線のカタカナにあてはまる漢字をそれぞれのア～オから一つ選び、記号で答えよ。

1 毎朝午前六時に起ショウする。
2 日々ショウ進することをちかう。
3 曲がったことのできないショウ分だ。
（ア 性 イ 賞 ウ 精 エ 省 オ 床）

4 巨大なビルが倒カイした。
5 今年もアユ漁がカイ禁になる季節だ。
6 旅行当日はカイ晴になった。
（ア 解 イ 快 ウ 界 エ 壊 オ 開）

7 わかりやすい風シ画が人気だ。
8 議題の趣シを説明する。
9 カブトムシのシ雄は角で見分ける。
（ア 視 イ 詞 ウ 刺 エ 旨 オ 雌）

解答
1 オ
2 ウ 辞
3 ア
4 エ
5 ア
6 イ
7 ウ
8 エ 辞
9 オ

10 来客があるのでタン念にそうじをする。
11 野生生物の習性に驚タンする。
12 濃タンをつけた色合いが見事だ。
（ア 丹 イ 探 ウ 単 エ 淡 オ 嘆）

13 コウ天のため出発を見合わせた。
14 お菓子を作るのにコウ料を使う。
15 新しい教えを信コウする。
（ア 皇 イ 香 ウ 仰 エ 荒 オ 孝）

16 一着でゴールをカけ抜ける。
17 実った稲をカり取る季節だ。
18 弟は注意力にカけるところがある。
（ア 借 イ 狩 ウ 駆 エ 欠 オ 刈）

解答
10 ア
11 オ 辞
12 エ
13 エ
14 イ
15 ウ
16 ウ
17 オ
18 エ

19 注意事項を箱の表に記サイする。
20 美しい色サイの風景画を描く。
21 サイ月のたつのは早いものだ。
（ア 菜 イ 歳 ウ 彩 エ 載 オ 際）

22 子供の健やかな成長をキ願する。
23 キ抜なデザインが人気の秘密だ。
24 そのような説はキ上の空論だ。
（ア 奇 イ 喜 ウ 祈 エ 起 オ 机）

25 夏休みの旅行でホテルにトまる。
26 ジャングルで獲物をトらえる。
27 砂糖を水にトかす。
（ア 停 イ 盗 ウ 捕 エ 溶 オ 泊）

28 立ち入り禁止のハン囲が拡大する。
29 結果はまもなくハン明する。
30 諸ハンの事情により延期する。
（ア 飯 イ 範 ウ 版 エ 判 オ 般）

19 エ
20 ウ
21 イ 辞
22 ウ
23 ア
24 オ
25 オ
26 ウ
27 エ
28 イ
29 エ
30 オ 辞

31 試験のケイ向を分せきする。
32 大自然の恩ケイを受ける。
33 師の技術をケイ承する。
（ア 系 イ 継 ウ 景 エ 傾 オ 恵）

34 ハク真の演技に感動する。
35 人手不足にハク車がかかる。
36 港に船が停ハクしている。
（ア 泊 イ 拍 ウ 迫 エ 白 オ 博）

37 プールには二人のカン視員がいる。
38 観客からカン声が上がった。
39 カン言につられて行動を共にする。
（ア 歓 イ 甘 ウ 完 エ 館 オ 監）

31 エ
32 オ
33 イ 辞
34 ウ
35 イ
36 ア
37 オ
38 ア
39 イ 辞

意味をCheck!

2 精進…一つのことに集中して努力すること。一定期間、行いを慎んで身を清めること。
8 趣旨…文章や話で言おうとしていること。また、あることをする目的や理由。
11 驚嘆…すばらしさに感心すること。おどろいて感心すること。
21 歳月…年月のこと。
30 諸般…いろいろな事情や要因。
33 継承…先人の権利や財産などを受けつぐこと。
37 甘言…相手が気に入るように口先だけで言う、うまい言葉。

頻出度
A
ランク

同音・同訓異字④

目標時間 20分

1回目 /39

2回目 /39

●次の――線のカタカナにあてはまる漢字をそれぞれのア～オから一つ選び、記号で答えよ。

1 ヒ写体は自然の中の動物たちだ。
2 ヒ岸には祖母がおはぎを作る。
3 事故はなんとか回ヒされた。
（ア比 イ彼 ウ秘 エ被 オ避）

4 心臓のコ動が聞こえる。
5 母は話をコ張するくせがある。
6 犯人の決め手となる証コを示す。
（ア鼓 イ故 ウ拠 エ誇 オ呼）

7 結婚後も旧セイで活動している。
8 隣県の高校へ遠セイ試合に行く。
9 パーティーはセイ会のうちに終わった。
（ア姓 イ征 ウ精 エ成 オ盛）

解答
1 エ
2 イ 辞
3 オ
4 ア
5 エ 辞
6 ウ
7 ア
8 イ
9 オ 辞

10 テレビの普キュウが生活を変えた。
11 大女優が演じた不キュウの名作だ。
12 夏休みに鳥取の砂キュウを旅する。
（ア急 イ旧 ウ朽 エ丘 オ及）

13 オーケストラで指揮棒をフる。
14 熱があるか、おでこにフれる。
15 フってわいたような災難にあう。
（ア踏 イ触 ウ降 エ増 オ振）

16 カン境を守る活動をしている。
17 運動で意識的に発カンをうながす。
18 用件をメモにカン潔に記す。
（ア簡 イ感 ウ環 エ関 オ汗）

解答
10 オ
11 ウ 辞
12 エ
13 オ
14 イ
15 ウ
16 ウ
17 オ
18 ア

□19 ねこがエン側で昼寝をしている。
□20 運動会で声エンを送った。
□21 噴エンが山の斜面から立ちのぼる。
（ア 園 イ 遠 ウ 煙 エ 援 オ 縁）

□22 ベビーカーをオして散歩に出かける。
□23 相手の気持ちをオし量る。
□24 試合は後半熱気をオびる。
（ア 折 イ 押 ウ 推 エ 追 オ 帯）

□25 帰りの電車がなくなりト方に暮れる。
□26 ト航手続きのために大使館へ行く。
□27 苦しい胸の内をト露した。
（ア 吐 イ 途 ウ 徒 エ 都 オ 渡）

□28 心をコめて手紙をしたためる。
□29 コえた土地を選んで作物を育てる。
□30 このコーヒーはずいぶんコい。
（ア 込 イ 混 ウ 肥 エ 濃 オ 超）

19 オ
20 エ
21 ウ 辞
22 イ
23 ウ
24 オ
25 イ 辞
26 オ
27 ア 辞
28 ア
29 ウ
30 エ

□31 谷川の水はスみ切っていた。
□32 シャツからはだがスけて見える。
□33 役所で転入手続きをスます。
（ア 住 イ 済 ウ 透 エ 捨 オ 澄）

□34 真冬には乾ソウ注意報が出る。
□35 警報機が鳴って周囲がソウ然とする。
□36 高ソウの説法を心して聞いた。
（ア 奏 イ 騒 ウ 燥 エ 層 オ 僧）

□37 ゲームの発売日に客が殺トウした。
□38 トウ突な質問をして驚かれる。
□39 最後まであきらめずに健トウした。
（ア 闘 イ 到 ウ 湯 エ 唐 オ 灯）

31 オ
32 ウ
33 イ
34 ウ
35 イ 辞
36 オ
37 イ
38 エ
39 ア

意味をCheck!

2 彼岸…春分・秋分の日を中日とした七日間。
5 誇張…実際よりもおおげさに表現すること。
9 盛会…盛大でにぎやかな会合。
11 不朽…いつまでもくちないこと。後世まで長く残ること。

21 噴煙…火山の火口からふき上がる煙。
25 途方…方向。手段。道理。
27 吐露…心の内にあることを、隠さず述べること。
35 騒然…がやがやとさわがしいさま。

頻出度 A ランク

漢字識別①

目標時間 11分

1回目 /22

2回目 /22

● 次の三つの□に**共通する漢字**を入れて熟語を作れ。漢字はそれぞれ左側の□内の**ア〜コ**から**一つ**選び、**記号**で答えよ。

1 敏□・□力・□章

2 跳□・□動・飛□

3 追□・□起・□破

4 奇□・□案・微□

5 猛□・□火・鮮□

ア 烈　イ 妙　ウ 躍　エ 尽　オ 腕
カ 突　キ 発　ク 感　ケ 明　コ 振

解答

1 オ　敏腕《びんわん》・腕力《わんりょく》・腕章《わんしょう》

2 ウ　跳躍《ちょうやく》・躍動《やくどう》・飛躍《ひやく》 辞

3 カ　追突《ついとつ》・突起《とっき》・突破《とっぱ》

4 イ　奇妙《きみょう》・妙案《みょうあん》・微妙《びみょう》

5 ア　猛烈《もうれつ》・烈火《れっか》・鮮烈《せんれつ》

6 □談・額□・□側

7 接□・感□・□発

8 首□・□行・□翼

9 機□・□細・□妙

10 □角・交□・相□

ア 触　イ 互　ウ 想　エ 片　オ 講
カ 縁　キ 絶　ク 微　ケ 折　コ 尾

解答

6 カ　縁談《えんだん》・額縁《がくぶち》・縁側《えんがわ》

7 ア　接触《せっしょく》・感触《かんしょく》・触発《しょくはつ》 辞

8 コ　首尾《しゅび》・尾行《びこう》・尾翼《びよく》

9 ク　機微《きび》・微細《びさい》・微妙《びみょう》 辞

10 イ　互角《ごかく》・交互《こうご》・相互《そうご》

11 固□・□念・□行

12 権□・□厳・猛□

13 離□・□走・□落

14 逃□・回□・□暑

15 □出・□骨・吐□

16 紹□・□護・□入

ア 介	イ 露	ウ 避	エ 亡	オ 追
カ 観	キ 威	ク 執	ケ 脱	コ 完

11 ク 辞 固執《こしつ》・執念《しゅうねん》・執行《しっこう》

12 キ 権威《けんい》・威厳《いげん》・辞 猛威《もうい》

13 ケ 離脱《りだつ》・脱走《だっそう》・脱落《だつらく》

14 ウ 逃避《とうひ》・回避《かいひ》・避暑《ひしょ》

15 イ 露出《ろしゅつ》・露骨《ろこつ》・辞 吐露《とろ》

16 ア 紹介《しょうかい》・介護《かいご》・介入《かいにゅう》

17 □利・新□・□敏

18 □礼・行□・流□

19 □第・追□・普□

20 □約・□礼・未□

21 □号・□賛・通□

22 □正・極□・道□

ア 巡	イ 及	ウ 婚	エ 端	オ 致
カ 称	キ 鋭	ク 儀	ケ 熟	コ 権

17 キ 鋭利《えいり》・新鋭《しんえい》・鋭敏《えいびん》

18 ク 儀礼《ぎれい》・行儀《ぎょうぎ》・流儀《りゅうぎ》

19 イ 及第《きゅうだい》・辞 追及《ついきゅう》・普及《ふきゅう》

20 ウ 婚約《こんやく》・婚礼《こんれい》・未婚《みこん》

21 カ 辞 称号《しょうごう》・称賛《しょうさん》・通称《つうしょう》

22 エ 端正《たんせい》・極端《きょくたん》・道端《みちばた》

意味をCheck!

2 飛躍…急速に進歩・向上すること。発展して活躍すること。

7 触発…感情や意欲などを起こさせること。

9 機微…表面だけではわからない、微妙な趣や事情。

11 固執…「こしゅう」とも。自分の意見を曲げないこと。

12 猛威…猛烈な勢い、すさまじい威力のこと。

15 吐露…心の内にあることを、隠さず述べること。

19 追及…責任などを、どこまでも問いただすこと。

21 称号…呼び名。とくに身分・資格などを表す物。

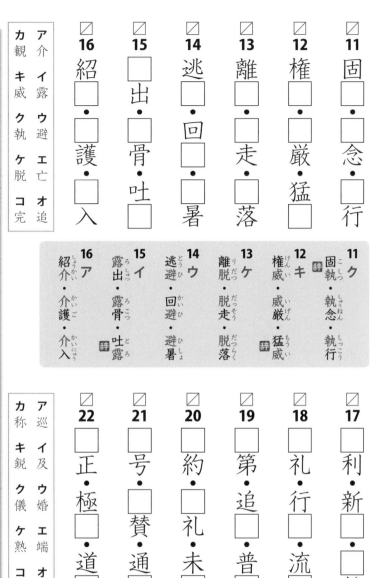

頻出度 A ランク

漢字識別②

目標時間 11分

1回目 ／22

2回目 ／22

● 次の三つの□に**共通する漢字**を入れて熟語を作れ。漢字はそれぞれ左側の□内の**ア〜コ**から**一つ**選び、**記号**で答えよ。

☐ **1** □章・波□・指□

☐ **2** □星・困□・迷□

☐ **3** 選□・□群・奇□

☐ **4** 勇□・□威・□烈

☐ **5** □舞・太□・□笛隊

ア 抜　**イ** 考　**ウ** 退　**エ** 難　**オ** 乱
カ 惑　**キ** 及　**ク** 鼓　**ケ** 猛　**コ** 紋

解答

1 **コ** 紋章《もんしょう》・波紋《はもん》・指紋《しもん》 辞

2 **カ** 惑星《わくせい》・困惑《こんわく》・迷惑《めいわく》

3 **ア** 選抜《せんばつ》・抜群《ばつぐん》・奇抜《きばつ》

4 **ケ** 勇猛《ゆうもう》・猛威《もうい》・猛烈《もうれつ》

5 **ク** 鼓舞《こぶ》・太鼓《たいこ》・鼓笛隊《こてきたい》 辞

☐ **6** 高□・□性・自□

☐ **7** □秘・□端・□致

☐ **8** □折・□服・□指

☐ **9** 記□・積□・連□

☐ **10** 指□・□出・□発

ア 極　**イ** 突　**ウ** 載　**エ** 黙　**オ** 立
カ 屈　**キ** 摘　**ク** 曲　**ケ** 慢　**コ** 盟

解答

6 **ケ** 高慢《こうまん》・慢性《まんせい》・自慢《じまん》

7 **ア** 極秘《ごくひ》・極端《きょくたん》・極致《きょくち》 辞

8 **カ** 屈折《くっせつ》・屈服《くっぷく》・屈指《くっし》

9 **ウ** 記載《きさい》・積載《せきさい》・連載《れんさい》

10 **キ** 指摘《してき》・摘出《てきしゅつ》・摘発《てきはつ》

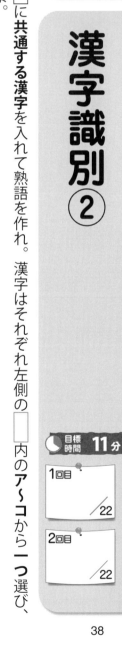

11 暗□・□秘・□認

12 陰□・□響・□法師

13 支□・□護・応□

14 印□・□定・□賞

15 □下・冷□・退□

16 □形・遺□・奇□

ア 黙　イ 用　ウ 骨　エ 跡　オ 鑑
カ 影　キ 承　ク 援　ケ 反　コ 却

11 **ア** 暗黙《あんもく》・黙秘《もくひ》・黙認《もくにん》 辞

12 **カ** 陰影《いんえい》・影響《えいきょう》・影法師《かげぼうし》

13 **ク** 支援《しえん》・援護《えんご》・応援《おうえん》

14 **オ** 印鑑《いんかん》・鑑定《かんてい》・鑑賞《かんしょう》

15 **コ** 却下《きゃっか》・冷却《れいきゃく》・退却《たいきゃく》 辞

16 **エ** 跡形《あとかた》・遺跡《いせき》・奇跡《きせき》

17 □反・相□・□和感

18 □色・精□・光□

19 新□・□明・□烈

20 □動・物□・□音

21 □速・□感・鋭□

22 □破・目□・□退

ア 違　イ 彩　ウ 敏　エ 密　オ 逆
カ 撃　キ 利　ク 鮮　ケ 騒　コ 移

17 **ア** 違反《いはん》・相違《そうい》・違和感《いわかん》 辞

18 **イ** 彩色《さいしき》・精彩《せいさい》・光彩《こうさい》 辞

19 **ク** 新鮮《しんせん》・鮮明《せんめい》・鮮烈《せんれつ》

20 **ケ** 騒動《そうどう》・物騒《ぶっそう》・騒音《そうおん》

21 **ウ** 敏速《びんそく》・敏感《びんかん》・鋭敏《えいびん》 辞

22 **カ** 撃破《げきは》・目撃《もくげき》・撃退《げきたい》

意味をCheck!

1 波紋…水面に物が落ちたときなどにできる、輪のような模様。周囲に次々と与えていく影響。

5 鼓舞…励まし気持ちを奮い立たせること。

7 極致…力をつくして最後に達するところ。

11 黙認…暗黙のうちに許可すること。

15 却下…願書などを取り上げずに、差しもどすこと。しりぞけもどすこと。

17 相違…二つのものが互いにちがっていること。

18 精彩…美しいいろどり。

21 鋭敏…感覚がするどいこと。才知がするどく、頭がよいこと。

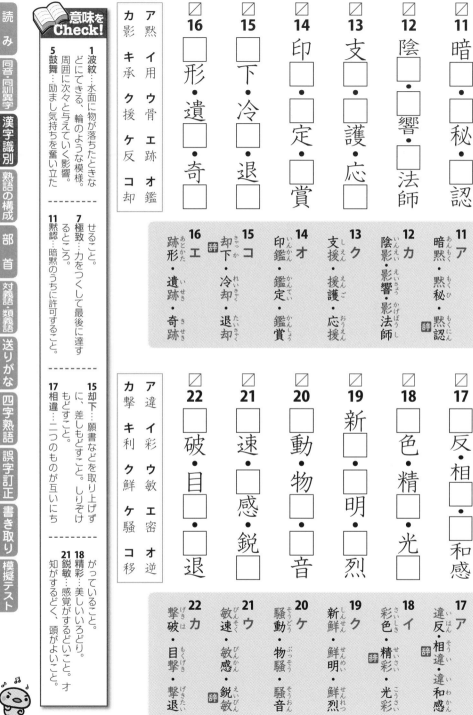

頻出度 **A** ランク

漢字識別③

目標時間 11分

1回目 /22

2回目 /22

● 次の三つの□に**共通する漢字**を入れて熟語を作れ。漢字はそれぞれ左側の□内の**ア〜コ**から**一つ**選び、**記号**で答えよ。

1 傾□・□面・□線

2 一□・□時・□発力

3 養□・繁□・□産

4 □圧・□力・爆□

5 □堂・神□・□様

ア 殖　イ 殿　ウ 斜　エ 栄　オ 仕
カ 発　キ 瞬　ク 弾　ケ 当　コ 倒

解答

1 **ウ** 傾斜《けいしゃ》・斜面《しゃめん》・斜線《しゃせん》

2 **キ** 一瞬《いっしゅん》・瞬時《しゅんじ》・瞬発力《しゅんぱつりょく》

3 **ア** 養殖《ようしょく》・繁殖《はんしょく》・辞 殖産《しょくさん》

4 **ク** 辞 弾圧《だんあつ》・弾力《だんりょく》・爆弾《ばくだん》

5 **イ** 殿堂《でんどう》・神殿《しんでん》・殿様《とのさま》

6 運□・□送・□入

7 □囲・師□・模□

8 □線・□観・路□

9 散□・□遊・□画

10 □走・混□・□子

ア 範　イ 搬　ウ 漫　エ 傍　オ 周
カ 壁　キ 雑　ク 肩　ケ 放　コ 迷

解答

6 **イ** 運搬《うんぱん》・搬送《はんそう》・搬入《はんにゅう》

7 **ア** 範囲《はんい》・師範《しはん》・辞 模範《もはん》

8 **エ** 傍線《ぼうせん》・辞 傍観《ぼうかん》・路傍《ろぼう》

9 **ウ** 辞 散漫《さんまん》・漫遊《まんゆう》・漫画《まんが》

10 **コ** 迷走《めいそう》・辞 混迷《こんめい》・迷子《まいご》

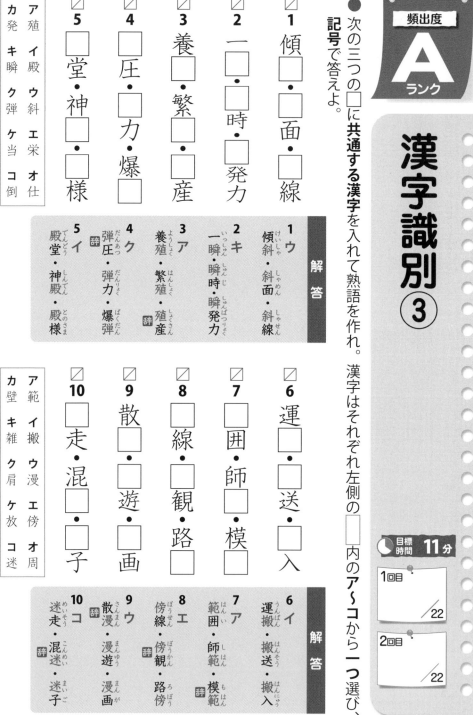

ア 欄　イ 共　ウ 濁　エ 奇　オ 政
カ 史　キ 対　ク 抗　ケ 雷　コ 壁

☑ 11 空□・□外・□干

☑ 12 好□心・□跡・□抜

☑ 13 □議・抵□・□争

☑ 14 □流・汚□・□音

☑ 15 絶□・□画・岸□

☑ 16 □鳴・□雨・落□

11 ア 空欄《くうらん》・欄外《らんがい》・欄干《らんかん》 辞

12 エ 好奇心《こうきしん》・奇跡《きせき》・奇抜《きばつ》

13 ク 抗議《こうぎ》・抵抗《ていこう》・抗争《こうそう》

14 ウ 濁流《だくりゅう》・汚濁《おだく》・濁音《だくおん》

15 コ 絶壁《ぜっぺき》・壁画《へきが》・岸壁《がんぺき》

16 ケ 雷鳴《らいめい》・雷雨《らいう》・落雷《らくらい》

ア 到　イ 為　ウ 震　エ 精　オ 居
カ 両　キ 念　ク 財　ケ 離　コ 依

☑ 17 □替・行□・作□

☑ 18 周□・□着・□達

☑ 19 □反・距□・別□

☑ 20 □進・丹□・□鋭

☑ 21 耐□・□源・□災

☑ 22 □然・□存・□頼

17 イ 為替《かわせ》・行為《こうい》・作為《さくい》

18 ア 周到《しゅうとう》・到着《とうちゃく》・到達《とうたつ》

19 ケ 離反《りはん》・距離《きょり》・別離《べつり》

20 エ 精進《しょうじん》・丹精《たんせい》 辞・精鋭《せいえい》

21 ウ 耐震《たいしん》・震源《しんげん》・震災《しんさい》

22 コ 依然《いぜん》・依存《いぞん》・依頼《いらい》

意味をCheck!

3 殖産…生産物を増やすこと。産業をさかんにすること。
4 弾圧…力でおさえつけること。
7 模範…見習うべき手本。

8 傍観…かたわらで見ること。そのことに関わらないで、はたで見ていること。
9 散漫…とりとめのないさま。しまりのないさま。

10 混迷…混乱して見通しのつかないこと。
11 欄干…人が落ちないように、橋や階段などに作り付けられた手すり。

20 丹精…真心。また、真心を込めて物事をすること。

頻出度 **A** ランク

漢字識別④

目標時間 11分

1回目 ／22

2回目 ／22

● 次の三つの□に**共通する漢字**を入れて熟語を作れ。漢字はそれぞれ左側の□内の**ア～コ**から**一つ**選び、**記号**で答えよ。

☐ **1** □曲・遊□・□画

☐ **2** □承・□続・中□

☐ **3** □出・後□・弱□

☐ **4** □無・□頂天・固□

☐ **5** 失□・悲□・□愛

ア 惨	**イ** 映	**ウ** 有	**エ** 執	**オ** 味
カ 伝	**キ** 継	**ク** 輩	**ケ** 恋	**コ** 戯

解答

1 **コ** 戯曲《ぎきょく》・遊戯《ゆうぎ》・戯画《ぎが》 辞

2 **キ** 継承《けいしょう》・継続《けいぞく》・中継《ちゅうけい》

3 **ク** 輩出《はいしゅつ》・後輩《こうはい》・弱輩《じゃくはい》 辞

4 **ウ** 有無《うむ》・有頂天《うちょうてん》・固有《こゆう》

5 **ケ** 失恋《しつれん》・悲恋《ひれん》・恋愛《れんあい》 辞

☐ **6** □国・閉□・連□

☐ **7** 悲□・□劇・陰□

☐ **8** □放・解□・□明

☐ **9** □撃・世□・□名

☐ **10** 寝□・□下・起□

ア 鳴	**イ** 襲	**ウ** 釈	**エ** 具	**オ** 鎖
カ 絡	**キ** 床	**ク** 惨	**ケ** 除	**コ** 散

解答

6 **オ** 鎖国《さこく》・閉鎖《へいさ》・連鎖《れんさ》

7 **ク** 悲惨《ひさん》・惨劇《さんげき》・陰惨《いんさん》

8 **ウ** 釈放《しゃくほう》・解釈《かいしゃく》・釈明《しゃくめい》

9 **イ** 襲撃《しゅうげき》・世襲《せしゅう》・襲名《しゅうめい》 辞

10 **キ** 寝床《ねどこ》・床下《ゆかした》・起床《きしょう》

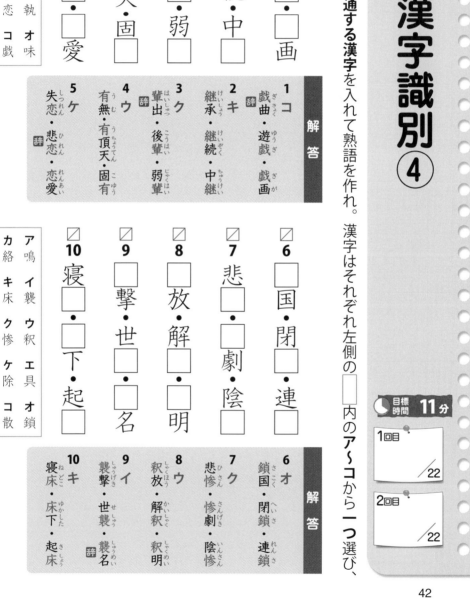

11 □細・□報・不□
12 □動・□興・不□
13 貯□・含□・□積
14 □着・浮□・□痛
15 圧□・□壊・傾□
16 基□・終□・地□

ア 慮　イ 決　ウ 振　エ 倒　オ 詳
カ 沈　キ 盤　ク 末　ケ 委　コ 蓄

11 オ　詳細《しょうさい》・詳報《しょうほう》 辞・不詳《ふしょう》
12 ウ　振動《しんどう》・振興《しんこう》・不振《ふしん》
13 コ　貯蓄《ちょちく》・含蓄《がんちく》 辞・蓄積《ちくせき》
14 カ　沈着《ちんちゃく》・浮沈《ふちん》 辞・沈痛《ちんつう》
15 エ　圧倒《あっとう》・倒壊《とうかい》・傾倒《けいとう》 辞
16 キ　基盤《きばん》・終盤《しゅうばん》・地盤《じばん》

17 □拠・独□・□領
18 冷□・濃□・□水
19 黙□・是□・□可
20 極□・□命傷・筆□
21 □点・根□・証□
22 □肪・□汗・樹□

ア 占　イ 淡　ウ 致　エ 厚　オ 脂
カ 底　キ 視　ク 認　ケ 拠　コ 寝

17 ア　占拠《せんきょ》・独占《どくせん》・占領《せんりょう》
18 イ　冷淡《れいたん》・濃淡《のうたん》・淡水《たんすい》
19 ク　黙認《もくにん》・是認《ぜにん》 辞・認可《にんか》
20 ウ　極致《きょくち》・致命傷《ちめいしょう》・筆致《ひっち》
21 ケ　拠点《きょてん》・根拠《こんきょ》・証拠《しょうこ》
22 オ　脂肪《しぼう》・脂汗《あぶらあせ》・樹脂《じゅし》

意味をCheck!

1 戯曲…上演する目的で書いた演劇の脚本。台本。
3 輩出…才能のあるすぐれた人が続々と世に出ること。

5 悲恋…実らずに悲劇に終わる恋。かなしい恋。
9 襲名…親や師しょうなどの名前を継ぐこと。

11 詳報…くわしい知らせ。
13 含蓄…深い意味を内部にふくんでいること。
14 浮沈…栄えることと衰えること。

15 傾倒…傾いて倒れること。夢中になること。心から尊敬すること。
19 是認…人の行為などを正当と認めること。

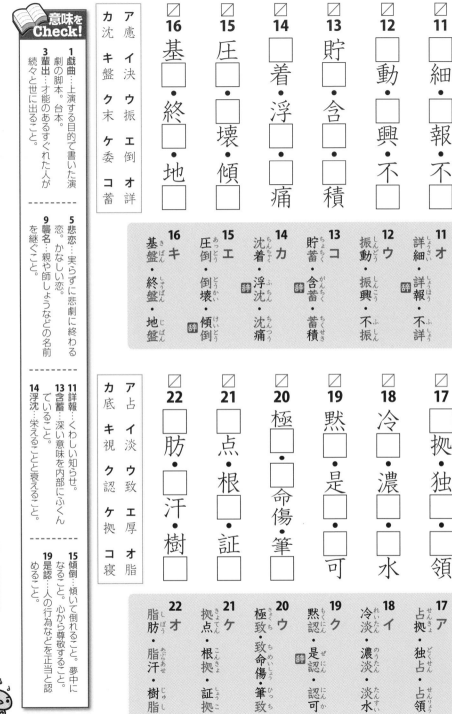

頻出度 **A** ランク

漢字識別⑤

目標時間 11分

1回目 ／22

2回目 ／22

● 次の三つの□に**共通する漢字**を入れて熟語を作れ。漢字はそれぞれ左側の□内の**ア〜コ**から**一つ**選び、**記号**で答えよ。

☐ **1** 気□・□夫・背□

☐ **2** 寄□・□与・□答

☐ **3** □刻・□決・□座

☐ **4** □味・□客・□品

☐ **5** □号・激□・□声

ア 珍	**イ** 丈	**ウ** 授	**エ** 苦	**オ** 判
カ 贈	**キ** 即	**ク** 歓	**ケ** 候	**コ** 怒

解答

1 **イ** 辞 気丈《きじょう》・丈夫《じょうぶ》・背丈《せたけ》

2 **カ** 寄贈《きぞう》・贈与《ぞうよ》・贈答《ぞうとう》

3 **キ** 即刻《そっこく》・即決《そっけつ》・即座《そくざ》

4 **ア** 珍味《ちんみ》・珍客《ちんきゃく》・珍品《ちんぴん》

5 **コ** 怒号《どごう》・激怒《げきど》・怒声《どせい》 辞

☐ **6** 処□・賞□・□金

☐ **7** 非□・平□・□人

☐ **8** 童□・□曲・民□

☐ **9** 豆□・□敗・防□剤

☐ **10** 店□・□装・本□

ア 凡	**イ** 世	**ウ** 舗	**エ** 均	**オ** 罰
カ 腐	**キ** 仮	**ク** 乳	**ケ** 偉	**コ** 謡

解答

6 **オ** 処罰《しょばつ》・賞罰《しょうばつ》・罰金《ばっきん》

7 **ア** 非凡《ひぼん》・平凡《へいぼん》・凡人《ぼんじん》

8 **コ** 童謡《どうよう》・謡曲《ようきょく》 辞・民謡《みんよう》

9 **カ** 豆腐《とうふ》・腐敗《ふはい》・防腐剤《ぼうふざい》

10 **ウ** 店舗《てんぽ》・舗装《ほそう》・本舗《ほんぽ》

11 多□・□殺・繁□
12 □党・授□・関□
13 □濁・□点・□名
14 強□・富□・□快
15 脈□・□子・□手
16 □台・鼓□・乱□

ア 与　イ 瞬　ウ 著　エ 絡　オ 舞
カ 豪　キ 笛　ク 汚　ケ 拍　コ 忙

11 コ 多忙《たぼう》・忙殺《ぼうさつ》・繁忙《はんぼう》 辞
12 ア 与党《よとう》・授与《じゅよ》・関与《かんよ》
13 ク 汚濁《おだく》・汚点《おてん》・汚名《おめい》
14 カ 強豪《きょうごう》・富豪《ふごう》・豪快《ごうかい》
15 ケ 脈拍《みゃくはく》・拍子《ひょうし》・拍手《はくしゅ》
16 オ 舞台《ぶたい》・鼓舞《こぶ》・乱舞《らんぶ》 辞

17 猛□・□略・□撃
18 象□・□候・□収
19 優□・□悪・□勢
20 □楽・優□・□俗
21 □喜・□談・交□
22 □説・□悪・風□

ア 歓　イ 攻　ウ 漫　エ 徴　オ 諸
カ 雅　キ 劣　ク 俗　ケ 位　コ 追

17 イ 猛攻《もうこう》・攻略《こうりゃく》・攻撃《こうげき》 辞
18 エ 象徴《しょうちょう》・徴候《ちょうこう》・徴収《ちょうしゅう》 辞
19 キ 優劣《ゆうれつ》・劣悪《れつあく》・劣勢《れっせい》 辞
20 カ 雅楽《ががく》・優雅《ゆうが》・雅俗《がぞく》 辞
21 ア 歓喜《かんき》・歓談《かんだん》・交歓《こうかん》 辞
22 ク 俗説《ぞくせつ》・俗悪《ぞくあく》・風俗《ふうぞく》

意味をCheck!

1 気丈…気の持ち方がしっかりしていること。心の確かなこと。
5 激怒…大いに怒る様。
8 謡曲…能楽の脚本。また、それに節をつけて歌うこと。

11 忙殺…非常に忙しいこと。
16 鼓舞…励まし気持ちを奮い立たせること。

17 猛攻…激しく攻めたてること。
18 徴収…金銭などを取り立てること。
19 劣悪…品質や性質などがひどくわるいこと。

20 雅楽…日本古来より伝承されてきた歌や舞を伴う器楽合奏曲。
21 交歓…互いにうちとけて楽しむこと。

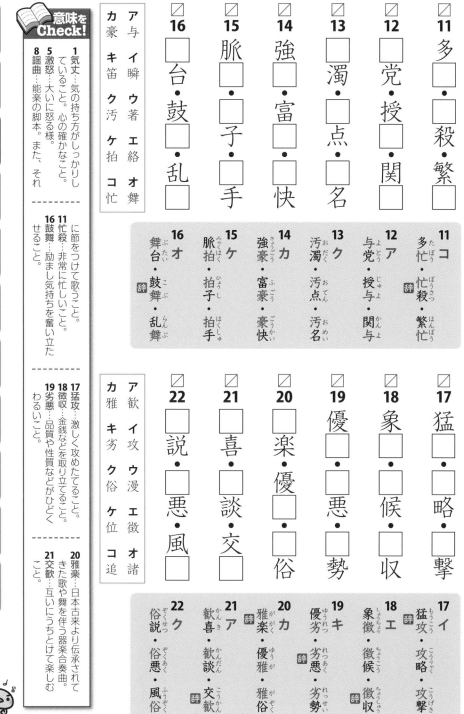

頻出度 A ランク

漢字識別⑥

目標時間 11分

1回目 /22

2回目 /22

● 次の三つの□に**共通する漢字**を入れて熟語を作れ。漢字はそれぞれ左側の□内の**ア～コ**から**一つ**選び、**記号**で答えよ。

1 □測・追□・記□

2 □額・□大・□漢

3 歓□・□合・送□

4 用□・帰□・前□

5 □志・健□・奮□

ア 別　イ 闘　ウ 巨　エ 提　オ 迎
カ 憶　キ 跡　ク 途　ケ 初　コ 誇

解答

1 カ 憶測《おくそく》・追憶《ついおく》・記憶《きおく》 辞

2 ウ 巨額《きょがく》・巨大《きょだい》・巨漢《きょかん》

3 オ 歓迎《かんげい》・迎合《げいごう》・送迎《そうげい》 辞

4 ク 用途《ようと》・帰途《きと》・前途《ぜんと》

5 イ 闘志《とうし》・健闘《けんとう》・奮闘《ふんとう》

6 □沈・□力・□世絵

7 医□・□養・治□

8 □味・□向・情□

9 □淡・□霧・□度

10 漁□・情報□・□戸

ア 師　イ 傾　ウ 緯　エ 濃　オ 業
カ 威　キ 趣　ク 療　ケ 網　コ 浮

解答

6 コ 浮沈《ふちん》・浮力《ふりょく》・浮世絵《うきよえ》

7 ク 医療《いりょう》・療養《りょうよう》・治療《ちりょう》

8 キ 趣味《しゅみ》・趣向《しゅこう》・情趣《じょうしゅ》 辞

9 エ 濃淡《のうたん》・濃霧《のうむ》・濃度《のうど》

10 ケ 漁網《ぎょもう》・情報網《じょうほうもう》・網戸《あみど》

11 □新・変□・□衣室

12 □礼・□回・□業

13 鼓□・□雪・□奏

14 □弁・英□・□姿

15 □境・優□・□権

16 □害・□真・気□

ア 吹　イ 雄　ウ 越　エ 特　オ 断
カ 御　キ 巡　ク 迫　ケ 更　コ 鋭

11 ケ 更新《こうしん》・変更《へんこう》・更衣室《こういしつ》

12 キ 巡礼《じゅんれい》・巡回《じゅんかい》・巡業《じゅんぎょう》

13 ア 辞 鼓吹《こすい》・吹雪《ふぶき》・吹奏《すいそう》

14 イ 辞 雄弁《ゆうべん》・英雄《えいゆう》・雄姿《ゆうし》

15 ウ 越境《えっきょう》・優越《ゆうえつ》・辞 越権《えっけん》

16 ク 迫害《はくがい》・迫真《はくしん》・気迫《きはく》

17 感□・驚□・□願

18 □難・□作・□掘

19 □郷・本□・希□

20 □業・□大・□人

21 □略・□害・□入

22 □営・□頭・円□

ア 陣　イ 盗　ウ 能　エ 望　オ 依
カ 侵　キ 冒　ク 誇　ケ 偉　コ 嘆

17 コ 感嘆《かんたん》・驚嘆《きょうたん》・辞 嘆願《たんがん》

18 イ 盗難《とうなん》・盗作《とうさく》・盗掘《とうくつ》

19 エ 望郷《ぼうきょう》・本望《ほんもう》・希望《きぼう》

20 ケ 偉業《いぎょう》・偉大《いだい》・偉人《いじん》

21 カ 侵略《しんりゃく》・侵害《しんがい》・侵入《しんにゅう》

22 ア 陣営《じんえい》・辞 陣頭《じんとう》・円陣《えんじん》

意味をCheck!

1 追憶…過去に思いをはせること。昔をしのぶこと。

3 迎合…他人に気に入られるように調子を合わせること。

8 情趣…しみじみとした味わい。おもむき。

13 鼓吹…意見や思想を主張して賛成を得ようとすること。

14 雄弁…人の心を動かすような、たくみで説得力のある弁舌。

15 越権…定められた権限を越えること。

17 嘆願…何かの実現を強く訴えねがうこと。

22 陣頭…軍の先頭。また、活動する場の第一線。

頻出度
A
ランク

熟語の構成①

目標時間 18分

1回目 /36

2回目 /36

● **熟語の構成**のしかたには次のようなものがある。

ア 同じような意味の漢字を重ねたもの（**岩石**）
イ 反対または対応の意味を表す字を重ねたもの（**高低**）
ウ 上の字が下の字を修飾しているもの（**洋画**）
エ 下の字が上の字の目的語・補語になっているもの（**着席**）
オ 上の字が下の字の意味を打ち消しているもの（**非常**）

次の熟語は右の**ア〜オ**のどれにあたるか、**一つ**選び、**記号**で答えよ。

☐ 1 栄枯
☐ 2 首尾
☐ 3 拍手
☐ 4 是非
☐ 5 送迎
☐ 6 運搬

解答と解説

1 **イ**（えいこ）栄（える）⬍枯（れる）
2 **イ**（しゅび）首（あたま）⬍尾（しっぽ）
3 **エ**（はくしゅ）拍（たたく）⬆手（を）
4 **イ**（ぜひ）是（ただしい）⬍非（よくない）
5 **イ**（そうげい）送（る）⬍迎（える）
6 **ア**（うんぱん）どちらも「はこぶ」の意味。

☐ 7 雌雄
☐ 8 浮沈
☐ 9 陰陽
☐ 10 獲得
☐ 11 濃淡
☐ 12 清濁

解答と解説

7 **イ**（しゆう）雌（めす）⬍雄（おす）
8 **イ**（ふちん）浮（く）⬍沈（む）
9 **イ**（いんよう）陰（かげ）⬍陽（ひなた）
10 **ア**（かくとく）どちらも「手に入れる」の意味。
11 **イ**（のうたん）濃（い）⬍淡（い）
12 **イ**（せいだく）清（い）⬍濁（る）

☐13 功罪
☐14 着脱
☐15 未婚
☐16 優劣
☐17 攻守
☐18 遅刻
☐19 繁茂
☐20 避暑

13 **イ** (こうざい) 功(てがら)↕罪(あやまち)

14 **イ** (ちゃくだつ) 着(る)↕脱(ぐ)

15 **オ** (みこん) 未(いまだ)(結)婚(せず)。「まだ結婚しない」。

16 **イ** (ゆうれつ) 優(れる)↕劣(る)

17 **イ** (こうしゅ) 攻(める)↕守(る)

18 **エ** (ちこく) 遅(れる)↑刻(時間に)

19 **ア** (はんも) どちらも「しげる」の意味。

20 **エ** (ひしょ) 避(ける)↑暑(さを)

☐21 瞬間
☐22 不眠
☐23 遊戯
☐24 離合
☐25 援助
☐26 尽力
☐27 抜群
☐28 起床

21 **ウ** (しゅんかん) (一)瞬(の)↓間

22 **オ** (ふみん) 不(否定)+眠(る)。「眠らない」。

23 **ア** (ゆうぎ) どちらも「あそぶ」の意味。

24 **イ** (りごう) 離(れる)↕合(わさる)

25 **ア** (えんじょ) どちらも「たすける」の意味。

26 **エ** (じんりょく) 尽(くす)↑力(を)

27 **エ** (ばつぐん) 抜(く)↑群(を)

28 **エ** (きしょう) 起(きる)↑床(から)

☐29 攻防
☐30 思慮
☐31 遅速
☐32 到達
☐33 賞罰
☐34 比較
☐35 未踏
☐36 経緯

29 **イ** (こうぼう) 攻(める)↕防(ぐ)

30 **ア** (しりょ) どちらも「おもう」の意味。

31 **イ** (ちそく) 遅(い)↕速(い)

32 **ア** (とうたつ) どちらも「いたる」の意味。

33 **イ** (しょうばつ) 賞(ほうび)↕罰(仕置き)

34 **ア** (ひかく) どちらも「くらべる」の意味。

35 **オ** (みとう) 未(いまだ)踏(む)。「まだ踏んでいない」。

36 **イ** (けいい) 経(たて)↕緯(よこ)

頻出度
A
ランク

熟語の構成②

目標時間 18分

1回目 /36

2回目 /36

●**熟語の構成**のしかたには次のようなものがある。

ア 同じような意味の漢字を重ねたもの（**岩石**）
イ 反対または対応の意味を表す字を重ねたもの（**高低**）
ウ 上の字が下の字を修飾しているもの（**洋画**）
エ 下の字が上の字の目的語・補語になっているもの（**着席**）
オ 上の字が下の字の意味を打ち消しているもの（**非常**）

次の熟語は右の**ア～オ**のどれにあたるか、**一つ**選び、**記号**で答えよ。

1 握手
2 不慮
3 去来
4 安眠
5 違反
6 越境

解答と解説

1 **エ**（あくしゅ）
握(る)⬆手(を)

2 **オ**（ふりょ）
不(否定)＋慮(思う)。「思いもしない」。

3 **イ**（きょらい）
去(る)⬍来(る)

4 **ウ**（あんみん）
安(らかに)⬇眠(る)

5 **ア**（いはん）
どちらも「さからう」の意味。

6 **エ**（えっきょう）
越(す)⬆境(を)

7 恩恵
8 禁煙
9 師弟
10 製菓
11 耐震
12 不朽

解答と解説

7 **ア**（おんけい）
どちらも「めぐみ」の意味。

8 **エ**（きんえん）
禁(じる)⬆喫《きっ》煙(を)

9 **イ**（してい）
師⬍弟(子)

10 **エ**（せいか）
製(造する)⬆菓(子を)

11 **エ**（たいしん）
耐(える)⬆震(ゆれに)

12 **オ**（ふきゅう）
不(否定)＋朽(ちる)。「朽ちない」。

☑ 13 平凡
☑ 14 無尽
☑ 15 興亡
☑ 16 需給
☑ 17 脱皮
☑ 18 遠征
☑ 19 歌謡
☑ 20 乾燥

13 ア (へいぼん) どちらも「ふつう」の意味。
14 オ (むじん) 無(否定)＋尽(きる)。「尽きない」。
15 イ (こうぼう) 興(おこる)↕亡(ほろびる)
16 イ (じゅきゅう) 需(要)↕(供)給
17 エ (だっぴ) 脱(ぐ)↑皮(を)
18 ウ (えんせい) 遠(くへ)↓征(ゆく)
19 ア (かよう) どちらも「うた」の意味。
20 ア (かんそう) どちらも「かわく」の意味。

☑ 21 求婚
☑ 22 就寝
☑ 23 新鮮
☑ 24 難易
☑ 25 無恥
☑ 26 光輝
☑ 27 詳細
☑ 28 存亡

21 エ (きゅうこん) 求(める)↑(結)婚(を)
22 エ (しゅうしん) 就(く)↑寝(眠りに)
23 ア (しんせん) どちらも「あたらしい」の意味。
24 イ (なんい) 難(しい)↕易(しい)
25 オ (むち) 無(否定)＋恥。「恥を知らない」。
26 ア (こうき) どちらも「ひかる」の意味。
27 ア (しょうさい) どちらも「こまかい」の意味。
28 イ (そんぼう) 存(たもつ)↕亡(なくなる)

☑ 29 追跡
☑ 30 不振
☑ 31 捕獲
☑ 32 劣悪
☑ 33 執筆
☑ 34 因果
☑ 35 鋭敏
☑ 36 握力

29 エ (ついせき) 追(う)↑跡(を)
30 オ (ふしん) 不(否定)＋振(るう)。「振るわない」。
31 ア (ほかく) どちらも「つかまえる」の意味。
32 ア (れつあく) どちらも「よくない、おとる」の意味。
33 エ (しっぴつ) 執(る)↑筆(を)
34 イ (いんが) (原)因↕(結)果
35 ア (えいびん) どちらも「かしこい」の意味。
36 ウ (あくりょく) 握(る)↓力

頻出度 **A** ランク

熟語の構成③

目標時間 **18**分

1回目 ／36

2回目 ／36

●**熟語の構成**のしかたには次のようなものがある。

ア	同じような意味の漢字を重ねたもの（**岩石**）
イ	反対または対応の意味を表す字を重ねたもの（**高低**）
ウ	上の字が下の字を修飾しているもの（**洋画**）
エ	下の字が上の字の目的語・補語になっているもの（**着席**）
オ	上の字が下の字の意味を打ち消しているもの（**非常**）

次の熟語は右の**ア～オ**のどれにあたるか、**一つ**選び、**記号**で答えよ。

1 休暇

2 仰天

3 屈指

4 出荷

5 巡回

6 即答

解答と解説

1 ア（きゅうか）どちらも「やすむ」の意味。

2 エ（ぎょうてん）仰（ぐ）↑天（を）

3 エ（くっし）屈（折する）↑指（を）

4 エ（しゅっか）出（す）↑荷（物を）

5 ア（じゅんかい）どちらも「まわる」の意味。

6 ウ（そくとう）即（座に）↓答（える）

7 脱帽

8 皮膚

9 無為

10 拡幅

11 雅俗

12 干満

解答と解説

7 エ（だつぼう）脱（ぐ）↑帽（子を）

8 ア（ひふ）どちらも「はだ」の意味。

9 オ（むい）無（否定）＋為（する）。「何もしない」。

10 エ（かくふく）拡（広げる）↑幅（を）

11 イ（がぞく）優（雅）↕俗（いやしい）

12 イ（かんまん）干（潮がひく）↕満（ちる）

13 堅固

14 配慮

15 未詳

16 越冬

17 汚濁

18 乾杯

19 歓喜

20 更衣

13 ア（けんご）
どちらも「かたい」の意味。

14 エ（はいりょ）
配（る）⬆慮（心を）

15 オ（みしょう）
未（いまだ）詳（しい）。「まだはっきりしない」。

16 エ（えっとう）
越（す）⬆冬（を）

17 ア（おだく）
どちらも「よごれる」の意味。

18 エ（かんぱい）
乾（のみほす）⬆杯（を）

19 ア（かんき）
どちらも「よろこぶ」の意味。

20 エ（こうい）
更（あらためる）⬆衣（服を）

21 不屈

22 退陣

23 起稿

24 店舗

25 曇天

26 不惑

27 越権

28 継続

21 オ（ふくつ）
不（否定）＋屈（する）。「屈しない」。

22 エ（たいじん）
退（く）⬆陣（が）

23 エ（きこう）
起（こす）⬆（原）稿（を）

24 ア（てんぽ）
どちらも「みせ」の意味。

25 ウ（どんてん）
曇（った）⬇天（気）

26 オ（ふわく）
不（否定）＋惑（う）。「惑わない」。

27 エ（えっけん）
越（える）⬆権（利を）

28 ア（けいぞく）
どちらも「つづける」の意味。

29 絶縁

30 増殖

31 断続

32 波紋

33 弾力

34 舞踊

35 珍事

36 未熟

29 エ（ぜつえん）
絶（つ）⬆縁（を）

30 ア（ぞうしょく）
どちらも「ふえる」の意味。

31 イ（だんぞく）
断（つ）⬍続（く）

32 ウ（はもん）
波（の）⬇紋（もよう）

33 ウ（だんりょく）
弾（む）⬇力

34 ア（ぶよう）
どちらも「おどる」の意味。

35 ウ（ちんじ）
珍（しい）⬇事

36 オ（みじゅく）
未（いまだ）熟（す）。「まだ熟していない」。

頻出度

A

ランク

部首①

● 次の漢字の**部首**を**ア～エ**から**一つ**選び、**記号**で答えよ。

1 影（ア 日　イ 小　ウ 彡　エ 亠）

2 壱（ア 冖　イ 士　ウ 匕　エ 十）

3 奥（ア 大　イ 一　ウ 米　エ 入）

4 彩（ア 彡　イ ⺤　ウ 木　エ ノ）

5 殿（ア 尸　イ 又　ウ 殳　エ 几）

6 罰（ア 罒　イ 刂　ウ 口　エ 言）

7 誉（ア 口　イ ⺍　ウ 八　エ 言）

8 威（ア 戈　イ 厂　ウ 女　エ 一）

解答

1 ウ　2 イ　3 ア　4 ア　5 ウ　6 ア　7 エ　8 ウ

9 戯（ア 戈　イ 丶　ウ 虍　エ 弋）

10 釈（ア 米　イ ノ　ウ 釆　エ 尸）

11 趣（ア 土　イ 耳　ウ 走　エ 又）

12 扇（ア 戸　イ 一　ウ 羽　エ 尸）

13 突（ア 穴　イ 大　ウ 人　エ 宀）

14 尾（ア 毛　イ ノ　ウ 尸　エ 厂）

15 翼（ア 田　イ 羽　ウ 冫　エ 八）

16 幾（ア 丶　イ 幺　ウ 一　エ 入）

解答

9 ア　10 ウ　11 ウ　12 ア　13 ア　14 ウ　15 イ　16 イ

目標時間 19分

1回目 ／38

2回目 ／38

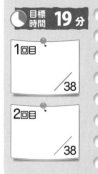

- ☐ 17 朱（ア 牛　イ 丨　ウ 木　エ ノ）
- ☐ 18 畳（ア 田　イ 冖　ウ 一　エ 目）
- ☐ 19 是（ア 日　イ 一　ウ 人　エ 疋）
- ☐ 20 窓（ア 宀　イ ム　ウ 穴　エ 心）
- ☐ 21 療（ア 疒　イ 口　ウ 冫　エ 广）
- ☐ 22 烈（ア 歹　イ 刂　ウ 夕　エ 灬）
- ☐ 23 豪（ア 冖　イ 亠　ウ 豕　エ 口）
- ☐ 24 鬼（ア ム　イ 田　ウ 鬼　エ 儿）
- ☐ 25 歳（ア 止　イ 小　ウ 厂　エ 戈）
- ☐ 26 載（ア ノ　イ 戈　ウ 丶　エ 車）
- ☐ 27 煮（ア 土　イ 日　ウ ノ　エ 灬）

17	18	19	20	21	22	23	24	25	26	27
ウ	ア	ア	ウ	ア	エ	ウ	ウ	ア	エ	エ

- ☐ 28 盾（ア ノ　イ 目　ウ 十　エ 一）
- ☐ 29 曇（ア ⻗　イ 二　ウ ム　エ 日）
- ☐ 30 脚（ア 卩　イ ム　ウ 土　エ 月）
- ☐ 31 慮（ア 心　イ ノ　ウ 虍　エ 田）
- ☐ 32 衛（ア 行　イ 口　ウ 彳　エ 亻）
- ☐ 33 戒（ア 戈　イ 廾　ウ 丶　エ 一）
- ☐ 34 驚（ア 艹　イ 灬　ウ 口　エ 馬）
- ☐ 35 傾（ア ヒ　イ 頁　ウ 貝　エ 亻）
- ☐ 36 堅（ア 臣　イ 十　ウ 土　エ 又）
- ☐ 37 項（ア 工　イ 八　ウ 貝　エ 頁）
- ☐ 38 剤（ア 刂　イ 亠　ウ 文　エ 亅）

28	29	30	31	32	33	34	35	36	37	38
イ	エ	エ	ア	ア	ア	エ	エ	ウ	エ	ア

頻出度
A
ランク

部首②

● 次の漢字の**部首**を**ア～エ**から**一つ**選び、**記号**で答えよ。

1 雌（ア ノ　イ 隹　ウ ヒ　エ ト）
2 秀（ア 木　イ 禾　ウ 一　エ ノ）
3 蓄（ア 艹　イ 玄　ウ 亠　エ 田）
4 更（ア 一　イ 田　ウ 曰　エ ノ）
5 輩（ア 十　イ 一　ウ 非　エ 車）
6 隷（ア 士　イ 隶　ウ 示　エ 亅）
7 盆（ア 刀　イ 八　ウ 皿　エ ノ）
8 箇（ア 口　イ ⺮　ウ ロ　エ 十）

解答
1 イ　2 イ　3 ア　4 ウ　5 エ　6 イ　7 ウ　8 イ

9 含（ア 𠆢　イ 一　ウ ノ　エ ロ）
10 圏（ア 人　イ 己　ウ 二　エ 囗）
11 盗（ア 欠　イ 冫　ウ 皿　エ 人）
12 斜（ア 十　イ 斗　ウ ノ　エ 𠆢）
13 床（ア 亠　イ 木　ウ ノ　エ 广）
14 疲（ア 皮　イ 又　ウ 疒　エ 广）
15 離（ア 厶　イ 隹　ウ 亠　エ 冂）
16 惑（ア 戈　イ ロ　ウ 丶　エ 心）

解答
9 エ　10 エ　11 ウ　12 イ　13 エ　14 ウ　15 イ　16 エ

目標時間 19分

1回目 ／38

2回目 ／38

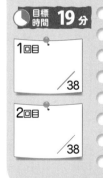

□ 17 盤（ア 又　イ 舟　ウ 皿　エ 殳）
□ 18 屈（ア 厂　イ 山　ウ ノ　エ 尸）
□ 19 再（ア 土　イ 一　ウ 工　エ 冂）
□ 20 珍（ア 王　イ 人　ウ 土　エ 彡）
□ 21 倒（ア 至　イ 刂　ウ 亻　エ 土）
□ 22 微（ア 彳　イ 攵　ウ 亻　エ 山）
□ 23 舞（ア 夕　イ 舛　ウ 一　エ ノ）
□ 24 麗（ア 比　イ 广　ウ 鹿　エ 亠）
□ 25 越（ア 丶　イ 土　ウ 走　エ ノ）
□ 26 雅（ア 亅　イ 隹　ウ ノ　エ 亻）
□ 27 勧（ア ノ　イ 二　ウ 力　エ 隹）

17 ウ　18 エ　19 エ　20 ア　21 ウ　22 ア　23 イ　24 ウ　25 ウ　26 イ　27 ウ

□ 28 環（ア 土　イ 口　ウ 王　エ 一）
□ 29 奇（ア 大　イ 亅　ウ 一　エ 口）
□ 30 響（ア 阝　イ 音　ウ 幺　エ 日）
□ 31 薪（ア 斤　イ 木　ウ 艹　エ 立）
□ 32 壁（ア 辛　イ 口　ウ 土　エ 立）
□ 33 劣（ア 力　イ 亅　ウ 小　エ ノ）
□ 34 却（ア 厶　イ 土　ウ 卩　エ 丨）
□ 35 敷（ア 田　イ 方　ウ 攵　エ 丶）
□ 36 獲（ア 犭　イ 艹　ウ 隹　エ 又）
□ 37 歓（ア 欠　イ ノ　ウ 人　エ 隹）
□ 38 監（ア 二　イ 臣　ウ ノ　エ 皿）

28 ウ　29 ア　30 イ　31 ウ　32 ウ　33 ア　34 ウ　35 ウ　36 ア　37 ア　38 エ

頻出度 A ランク

部首③

● 次の漢字の**部首**を**ア〜エ**から**一つ**選び、**記号**で答えよ。

1 裁（ア 戈　イ 土　ウ 丶　エ 衣）
2 舟（ア 一　イ 亅　ウ 亠　エ 舟）
3 範（ア 㔾　イ 車　ウ 乚　エ ⺮）
4 敏（ア 一　イ 攵　ウ ノ　エ 毋）
5 需（ア ⻗　イ 而　ウ 一　エ 冖）
6 裏（ア 亠　イ 里　ウ 衣　エ 田）
7 紫（ア 小　イ 匕　ウ 糸　エ 止）
8 瞬（ア 冖　イ 目　ウ ⺍　エ ノ）

解答
1 エ　2 エ　3 エ　4 イ　5 ア　6 ウ　7 ウ　8 イ

9 殖（ア 目　イ ノ　ウ 十　エ 歹）
10 帽（ア 日　イ 丨　ウ 巾　エ 目）
11 暦（ア 日　イ 厂　ウ 木　エ ノ）
12 御（ア 卩　イ 彳　ウ 止　エ 亻）
13 雄（ア 厶　イ 十　ウ ノ　エ 隹）
14 我（ア 丶　イ 戈　ウ 一　エ 亅）
15 街（ア 土　イ 行　ウ 彳　エ 亅）
16 玄（ア 玄　イ 幺　ウ 亠　エ 厶）

解答
9 エ　10 ウ　11 ア　12 イ　13 エ　14 イ　15 イ　16 ア

目標時間 19分

1回目 ／38

2回目 ／38

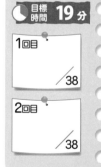

☐ 17 翌（ア 羽　イ 亠　ウ 立　エ 一）

☐ 18 術（ア 亅　イ 彳　ウ 行　エ 二）

☐ 19 震（ア ⻗　イ 二　ウ 辰　エ 厂）

☐ 20 粒（ア 立　イ 火　ウ 米　エ 立）

☐ 21 賦（ア し　イ 弋　ウ 止　エ 貝）

☐ 22 柔（ア 一　イ 木　ウ 矛　エ 十）

☐ 23 即（ア 日　イ 丨　ウ 卩　エ 丶）

☐ 24 壊（ア 罒　イ 衣　ウ 土　エ 十）

☐ 25 吹（ア 人　イ 口　ウ 冖　エ 欠）

☐ 26 井（ア 二　イ 一　ウ ノ　エ 丨）

☐ 27 隠（ア 爫　イ 心　ウ ノ　エ 阝）

17	18	19	20	21	22	23	24	25	26	27
ア	ウ	ア	ウ	エ	イ	ウ	ウ	イ	ア	エ

☐ 28 屋（ア 土　イ 尸　ウ 至　エ 厶）

☐ 29 甘（ア 甘　イ 日　ウ 二　エ 一）

☐ 30 競（ア 儿　イ 立　ウ 亠　エ 口）

☐ 31 軒（ア 車　イ 二　ウ 干　エ 丨）

☐ 32 鮮（ア 羊　イ 灬　ウ 田　エ 魚）

☐ 33 露（ア 止　イ 口　ウ ⻗　エ 夂）

☐ 34 塔（ア 口　イ 土　ウ 人　エ 艹）

☐ 35 噴（ア 貝　イ 十　ウ 艹　エ 口）

☐ 36 隣（ア 阝　イ 米　ウ 阝　エ 舛）

☐ 37 菓（ア 艹　イ 木　ウ 丨　エ 田）

☐ 38 劇（ア 刂　イ 虍　ウ 豕　エ 亅）

28	29	30	31	32	33	34	35	36	37	38
イ	ア	イ	ア	エ	ウ	イ	エ	ウ	ア	ア

頻出度 A ランク

対義語・類義語①

目標時間 11分

1回目 ／22

2回目 ／22

● 次の **1** **2** それぞれの下の□内のひらがなを漢字に直して□に入れ、**対義語**・**類義語**を作れ。□内のひらがなは一度だけ使い、**一字**で答えよ。

1

対義語

1 返却—□用

2 繁雑—簡□

3 徴収—□入

4 反抗—服□

5 高雅—□俗

類義語

6 前途—□来

7 釈明—□解

8 不朽—□遠

9 用心—□戒

10 屈指—抜□

えい　ぐん　けい　しゃく　じゅう　しょう　てい　のう　べん　りゃく

解答

1 返却《へんきゃく》—借用《しゃくよう》

2 辞 繁雑《はんざつ》—簡略《かんりゃく》

3 徴収《ちょうしゅう》—納入《のうにゅう》

4 反抗《はんこう》—服従《ふくじゅう》

5 辞 高雅《こうが》—低俗《ていぞく》

6 辞 前途《ぜんと》—将来《しょうらい》

7 辞 釈明《しゃくめい》—弁解《べんかい》

8 辞 不朽《ふきゅう》—永遠《えいえん》

9 用心《ようじん》—警戒《けいかい》

10 辞 屈指《くっし》—抜群《ばつぐん》

2

対義語

☐ 11 脱退—加□
☐ 12 離脱—□加
☐ 13 損失—利□
☐ 14 希薄—濃□
☐ 15 需要—供□
☐ 16 濁流—□流

類義語

☐ 17 長者—□豪
☐ 18 対等—互□
☐ 19 反撃—□襲
☐ 20 根底—□盤
☐ 21 熱狂—興□
☐ 22 手柄—功□

えき　かく　き　ぎゃく　きゅう　さん　せい　せき　ふ　ふん　みつ　めい

11 脱退《だったい》—加盟《かめい》
12 離脱《りだつ》—参加《さんか》
13 損失《そんしつ》—利益《りえき》
14 辞 希薄《きはく》—濃密《のうみつ》
15 需要《じゅよう》—供給《きょうきゅう》
16 濁流《だくりゅう》—清流《せいりゅう》
17 辞 長者《ちょうじゃ》—富豪《ふごう》
18 対等《たいとう》—辞 互角《ごかく》
19 反撃《はんげき》—逆襲《ぎゃくしゅう》
20 根底《こんてい》—基盤《きばん》
21 辞 熱狂《ねっきょう》—興奮《こうふん》
22 手柄《てがら》—功績《こうせき》

意味をCheck!

2 繁雑…事柄が多くてごたごたすること。
5 高雅…上品で優雅なこと。みやびやかなこと。
6 前途…目的地までの道のり。また、ゆくすえ。将来。

7 釈明…事情などを説明すること。
8 不朽…いつまでもくちないこと。後世まで長く残ること。

10 屈指…多数の中で、特に指を折って数えられるほど、すぐれていること。
14 希薄…液体の濃度、または気体の密度が小さいこと。

17 長者…富貴の人。富豪。
18 互角…おたがいの力量に優劣がないこと。
21 熱狂…とても興奮して熱中すること。

頻出度
A
ランク

対義語・類義語②

目標時間 11分

1回目 ／22

2回目 ／22

●次の**1** **2**それぞれの下の□内のひらがなを漢字に直して□に入れ、**対義語・類義語**を作れ。□内のひらがなは一度だけ使い、**一字**で答えよ。

1

対義語

☐ 1 消費―□蓄

☐ 2 親切―□淡

☐ 3 起床―□寝

☐ 4 定期―□時

☐ 5 軽率―慎□

類義語

☐ 6 及第―合□

☐ 7 専有―□占

☐ 8 手本―□範

☐ 9 考慮―思□

☐ 10 推量―憶□

あん　かく　しゅう　そく　ちょ　ちょう　どく　も　りん　れい

解答

1 消費《しょうひ》―貯蓄《ちょちく》 辞

2 親切《しんせつ》―冷淡《れいたん》 辞

3 起床《きしょう》―就寝《しゅうしん》

4 定期《ていき》―臨時《りんじ》

5 軽率《けいそつ》 辞―慎重《しんちょう》

6 及第《きゅうだい》―合格《ごうかく》

7 専有《せんゆう》 辞―独占《どくせん》

8 手本《てほん》―模範《もはん》

9 考慮《こうりょ》―思案《しあん》 辞

10 推量《すいりょう》―憶測《おくそく》

2

対義語

□ 11 破壊―建□

□ 12 不振―好□

□ 13 一致―□違

□ 14 進撃―□却

□ 15 逃走―□跡

□ 16 攻撃―□御

類義語

□ 17 本気―□剣

□ 18 備蓄―貯□

□ 19 支度―□備

□ 20 沈着―□静

□ 21 地道―堅□

□ 22 近隣―周□

じつ　じゅん　しん　せつ　そう　ぞう　たい　ちょう　つい　へん　ぼう　れい

11 破壊《はかい》―建設《けんせつ》

12 辞 不振《ふしん》―好調《こうちょう》

13 一致《いっち》―相違《そうい》

14 進撃《しんげき》―退却《たいきゃく》

15 逃走《とうそう》―追跡《ついせき》

16 攻撃《こうげき》―防御《ぼうぎょ》

17 本気《ほんき》―真剣《しんけん》

18 辞 備蓄《びちく》―辞 貯蔵《ちょぞう》

19 支度《したく》―準備《じゅんび》

20 辞 沈着《ちんちゃく》―冷静《れいせい》

21 地道《じみち》―辞 堅実《けんじつ》

22 近隣《きんりん》―周辺《しゅうへん》

意味をCheck!

1 貯蓄…お金をたくわえること。また、たくわえたお金のこと。

2 冷淡…思いやりがなく態度がつめたいこと。物事に関心を示さないこと。

5 軽率…物事を深く考えず軽く行うこと。

7 専有…自分一人だけで所有すること。独占すること。

9 思案…思いめぐらすこと。考えること。

12 不振…勢いがふるわないこと。

18 備蓄…万一に備えて、たくわえておくこと。

18 貯蔵…たくわえておくこと。

20 沈着…物事に動じずに落ち着いていること。底にたまって固まること。

21 堅実…てがたく、あぶなげがないこと。

頻出度
A
ランク

対義語・類義語③

目標時間 11分

1回目 ／22

2回目 ／22

●次の**1** **2**それぞれの下の□内のひらがなを漢字に直して□に入れ、**対義語・類義語**を作れ。□内のひらがなは一度だけ使い、**一字**で答えよ。

1 対義語

☑ **1** 回避―直□

☑ **2** 巨大―微□

☑ **3** 加熱―□却

☑ **4** 誕生―永□

☑ **5** 航行―□泊

2 類義語

☑ **6** 健康―丈□

☑ **7** 風刺―皮□

☑ **8** 道端―□傍

☑ **9** 変更―□定

☑ **10** 脈絡―□道

かい	さい	すじ	てい	にく	ぶ	みん	めん	れい	ろ

解答

1 回避《かいひ》―直面《ちょくめん》

2 巨大《きょだい》―微細《びさい》

3 加熱《かねつ》―冷却《れいきゃく》

4 誕生《たんじょう》―永眠《えいみん》 辞

5 航行《こうこう》―停泊《ていはく》

6 健康《けんこう》―丈夫《じょうぶ》

7 風刺《ふうし》 辞―皮肉《ひにく》 辞

8 道端《みちばた》―路傍《ろぼう》 辞

9 変更《へんこう》―改定《かいてい》

10 脈絡《みゃくらく》 辞―筋道《すじみち》

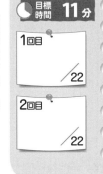

2

対義語

☐ 11 冒頭―□尾

☐ 12 悲嘆―歓□

☐ 13 却下―受□

☐ 14 利益―□失

☐ 15 警戒―□断

☐ 16 大要―詳□

類義語

☐ 17 周到―□密

☐ 18 守備―□御

☐ 19 介抱―看□

☐ 20 追憶―回□

☐ 21 雑踏―□雑

☐ 22 支援―□力

き　ご　こん　さい　じょ　そう　そん　ぼう　まつ　めん　ゆ　り

11 冒頭《ぼうとう》―末尾《まつび》

12 辞 悲嘆《ひたん》―辞 歓喜《かんき》

13 辞 却下《きゃっか》―受理《じゅり》

14 利益《りえき》―損失《そんしつ》

15 警戒《けいかい》―油断《ゆだん》

16 辞 大要《たいよう》―詳細《しょうさい》

17 辞 周到《しゅうとう》―綿密《めんみつ》

18 守備《しゅび》―防御《ぼうぎょ》

19 介抱《かいほう》―看護《かんご》

20 辞 追憶《ついおく》―回想《かいそう》

21 雑踏《ざっとう》―混雑《こんざつ》

22 支援《しえん》―助力《じょりょく》

意味をCheck!

4 永眠…永遠の眠りにつくこと。

7 風刺…遠まわしに社会・人物の欠点や罪悪などを批判すること。

7 皮肉…遠まわしに相手を非難すること。うわべだけの意地悪な言葉。

8 路傍…道路のかたわら。道端。

10 脈絡…物事のつながり。すじみち。

12 悲嘆…かなしみなげくこと。

12 歓喜…心からよろこぶこと。非常によろこぶこと。

13 却下…願書などを取り上げずに、差しもどすこと。しりぞけもどすこと。

16 大要…大事な点。あらまし。

17 周到…よく行き届くこと。

20 追憶…過ぎ去ったことを思い出すこと。

頻出度

A

ランク

対義語・類義語④

目標時間 11分

1回目 /22

2回目 /22

●次の**1** **2**それぞれの下の□内のひらがなを漢字に直して□に入れ、**対義語・類義語**を作れ。□内のひらがなは一度だけ使い、**一字**で答えよ。

1 対義語

☑1 陰性—□性

☑2 短縮—□長

☑3 保守—□新

☑4 閉鎖—開□

☑5 兼業—□業

2 類義語

☑6 即刻—□速

☑7 対照—□較

☑8 最初—冒□

☑9 腕前—技□

☑10 閉口—□惑

えん かく こん さっ せん とう ひ ほう よう りょう

解答

1 陰性《いんせい》—陽性《ようせい》

2 短縮《たんしゅく》—延長《えんちょう》

3 保守《ほしゅ》—革新《かくしん》 辞

4 閉鎖《へいさ》—開放《かいほう》

5 兼業《けんぎょう》 辞 —専業《せんぎょう》

6 即刻《そっこく》 辞 —早速《さっそく》

7 対照《たいしょう》 辞 —比較《ひかく》

8 最初《さいしょ》—冒頭《ぼうとう》 辞

9 腕前《うでまえ》—技量《ぎりょう》 辞

10 閉口《へいこう》—困惑《こんわく》

2

対義語

☐ 11 沈殿—浮□

☐ 12 凶作—□作

☐ 13 中止—継□

☐ 14 柔和—凶□

☐ 15 劣悪—優□

☐ 16 先祖—子□

類義語

☐ 17 容認—□可

☐ 18 周到—入□

☐ 19 薄情—□淡

☐ 20 名誉—□光

☐ 21 理由—□拠

☐ 22 憶測—□量

えい　きょ　こん　すい　ぞく　そん　ねん　ほう　ぼう　ゆう　りょう　れい

---

11 沈殿《ちんでん》—浮遊《ふゆう》 辞

12 凶作《きょうさく》—豊作《ほうさく》

13 中止《ちゅうし》—継続《けいぞく》

14 柔和《にゅうわ》—凶暴《きょうぼう》

15 劣悪《れつあく》—優良《ゆうりょう》

16 先祖《せんぞ》—子孫《しそん》

17 容認《ようにん》—許可《きょか》

18 周到《しゅうとう》 辞—入念《にゅうねん》 辞

19 薄情《はくじょう》—冷淡《れいたん》

20 名誉《めいよ》—栄光《えいこう》

21 理由《りゆう》—根拠《こんきょ》

22 憶測《おくそく》 辞—推量《すいりょう》 辞

意味をCheck!

3 革新…旧来の組織や制度などを改めること。現状を改革しようとする政治的な立場。

5 兼業…本業のほかにそれ以外の業務を兼ねること。

6 即刻…すぐさま。

7 対照…他とてらし合わせて比べること。二つの物の相違点が際だつこと。

8 冒頭…文章・談話のはじめ。また、広く一般に、物事のはじめ。

9 技量…腕前。手並み。

11 浮遊…うかんでただようこと。

18 周到…よく行き届くこと。

18 入念…細かい点にまで注意すること。

22 憶測…物事の事情や人の心をいいかげんにおしはかること。

22 推量…人の心や物事の事情などをおしはかること。

頻出度 A ランク

対義語・類義語⑤

目標時間 11分

1回目 /22

2回目 /22

●次の1 2それぞれの下の□内のひらがなを漢字に直して□に入れ、**対義語・類義語**を作れ。□内のひらがなは一度だけ使い、**一字**で答えよ。

1 対義語

1 加盟—脱□

2 慎重—□率

3 開放—閉□

4 決定—保□

5 甘言—□言

2 類義語

6 巨木—大□

7 精進—□力

8 失業—失□

9 運搬—□送

10 結束—□結

く　けい　さ　じゅ　しょく　たい　だん　ど　ゆ　りゅう

解答

1 加盟《かめい》—脱退《だったい》 辞

2 慎重《しんちょう》—軽率《けいそつ》 辞

3 開放《かいほう》—閉鎖《へいさ》

4 決定《けってい》—保留《ほりゅう》

5 甘言《かんげん》—苦言《くげん》 辞

6 巨木《きょぼく》—大樹《たいじゅ》

7 精進《しょうじん》—努力《どりょく》 辞

8 失業《しつぎょう》—失職《しっしょく》

9 運搬《うんぱん》—輸送《ゆそう》

10 結束《けっそく》—団結《だんけつ》

2

対義語

☐ 11 被告—☐告

☐ 12 複雑—単☐

☐ 13 建設—☐壊

☐ 14 追跡—逃☐

☐ 15 強固—薄☐

☐ 16 歓声—悲☐

類義語

☐ 17 冒頭—☐初

☐ 18 縁者—親☐

☐ 19 同等—匹☐

☐ 20 加勢—☐援

☐ 21 入手—獲☐

☐ 22 全快—☐治

おう	かん	げん	さい	じゃく	じゅん	てき	とく	は	ぼう	めい	るい

11 被告《ひこく》 辞 —原告《げんこく》 辞

12 複雑《ふくざつ》—単純《たんじゅん》

13 建設《けんせつ》—破壊《はかい》

14 追跡《ついせき》—逃亡《とうぼう》

15 強固《きょうこ》 辞 —薄弱《はくじゃく》

16 歓声《かんせい》—悲鳴《ひめい》

17 冒頭《ぼうとう》—最初《さいしょ》

18 縁者《えんじゃ》 辞 —親類《しんるい》

19 同等《どうとう》—匹敵《ひってき》 辞

20 加勢《かせい》—応援《おうえん》

21 入手《にゅうしゅ》—獲得《かくとく》

22 全快《ぜんかい》—完治《かんち》

意味をCheck!

1 加盟…団体や組織などに一員として加わること。
2 慎重…注意深く、軽々しく行動しないこと。
5 苦言…相手のためを思い、言いにくいことをあえて言う忠告の言葉。

7 精進…一つのことに集中して努力すること。一定期間、行いを慎んで身を清めること。

11 被告…裁判で訴えられた人。
11 原告…裁判所に訴えを起こした当事者。
15 強固…つよくしっかりしているさま。

18 縁者…血のつながりや結婚などによって親せきの関係にある人。
19 匹敵…競争相手として、実力や価値が同じくらいであること。

頻出度
A
ランク

対義語・類義語⑥

目標時間 11分

1回目 /22

2回目 /22

● 次の**1** **2**それぞれの下の□内のひらがなを漢字に直して□に入れ、**対義語・類義語**を作れ。□内のひらがなは一度だけ使い、**一字**で答えよ。

1 対義語

☐ 1 年頭―歳□

☐ 2 厳寒―猛□

☐ 3 不和―円□

☐ 4 遠方―□隣

☐ 5 近海―遠□

類義語

☐ 6 不意―□然

☐ 7 無視―黙□

☐ 8 許可―□認

☐ 9 回想―□憶

☐ 10 永遠―恒□

きゅう	きん	さつ	しょ	しょう	つい	とう	まつ	まん	よう

解答

1 年頭《ねんとう》―歳末《さいまつ》 辞

2 厳寒《げんかん》―猛暑《もうしょ》 辞

3 不和《ふわ》―円満《えんまん》 辞

4 遠方《えんぽう》―近隣《きんりん》

5 近海《きんかい》―遠洋《えんよう》

6 不意《ふい》―突然《とつぜん》

7 無視《むし》―黙殺《もくさつ》 辞

8 許可《きょか》―承認《しょうにん》

9 回想《かいそう》―追憶《ついおく》 辞

10 永遠《えいえん》―恒久《こうきゅう》 辞

2

対義語

11 終盤—□盤

12 病弱—丈□

13 油断—警□

14 例外—原□

15 在宅—□守

16 凶暴—柔□

類義語

17 堤防—□手

18 苦労—□儀

19 普通—尋□

20 使命—責□

21 隷属—服□

22 永眠—□界

かい　じゅう　じょ　じょう　そく　た　ど　なん　ぶ　む　る　わ

11 終盤《しゅうばん》—序盤《じょばん》 辞

12 病弱《びょうじゃく》—丈夫《じょうぶ》

13 辞 油断《ゆだん》—警戒《けいかい》

14 例外《れいがい》—原則《げんそく》

15 在宅《ざいたく》—留守《るす》

16 凶暴《きょうぼう》—柔和《にゅうわ》 辞

17 堤防《ていぼう》—土手《どて》

18 苦労《くろう》—難儀《なんぎ》

19 普通《ふつう》—尋常《じんじょう》 辞

20 辞 使命《しめい》—責務《せきむ》 辞

21 隷属《れいぞく》—服従《ふくじゅう》

22 永眠《えいみん》—他界《たかい》

意味をCheck!

1 歳末…年の暮れ。年のすえ。年末。
2 厳寒…非常に寒いこと。
3 不和…仲が悪いこと。
7 黙殺…無視して取り合わないこと。

9 追憶…過去に思いをはせること。昔をしのぶこと。
10 恒久…久しく変わらないこと。永久。
11 序盤…物事の初期の状態。もとは囲碁・将棋用語。
13 油断…気を許して注意をしないでいること。
16 柔和…性質や態度がやさしくおとなしいこと。

19 尋常…普通。通常。
20 使命…果たさなければならない重大な任務。使者としての務め。
20 責務…責任と義務。また、責任として果たすべきつとめ。

頻出度 A ランク

送りがな①

目標時間 21分

1回目 ／42

2回目 ／42

● 次の――線のカタカナを漢字一字と送りがな（ひらがな）に直せ。

〈例〉 質問にコタエル。 答える

1 試験で精も根も尽きハテタ。
2 友人に配る菓子はこれくらいでタリル。
3 法律にモトヅキ処罰される。
4 詰問されて口をトザシタ。
5 カロヤカな足取りで前進する。
6 図書館で数冊の本をカリル。
7 自然のユタカナ恵みに感謝する。
8 父と同じ大学をココロザシている。
9 主将としてチームをヒキイル。
10 新しい学校にようやくナレル。

解答
1 果てた
2 足りる
3 基づき
4 閉ざした
5 軽やか
6 借りる
7 豊かな
8 志し 辞
9 率いる 辞
10 慣れる

11 夏が足早に通りスギル。
12 すずしい風が吹き、秋がオトズレタ。
13 スグレタ血統の子馬が生まれた。
14 父は家族四人をヤシナッている。
15 階段をコロガルように駆け降りる。
16 毎朝、朝食をとることがノゾマシイ。
17 学校はケワシイ坂の頂上にある。
18 社名をアラタメルことにした。
19 寝る前に戸じまりをタシカメル。
20 兄は仕事熱心だが注意力にカケル。

解答
11 過ぎる
12 訪れた
13 優れた
14 養っ
15 転がる
16 望ましい
17 険しい 辞
18 改める
19 確かめる
20 欠ける

□21 遠くに八ヶ岳《たけ》の山々が**ツラナル**。

□22 たぬきは人を**バカス**といわれる。

□23 約束を守れず**ウシロメタイ**気分だ。

□24 けが人がいないのが**サイワイ**だった。

□25 級友との**マジワリ**を大事にする。

□26 会館の入り口に案内板を**モウケル**。

□27 後輩の忠告を**シリゾケル**。

□28 手を合わせて大仏を**オガム**。

□29 朝、熱いシャワーを**アビル**。

□30 花だんの草花にはちが**ムラガル**。

□31 果物を食べてビタミンを**オギナウ**。

□32 **コマカイ**ところまで詳しく描写する。

□33 準備体操で体を**ソラス**。

□34 お世話になった恩師を**ウヤマウ**。

21 連なる
22 化かす
23 後ろめたい 辞
24 幸い
25 交わり
26 設ける
27 退ける 辞
28 拝む 辞
29 浴びる
30 群がる
31 補う
32 細かい
33 反らす 辞
34 敬う 辞

□35 アンコールで**フタタビ**舞台の幕が開く。

□36 雨が**ハゲシク**吹きつける。

□37 健康のために肉類を**ヘラス**。

□38 母は兄の合格を**アヤブン**でいる。

□39 姉は念願の赤ちゃんを**サズカッ**た。

□40 日照による植物の生育を**クラベル**。

□41 夕方には砂浜まで潮が**ミチル**。

□42 友人には**ヒサシク**会っていない。

35 再び
36 激しく
37 減らす
38 危ぶん 辞
39 授かっ 辞
40 比べる
41 満ちる
42 久しく 辞

意味をCheck!

8 **志す**…心の中で定めた目標に向かって進むことを決める。

9 **率いる**…統率する。行動・進退を指図する。

17 **険しい**…傾斜が急で登るのが困難である。

23 **後ろめたい**…自分に悪いところがあるので気がとがめる。

27 **退ける**…こばむ。採用しない。

28 **拝む**…神仏などに頭を下げて祈る。お目にかかる。

---

33 **反らす**…体を後ろのほうに弓なりに曲げる。

34 **敬う**…相手を尊《たっと》んで礼をつくす。尊敬する。

38 **危ぶむ**…危ういと思う。気がかりに思う。不安に思う。

39 **授かる**…目上の人などから大切なものを与えられる。

42 **久しい**…長い時間が経過する。久しぶりである。

頻出度 A ランク

送りがな②

目標時間 21分

1回目 /42

2回目 /42

● 次の――線のカタカナを漢字一字と送りがな（ひらがな）に直せ。

〈例〉質問にコタエル。 答える

- 1 弟子たちに知恵をサズケル。
- 2 事実は火を見るよりアキラカだ。
- 3 車のヘッドライトで夜道をテラス。
- 4 祖母の墓前に花と菓子をソナエル。
- 5 アラタニ三人の部員が加わった。
- 6 隣人に野菜をイタダイた。
- 7 ホシイかばんを手に入れる。
- 8 うぐいすが春の訪れをツゲル。
- 9 部屋をチラカスと母に怒られる。
- 10 酒気をオビタ運転は違反だ。

解答

1	授ける	辞
2	明らか	辞
3	照らす	辞
4	供える	辞
5	新たに	
6	頂い	
7	欲しい	
8	告げる	辞
9	散らかす	
10	帯びた	辞

- 11 サグルような目で相手を見る。
- 12 祖父は一代で会社をキズイた。
- 13 ヤスラカナ寝息を立てて眠る。
- 14 先生の指示にシタガッて行動する。
- 15 入学をイワッてテーブルを囲む。
- 16 ろうそくの火をタヤサないで燃やす。
- 17 リーダーの資質がソナワッている。
- 18 けが人をノゾキ全員が完走した。
- 19 キビシイ指導で有名な先生だった。
- 20 イキオイよく玄関の戸を開ける。

解答

11	探る
12	築い
13	安らかな
14	従っ
15	祝っ
16	絶やさ
17	備わっ
18	除き
19	厳しい
20	勢い

21 友人の頼みをココロヨク引き受ける。
22 出かけたついでに用事をスマス。
23 オサナイころからピアノを習っている。
24 調子が悪くメンバーからハズレル。
25 アヤマッて済む問題ではない。
26 風が吹き荒れ、桜をチラス。
27 馬が急にアバレてけが人が出た。
28 銀行の通帳を母にアズケル。
29 妹が合格するかはウタガワシイ。
30 判断を誤って信頼をウシナウ。
31 学生としてコノマシイ服装をする。
32 祖母は念仏をトナエルのが日課だ。
33 新入社員を歓迎会にマネク。
34 旅行を機に友人との距離がチヂマル。

21 快く
22 済ます
23 幼い
24 外れる
25 謝っ
26 散らす
27 暴れ
28 預ける
29 疑わしい
30 失う
31 好ましい 辞
32 唱える 辞
33 招く
34 縮まる

35 親の希望とはコトナル道に進む。
36 バットを高くカマエル。
37 込み入った事件を慎重にサバク。
38 畑に十分なコヤシを与える。
39 強風で髪の毛がミダレル。
40 妹とつまらないことでアラソウ。
41 わき水のキヨラカナ流れにいやされる。
42 部下を信頼して仕事をマカセル。

35 異なる
36 構える
37 裁く 辞
38 肥やし 辞
39 乱れる
40 争う
41 清らかな 辞
42 任せる

意味をCheck!

1 授ける…師が弟子などに教えること。伝授すること。
2 火を見るより明らか…疑う余地がないくらいだれが見ても明白なこと。
3 照らす…光をあてる。光をあてて明るくする。
4 供える…神仏などに物をささげる。
8 告げる…言葉で伝え知らせる。多くの人々に知らせる。

10 帯びる…含み持つ。
31 好ましい…感じがよい。望ましい。
32 唱える…ある決まった文句を声を立てて読む。声に出して言う。
37 裁く…道理にかなっているかどうかを判断する。裁判する。
38 肥やし…こえ。肥料。土地の生産力を高めるため、土地にほどこす養分。
41 清らか…澄みきって美しい様子。けがれなく清純な様子。

頻出度

A ランク

四字熟語①

目標時間 11分

1回目 ／22

2回目 ／22

● 文中の**四字熟語**の――線の**カタカナ**を**漢字一字**で答えよ。

☐ 1 **一網ダ尽**にまとめてやっつける。

☐ 2 故郷は**山紫水メイ**で有名な地だ。

☐ 3 試合は**一進一タイ**の攻防が続いた。

☐ 4 二国間で**一触即ハツ**の状態が続く。

☐ 5 **適ザイ適所**に人を配置する。

☐ 6 **ホウ年満作**を祈願して祭りを行う。

☐ 7 どうしていいか**五リ霧中**の心境だ。

☐ 8 弟の作文は**ロン旨明快**で評価が高い。

☐ 9 この地域の**故事来レキ**を調べる。

解答と意味

1 一網打尽《いちもうだじん》 悪人をまとめて捕らえ尽くすこと。

2 山紫水明《さんしすいめい》 山や川などの自然の風景が美しいこと。

3 一進一退《いっしんいったい》 進んだり後もどりしたりすること。よくなったり悪くなったりすること。

4 一触即発《いっしょくそくはつ》 少し触れただけで爆発しそうなこと。危機に直面していること。

5 適材適所《てきざいてきしょ》 その人の才能を正しく評価して、それにふさわしい地位や仕事につけること。

6 豊年満作《ほうねんまんさく》 作物が豊かに実って、収穫の多いこと。

7 五里霧中《ごりむちゅう》 現在の状態がわからず、見通しや方針のまったく立たないことのたとえ。

8 論旨明快《ろんしめいかい》 文章や議論の趣旨が、筋道が通っていてわかりやすいこと。また、そのさま。

9 故事来歴《こじらいれき》 昔から伝わっている事物についてのいわれと歴史。

□ **10** **天サイ地変**に備えて食料を備蓄する。

□ **11** 姉と東北の**名所キュウ跡**を旅した。

□ **12** ついに**人跡ミ踏**の地に到達した。

□ **13** **七ナン八苦**を乗り越えて来た。

□ **14** 弟は**注意サン漫**でやる気もない。

□ **15** **闘シ満々**で相手に立ち向かう。

□ **16** 優勝をかけて**力戦フン闘**した。

□ **17** 試験前は**一心不ラン**に勉強する。

□ **18** 長年耐えてついに**時セツ到来**した。

□ **19** 新春の漫才で**抱フク絶倒**した。

□ **20** **理ロ整然**と説明できる人だ。

□ **21** 人里離れた場所で**沈思黙コウ**する。

□ **22** 作文の基本は**起ショウ転結**だ。

10 天災地変《てんさいちへん》　地震・噴火・風水害など、自然現象によって起こる災害や異変。

11 名所旧跡《めいしょきゅうせき》　景色や遺跡で有名なところ。景色がすぐれた地と、歴史的な事件や建造物などのあった場所。

12 人跡未踏《じんせきみとう》　人が一度も足を踏み入れたことがないこと。

13 七難八苦《しちなんはっく》　ありとあらゆる苦難。

14 注意散漫《ちゅういさんまん》　あれこれと気が散っているさま。集中力を欠いているさま。

15 闘志満々《とうしまんまん》　闘争心が盛んなこと。

16 力戦奮闘《りきせんふんとう》　力を尽くして戦うこと。

17 一心不乱《いっしんふらん》　一つのことに心を注いで、他のことのために乱れないこと。

18 時節到来《じせつとうらい》　よい時期がやってくること。チャンスが訪れること。

19 抱腹絶倒《ほうふくぜっとう》　腹を抱えて転げまわるほど大笑いすること。

20 理路整然《りろせいぜん》　文章や話の筋道がよく通って秩序正しいさま。

21 沈思黙考《ちんしもっこう》　思いに沈み、黙って考え込むこと。

22 起承転結《きしょうてんけつ》　文章の構成法や、物事の展開法のこと。

頻出度 A ランク

四字熟語②

●文中の**四字熟語**の——線の**カタカナ**を**漢字一字**で答えよ。

目標時間 11分

1回目 ／22

2回目 ／22

☐ **1** 針と糸まで持ち歩くとは**用意シュウ到**だ。

☐ **2** 友人の作品はどれも**同エイ曲**だ。

☐ **3** 耳を疑うような**空前ゼツ後**の出来事だ。

☐ **4** **多ジ多端**の毎日を過ごす。

☐ **5** この貴重な古文書は**モン外不出**だ。

☐ **6** 話を聞いてもまだ**半信半ギ**だ。

☐ **7** **薄リ多売**がモットーの店だ。

☐ **8** 北海道は**一ボウ千里**のながめだった。

☐ **9** 部活動の夏合宿で**意気トウ合**した。

解答と意味

1 用《よう》意《い》周《しゅう》到《とう》　用意が十分に行き届いていること。

2 同《どう》工《こう》異《い》曲《きょく》　手法は同じだが内容や趣が異なることのたとえ。転じて、外見は違っているように見えても中身はだいたい同じであること。

3 空《くう》前《ぜん》絶《ぜつ》後《ご》　以前にそれと同じような物事がなく、将来もないだろうと思われるほど、ごくまれなさま。

4 多《た》事《じ》多《た》端《たん》　仕事が多くて忙しいこと。

5 門《もん》外《がい》不《ふ》出《しゅつ》　非常に貴重な品物であるとして、外に持ち出したり、貸し出したりしないこと。

6 半《はん》信《しん》半《はん》疑《ぎ》　真偽のほどが半々の状態で、どちらにも決められないこと。

7 薄《はく》利《り》多《た》売《ばい》　利益を薄くして品物を多く売ること。

8 一《いち》望《ぼう》千《せん》里《り》　風景が広々としていること。

9 意《い》気《き》投《とう》合《ごう》　互いに気持ちがぴったり合う様子。

□ 10 先生の教えを**キン科玉条**とする。

□ 11 息子の成績は**アオ息吐息**の低空飛行だ。

□ 12 知人は**ヒン行方正**な好青年だ。

□ 13 **問答無ヨウ**で話を切り上げる。

□ 14 **完全無ケツ**の人間などいない。

□ 15 論文は**驚テン動地**な内容だ。

□ 16 一目見て**即ダン即決**した。

□ 17 合格の知らせに**狂キ乱舞**した。

□ 18 母の体重は**現ジョウ維持**がやっとだ。

□ 19 自由工作で**創意エフウ**をこらす。

□ 20 どの意見も**大同小イ**だった。

□ 21 一人が口火を切って**ダン論風発**した。

□ 22 人生ここまで来るには**七転八キ**だった。

10 金科玉条《きんかぎょくじょう》
非常に大切な法令のこと。転じて、自分の主義主張を守るための信条のこと。

11 青息吐息《あおいきといき》
困ったり、弱ったりしたときに、ため息をつくこと。また、そういう状態であること。

12 品行方正《ひんこうほうせい》
行いがきちんとしていて正しいこと。

13 問答無用《もんどうむよう》
議論する必要がないこと。話し合っても意味がないこと。

14 完全無欠《かんぜんむけつ》
欠けたところがまったくなく、そろっている様子。

15 驚天動地《きょうてんどうち》
世間をひどく驚かすこと。

16 即断即決《そくだんそっけつ》
その場で決断すること。

17 狂喜乱舞《きょうきらんぶ》
気が狂うほどに喜ぶこと。

18 現状維持《げんじょういじ》
現在の状態をそのまま保つこと。

19 創意工夫《そういくふう》
方法や手段などを新しく考え出すこと。また、考え出した思いつき。

20 大同小異《だいどうしょうい》
細かい点は異なるが、全体的にはほとんど違いがないこと。

21 談論風発《だんろんふうはつ》
盛んに話し合い、議論を行うこと。

22 七転八起《しちてんはっき》
何度失敗してもくじけず、そのたびに勇気を奮い起こすこと。また、人生には浮き沈みの多いことのたとえ。

頻出度

A

ランク

四字熟語③

●文中の**四字熟語**の――線の**カタカナ**を**漢字一字**で答えよ。

□ **1** 姉は母親ゆずりで**容シ端麗**だ。

□ **2** **自給自ソク**の生活を体験した。

□ **3** 友人に**無理ナン題**をふっかけられる。

□ **4** **絶タイ絶命**のピンチに追い込まれる。

□ **5** 後輩は**前途有ボウ**な新入社員だ。

□ **6** 全員が**異ク同音**に賛成した。

□ **7** **起承テン結**のルールで文章を書く。

□ **8** 周囲が気になり**小シン翼々**と暮らす。

□ **9** 月に一度は**牛飲バ食**する。

解答と意味

1 容《よう》姿《し》端《たん》麗《れい》　女性の顔かたちが整って美しいさま。

2 自《じ》給《きゅう》自《じ》足《そく》　自分に必要なものをすべて、自分が生産することでまかなうこと。

3 無《む》理《り》難《なん》題《だい》　理屈に合わない言いがかりのこと。また、とてもできそうもない要求。

4 絶《ぜっ》体《たい》絶《ぜつ》命《めい》　体も命もきわまるほどの、とうてい逃れられない困難な立場にあること。

5 前《ぜん》途《と》有《ゆう》望《ぼう》　将来に大いにのぞみがある様子。将来、役に立つ見込みがある様子。

6 異《い》口《く》同《どう》音《おん》　多くの人が口をそろえて同じことを言うこと。多くの人の説が一致すること。

7 起《き》承《しょう》転《てん》結《けつ》　文章の構成法や、物事の展開法のこと。

8 小《しょう》心《しん》翼《よく》々《よく》　気が小さく、びくびくしているさま。

9 牛《ぎゅう》飲《いん》馬《ば》食《しょく》　牛が水を飲むように大酒を飲み、馬が草を食べるように大食いをすること。

目標時間 11分

1回目 ／22

2回目 ／22

☐ 10 意気ショウ沈して帰宅する。

☐ 11 是非ゼン悪の判断を裁判員に委ねる。

☐ 12 父の不ゲン実行の姿勢を見習いたい。

☐ 13 面従フク背の態度は許されない。

☐ 14 ゴーヤの〝緑のカーテン〟は一キョ両得だ。

☐ 15 意シ薄弱で何事も長続きしない。

☐ 16 一トウ両断の処置で事態が好転した。

☐ 17 キョウ味本位で書かれたゴシップ記事だ。

☐ 18 奇ソウ天外なアイデアを出す。

☐ 19 事件は急テン直下で解決した。

☐ 20 知人はシン小棒大に言い触らした。

☐ 21 オン故知新の精神が息づく作品だ。

☐ 22 一日千シュウの思いで待ちわびる。

10 意気消沈《いきしょうちん》 元気がなく、しょげる様子。

11 是非善悪《ぜひぜんあく》 物事の正・不正、よしあし。

12 不言実行《ふげんじっこう》 あれこれ言わず、黙って(よいと信じることを)実行すること。

13 面従腹背《めんじゅうふくはい》 表面的には服従するように見せかけて、内心では反抗していること。

14 一挙両得《いっきょりょうとく》 一つのことをして二つの利益を収めること。一石二鳥。

15 意志薄弱《いしはくじゃく》 あることを成しとげようとする気持ちが弱い様子。

16 一刀両断《いっとうりょうだん》 物事を思い切って決断して、処置することのたとえ。

17 興味本位《きょうみほんい》 人がおもしろがるかどうかを第一とすること。

18 奇想天外《きそうてんがい》 普通の人が思いもつかない考え。

19 急転直下《きゅうてんちょっか》 形勢が急に変わって、事件などが解決に向かうこと。

20 針小棒大《しんしょうぼうだい》 ちょっとしたことを大げさに言うこと。

21 温故知新《おんこちしん》 前に学んだことや古いことを研究して、それによって現代のことを知ること。

22 一日千秋《いちじつせんしゅう》 一日が千年のように長く感じられるほど、非常に待ち遠しいこと。

頻出度
A
ランク

四字熟語④

● 文中の**四字熟語**の――線の**カタカナ**を**漢字一字**で答えよ。

☐ 1 **天変地イ**のようなひどい台風だった。

☐ 2 先生の**博ラン強記**には感心する。

☐ 3 目先の**利害トク失**では判断しない。

☐ 4 今回の自然災害は**不力抗力**だ。

☐ 5 引退を前に**明キョウ止水**の心持ちだ。

☐ 6 新制度は**ユウ名無実**化している。

☐ 7 **大キ晩成**して豊かな老後を過ごす。

☐ 8 記念品は**ゴ生大事**に保管する。

☐ 9 そのような記事は**事実無コン**だ。

解答と意味

1 **天《てん》変《ぺん》地《ち》異《い》** 自然界に起こる異変のこと。台風、雷雨、地震、大雨など。

2 **博《はく》覧《らん》強《きょう》記《き》** 広く書物を読んで、それらをよく記憶していること。

3 **利《り》害《がい》得《とく》失《しつ》** 利益になることと、損害になること。「利害」「得失」は、ほぼ同じ意味。

4 **不《ふ》可《か》抗《こう》力《りょく》** 天災地変のように、人力ではどうすることもできないこと。

5 **明《めい》鏡《きょう》止《し》水《すい》** 悪意やよこしまな考えがなく、静かに澄んだ心境。

6 **有《ゆう》名《めい》無《む》実《じつ》** 名ばかりで実質がそれに伴わないこと。また、評判と実際が違っていること。

7 **大《たい》器《き》晩《ばん》成《せい》** 大人物は、年をとってから頭角をあらわすようになるということ。

8 **後《ご》生《しょう》大《だい》事《じ》** ある物を非常に大切にすること。

9 **事《じ》実《じつ》無《む》根《こん》** 根拠がないこと。まったくでたらめなこと。

目標時間 11分

1回目 ／22

2回目 ／22

☐ **10** 自然界はまさに**適者生ゾン**だ。

☐ **11** 過去を忘れて**心機一テン**がんばる。

☐ **12** 先輩は**ユウ柔不断**で頼りにならない。

☐ **13** 悪評は**悪事千リ**を走るで、すぐに伝わる。

☐ **14** 初優勝にファンは**狂喜ラン舞**した。

☐ **15** 新天地で**縦オウ無尽**に活躍する。

☐ **16** **古コン東西**に類を見ない発見だ。

☐ **17** この小説は**無ミ乾燥**でつまらない。

☐ **18** 頭痛と腹痛で**七テン八倒**の苦しみだ。

☐ **19** 晴れて**青天ハク日**の身になる。

☐ **20** **ズ寒足熱**で受験勉強にはげむ。

☐ **21** **是ヒ善悪**を見極めるのは難しい。

☐ **22** お調子者で**八ポウ美人**といわれる。

10 適《てき》者《しゃ》生《せい》存《ぞん》 生物は環境に適したものが生き残り、それ以外のものは滅びるということ。

11 心《しん》機《き》一《いっ》転《てん》 あることをきっかけとして、気持ちがすっかりよい方向に変わること。

12 優《ゆう》柔《じゅう》不《ふ》断《だん》 ぐずぐずして決断力に欠けること。

13 悪《あく》事《じ》千《せん》里《り》 悪い行いはすぐに世間に知れ渡ること。

14 狂《きょう》喜《き》乱《らん》舞《ぶ》 気が狂うほどに喜ぶこと。

15 縦《じゅう》横《おう》無《む》尽《じん》 物事を思い切って自由自在に行う様子。

16 古《こ》今《こん》東《とう》西《ざい》 いつでもどこの場所でも。

17 無《む》味《み》乾《かん》燥《そう》 内容におもしろみも味わいもないこと。

18 七《しち》転《てん》八《ばっ》倒《とう》 何度も転んだり倒れたりするほど、もがき苦しむこと。

19 青《せい》天《てん》白《はく》日《じつ》 心に何もやましいことがないこと。また、無実(無罪)が明らかになること。

20 頭《ず》寒《かん》足《そく》熱《ねつ》 頭部を冷やし、足部を温かくすること。安眠でき、健康にもよいといわれる。

21 是《ぜ》非《ひ》善《ぜん》悪《あく》 物事の正・不正、よしあし。

22 八《はっ》方《ぽう》美《び》人《じん》 だれからもよく思われようとすること。また、そのように行動する人。

頻出度 A ランク

誤字訂正①

●次の各文にまちがって使われている**同じ読みの漢字**が**一字**ある。上に**誤字**、下に**正しい漢字**で答えよ。

目標時間 12分

1回目 /23

2回目 /23

☐ 1 成功するか心配だったが、特訓の成果を発奇して本番では見事な演奏をした。

☐ 2 夏休みの課題で朝顔の観刷をし、後で採取した種を学校に持参した。

☐ 3 冷蔵庫の保冷力が弱まったので、冬の賞与で買い替えることを検当している。

☐ 4 大富豪が所持する美術品が添示され、見る人は美しさにため息をついた。

☐ 5 兄は高校を卒業後、幼少期から興味があった車の制備の仕事に従事した。

☐ 6 その団体は事故や災害などで親を失った子供達の就学や進学を仕援している。

☐ 7 選手の所得の低さが問題視され、宿舎や移動費用を提協する人が現れた。

☐ 8 この車の特徴は事故の際に安全操置が自動的に作動する機能を持っていることだ。

☐ 9 各国の首悩が来日するため、主要な駅や観光地に警備員が多数配置された。

☐ 10 農家の悩みは害虫駆助対策だが、ある県での取り組みが話題になっている。

解答

1 奇・揮
2 刷・察
3 当・討
4 添・展
5 制・整
6 仕・支
7 協・供
8 操・装
9 悩・脳
10 助・除

☐11 元芸能人が県知事の座を獲徳し、波及効果で観光客が飛躍的に増えた。

☐12 クラスでうさぎを仕育して、生活や行動などを観察する。

☐13 いとこは陽気な性格で、どんな侵刻な事態も笑顔で切り抜ける才能がある。

☐14 空気が乾燥する冬は、かぜ予防のためにマスクなどの対作を万全にしよう。

☐15 文化剤を残し、保存していくことは、今を生きる私たちの使命である。

☐16 問題の解決は容易ではなく、今後の方信を決める必要がある。

☐17 職場環境の改前を求めるストライキが計画されたが、実行間近に回避された。

☐18 畑から基制値を上回るダイオキシンが検出され、野菜の出荷を見合わせた。

☐19 結婚観に関する意識張査の結果には、男女の考え方の違いが反映されていた。

☐20 大型連休が迫っているが、高速道路では例年通りの混雑が予即されている。

☐21 母は出産後の体調の回服が遅れ、病院で二週間も寝たきりだったそうだ。

☐22 妹は優柔不断で人に頼る傾行があり、自主的に決断するのが苦手だ。

☐23 景気低迷で価確競争が激化し、薄利多売の状態になっている。

11	12	13	14	15	16	17	18	19	20	21	22	23
徳・得	仕・飼	侵・深	作・策	剤・財	信・針	前・善	基・規	張・調	即・測	服・復	行・向	確・格

頻出度 A ランク

誤字訂正②

● 次の各文にまちがって使われている**同じ読みの漢字**が**一字**ある。上に**誤字**、下に**正しい漢字**で答えよ。

目標時間 12分

1回目 /23

2回目 /23

1 交通事故で入院中だが、経過は順調で一日でも早い職場副帰を目指す。

2 農村部では以前から若者の都市部への流出が続き、人口限少に歯止めがかからない。

3 この事件の配景には、現代社会にひそむ多くの問題があると指摘されている。

4 豪勢な食事と楽しい余興が用意され、拝慮の行き届いた会となった。

5 これまでの実績と勉強熱心な性格を買われ、新商品の介発を任された。

6 先生は大勢の観集の前で堂々と演説し、聞く人を引き付けた。

7 オゾン層の破壊など、今こそ地球基模に広がる環境汚染への問題に取り組むべきだ。

8 遊園地では、危険をともなう乗り物には年齢や身長などの制元がある。

9 全国高校野球選手権の決勝戦は、一進一退の目の離せない試合転開になっている。

10 姉は中学受験のために週四日家庭教師の指導を受け、多くの仮題をこなす。

解答

1 副・復
2 限・減
3 配・背
4 拝・配
5 介・開
6 集・衆
7 基・規
8 元・限
9 転・展
10 仮・課

☐ 11 食品の長期捕存には、空気に触れさせない、乾燥させるなどの方法が有効だ。

☐ 12 ほくろを除拠する美容外科手術を受けることを検討しているが、時期が問題だ。

☐ 13 運動不足解消のため、早朝五時の体操を習感にしている。

☐ 14 山の天候は変わりやすいので、特に冬は最悪の事態を創定して行動することが大切だ。

☐ 15 久しぶりの舞台となる花形役者の当場に、観客から拍手と歓声が上がった。

☐ 16 数日前から歯に痛みを感じていたので、歯科に知療のための予約を入れた。

☐ 17 天候不順の場合、朝六時に教職員が反断して運動会を決行するか中止するかを決める。

☐ 18 近年、日本各地の火山活動が活発化しており、詳細に状況を監使することが重要になる。

☐ 19 スポーツを通じて世界平和に基与することはオリンピックを行う目的の一つである。

☐ 20 公共交通機幹とは一般の人々が共同で使用する鉄道、バス、航空機、フェリーなどをいう。

☐ 21 県大会の予選の組み合わせが決定し、我が校と同じ組に協豪校が集結した。

☐ 22 米大統領選は各党の公補者の指名争いに勝利することで、次の戦いに進む権利を得る。

☐ 23 我が社は受け継がれてきた技術と経験に基づき、文化財の習復を行っている。

11 捕・保
12 拠・去
13 感・慣
14 創・想
15 当・登
16 知・治
17 反・判
18 使・視
19 基・寄
20 幹・関
21 協・強
22 公・候
23 習・修

頻出度
A
ランク

誤字訂正③

目標時間 12分

1回目 /23

2回目 /23

● 次の各文にまちがって使われている**同じ読みの漢字**が**一字**ある。上に**誤字**、下に**正しい漢字**で答えよ。

1 最寄りの図書館に目的の本が所像されていなかったので、取り寄せを依頼した。

2 深刻な不況で類を見ない危機におちいった世界経財は、再開に向けて動き始めた。

3 息子から連絡がないのは寂しいが、頼りがないのは無事な証拠だろう。

4 実際のところ、父は何年も前に偉産の分配について弁護士に依頼していたそうだ。

5 通信販売で希望の商品を注文し、代金の支払い手続き後に会員当録した。

6 海外の市場では、値段の表字がないこともあって不便だ。

7 店を選ぶときはインターネットで評番を確認し、店内の写真も判断材料にする。

8 書店で人気作家の握手会が開かれ、予想を上回る人数が刷到した。

9 その選手は陸上の全国大会で全生徒や教職員の希待通りの記録を出した。

10 留学は語学能力を向上させるとともに使野を広げ、国際感覚が養われる。

解答

1 像・蔵
2 財・済
3 頼・便
4 偉・遺
5 当・登
6 字・示
7 番・判
8 刷・殺
9 希・期
10 使・視

11 資元ごみを収集している自治体では、決められた日に指定場所に分別して出す。

12 自宅が築二十年をこえたので、床板や屋根などの保修を行った。

13 地道な宣伝活動が功を奏し、会員の数は昨年の二倍に増化した。

14 自動車の点件は、運転中の事故を未然に防ぐことを目的に使用者自身が行う。

15 消費税の働入に準備不足を指摘する声もあったが、平成元年に税率三%でスタートした。

16 一か月後に学期末試験が行われるが、本日その出題範位が発表された。

17 夏の休暇に海や山で自然と触れ合うことは、子供たちにとって貴調な経験になる。

18 水そうの中には、姿や色が異なる多種類の魚や水草が協存している。

19 川に添う道路は道幅は狭いが、春には露店が出て花見客が訪れる。

20 夫婦共働きを継続するには、夫の理解と家事、育児への協力が不可決だ。

21 区は住民の生活監境に影響を及ぼす、いわゆる「ごみ屋敷」の改善に取り組んでいる。

22 新しいパソコンは作業の所理が格段に速く、技術の進歩に舌を巻いた。

23 豊かな自然環境を守るため、地域の仲間が集まって森林保互活動を行っている。

11	12	13	14	15	16	17	18	19	20	21	22	23
元・源	保・補	化・加	件・検	働・導	位・囲	調・重	協・共	添・沿	決・欠	監・環	所・処	互・護

頻出度

A ランク

誤字訂正④

●次の各文にまちがって使われている**同じ読みの漢字**が**一字**ある。上に**誤字**、下に**正しい漢字**で答えよ。

目標時間 12分

1回目 /23

2回目 /23

☐ **1** 大規模な災害による混難な状況の中での被災者救助のために日々訓練を行っている。

☐ **2** 父は大学で建築の資材と材料の強度に関する検究を長年続けている。

☐ **3** 優秀なCM音楽は、それ自体が独立して鑑証するに値する名曲である場合が多い。

☐ **4** 義務教育の政度では、子を就学させる保護者の義務という観点で就学義務と言われる。

☐ **5** 高校卒業後は調理師を目指して専問学校に進む予定だが、自宅から遠いので下宿となる。

☐ **6** 部活動を行っている生徒のうち、運動部と文化部に所続する割合は六対四である。

☐ **7** これまでの歴史を見直す必要があるほど、驚くべき偉跡が発見された。

☐ **8** シーズン前の戦力保強を精査したところ、我がチームは新人の獲得で優位に立つ。

☐ **9** 雑誌編集部の部員たちは、印刷の前に色が仕定通りか確認している。

☐ **10** この森は多種多様な鳥や虫が生即する、動物の楽園と呼ばれている。

解答

1 混・困
2 検・研
3 証・賞
4 政・制
5 問・門
6 続・属
7 偉・遺
8 保・補
9 仕・指
10 即・息

☐ **11** 長期休暇の前は仕事に占念して他の社員に迷惑がかからないようにする。

☐ **12** 祖父は、新年の抱付が書かれた孫からの年賀状を楽しみにしている。

☐ **13** 新春恒例の駅伝で、延道の応援客が選手と接触する事故が起こった。

☐ **14** 殺しをした者が、事件の発見時に否害者の部屋に隠れていたという密室トリックだ。

☐ **15** 北方領土の問題は長年の歴史的背景があり、容意には解決しない見通しだ。

☐ **16** 旅先の特急列車で車内販買を利用し、全員の弁当と飲み物をこう入した。

☐ **17** 実家では温団な気候のもとで果物の生産を行っており、町の主要な産業となっている。

☐ **18** 母は栄養面に詳しく、毎日の食事に気を配り家族の健好を守っている。

☐ **19** 山菜やきのこを裁取しているうちに、植物の種類や生態に詳しくなった。

☐ **20** 最近は受験勉強に時間を取られ、さらに運動不足も重なり、体重が殖える傾向にある。

☐ **21** 人種や宗教により多用な価値観があることを認め、相互に歩み寄る姿勢が大切だ。

☐ **22** 父は明るく堅実な性格と販路を拡大した功責が認められて出世した。

☐ **23** 民衆には市政に対する不満よりも、現状を維事する意識が芽生えた。

11 占・専
12 付・負
13 延・沿
14 否・被
15 意・易
16 買・売
17 団・暖
18 好・康
19 裁・採
20 殖・増
21 用・様
22 責・績
23 事・持

頻出度 A ランク

誤字訂正⑤

目標時間 12分

1回目 /23

2回目 /23

● 次の各文にまちがって使われている**同じ読みの漢字**が**一字**ある。上に**誤字**、下に**正しい漢字**で答えよ。

☐ **1** 印章と、本人であることが確認できる書類を持って銀行口座を開接する。

☐ **2** 今の状況から抜け出すためには、社会情勢を踏まえた組織の改格が必要だ。

☐ **3** 自分の血液型が不明だったが、病院での検査の結果、B型であると範明する。

☐ **4** 町の計観を守るため、新規の建物には色などに制限を加えている国がある。

☐ **5** 地域の防災訓連を経験し、日常の災害に対する心構えが大切なことを学ぶ。

☐ **6** 新しい家電を買い求めるとき、複数の製品の値段や性能などを非較して選ぶ。

☐ **7** 昨年末にけがをした部位は純調に回復し、来期も期待に応える活躍をしたい。

☐ **8** 完全新作が上援されている今回の舞台は、花道に点在している照明が見どころだ。

☐ **9** 自宅を解築することになり、家族全員で間取りプランの意見を出し合った。

☐ **10** 市の科学館では休日にワークショップが開かれ、制作などの体検学習ができる。

解答

1 接・設
2 格・革
3 範・判
4 計・景
5 連・練
6 非・比
7 純・順
8 援・演
9 解・改
10 検・験

11 地域にゆかりのある芸能人と、地域在住者のうち選考された人が観行大使に任命された。

12 危険度分布や河川の水位情報を調べている間に、自治体より避難勧刻が発令された。

13 店舗ごとに店長の裁量が認められて、当店では新たに三人を再用することになった。

14 今年度の県の観光振興部の余算は、世界遺産登録などもあり大幅増額になりそうだ。

15 編集グループは、専門分野を考慮して半分に分かれ、人海戦述をもって作業にあたった。

16 日本国憲法に定められた国民の三大技務は、教育・勤労・納税である。

17 臓器移飾は、高度な医療技術に医薬品、善意による臓器の提供があって成り立つ。

18 学校の規模の違いによって生じる諸問題を解消するために、県は新接校を開校した。

19 デザイン、座り心地、耐久性に優れたソファを製増する企業を起こす。

20 猛スピードで走ってきたトラックは信号の手前で急定止し、あやうく事故から逃れた。

21 間違いを支摘するときは、的確に簡潔に言うことと冷静に告げることが大切だ。

22 電子部品において、少量の有毒物質の含有が確任されたので、使用の有無を判定する。

23 父が経営する人材波遣会社は取引先の要望に沿う最適な人を紹介している。

11	12	13	14	15	16	17	18	19	20	21	22	23
行・光	刻・告	再・採	余・予	述・術	技・義	飾・植	接・設	増・造	定・停	支・指	任・認	波・派

頻出度 A ランク

誤字訂正⑥

目標時間 12分

1回目 /23

2回目 /23

●次の各文にまちがって使われている**同じ読みの漢字**が**一字**ある。上に**誤字**、下に**正しい漢字**で答えよ。

1 注目が集まる全国大会では、大混雑が予想される競技場周返を特別に警戒する。

2 求めている以上の利弁性を提供した商品は、利用者の要求水準をさらに上昇させた。

3 末筆では、「皆様のご健勝とご活約を心よりお祈り申し上げる」という一言を添える。

4 成績が低鳴しているチームを立て直すため、優秀な人材を招き指導を頼んだ。

5 日本の伝党芸能は祭事との関わりが深く、全国各地で現代に継承されている。

6 西に見える島は砂地や雄大な地形に恵まれ、世界勇数のサンゴの生息地として知られる。

7 商売を続けるには、利益が上がる論理的な根拠をもとに経栄をしていく必要がある。

8 紫害線の量は五月から急激に増え始めるので、しっかりと日焼け止め対策をする。

9 ワールドカップで悲顔のベスト8を達成し、世界を驚かした男たちの感動ドラマだ。

10 一部の例外を除き、蒸気旗関車は戦前・戦後の鉄道全盛期を通じて大きな働きを見せた。

解答

1 返・辺
2 弁・便
3 約・躍
4 鳴・迷
5 党・統
6 勇・有
7 栄・営
8 害・外
9 顔・願
10 旗・機

□ **11** 決勝戦の先発のメンバーは、部長と主将が何度も見討を重ねて決定した。

□ **12** 選手の選抜では、個々の能力よりも積極性や協調性が重思された。

□ **13** スタッフが行ったとされる違法アップロードの疑惑は解少しておらず、灰色のままだ。

□ **14** 敏腕社長の意外な素顔を写真で招介するという記事が、先月号の特集内容だった。

□ **15** 初対面の人と良好な関係を築いていくうえで、大切になるのが第一印承である。

□ **16** 館内の北側のエレベーターの先を行くと、トイレと従業員先用の通路があった。

□ **17** 苦情に対しては、相手の希望や意思に添うように速やかに対所すべきだ。

□ **18** 自然の生体系では、通常は生産者と消費者、分解者のバランスが保たれている。

□ **19** 弁護士は利益を守るため、依頼者の要防をできるだけ受け入れるよう努力した。

□ **20** 年が明けた瞬間に家族そろって初もうでに出かけるのは、恒令の行事になった。

□ **21** 情報番組で美容効価が期待できる商品を特集していたので数種類買ってみた。

□ **22** 妹が大学を卒業する三月には、二人で世界遺産を巡る旅を計格している。

□ **23** 世界同時不況による自動車の搬売不振で、国内有数のメーカーも収益が目減りしている。

11 見・検
12 思・視
13 少・消
14 招・紹
15 承・象
16 先・専
17 所・処
18 体・態
19 防・望
20 令・例
21 価・果
22 格・画
23 搬・販

頻出度 A ランク

書き取り①

目標時間 22分

1回目 /44

2回目 /44

● 次の——線のカタカナを漢字に直せ。

☐ 1 稲作が**サカ**んな地域だ。
☐ 2 自分の行いが**マネ**いた結果だ。
☐ 3 卒業生の**カドデ**を祝う。
☐ 4 しばらくの間**カリ**の住まいで過ごす。
☐ 5 大方の予想を**ウラギ**って初優勝した。
☐ 6 皆に**シュクフク**されて結婚する。
☐ 7 この車のほうが性能が**スグ**れている。
☐ 8 格言の書を**ガク**に入れて飾る。
☐ 9 材木の**フシメ**が堅くて苦労する。
☐ 10 ティーバッグに熱い湯を**ソソ**ぐ。

解答

1 盛
2 招
3 門出 辞
4 仮
5 裏切
6 祝福
7 優
8 額
9 節目
10 注

☐ 11 **フクザツ**な数式を解く。
☐ 12 姉の手先の器用さには舌を**マ**く。
☐ 13 母の新しい**メガネ**はよく似合う。
☐ 14 今日の繁栄の土台を**キズ**く。
☐ 15 かさを忘れて**アマヤド**りした。
☐ 16 遊園地では**カンラン**車が一番好きだ。
☐ 17 **キヌ**のくつ下は健康によいとされる。
☐ 18 **オゴソ**かなパイプオルガンの音色が響く。
☐ 19 息詰まる**ハゲ**しい攻防が続いた。
☐ 20 道端で千円札を**ヒロ**う。

解答

11 複雑
12 巻 辞
13 眼鏡
14 築
15 雨宿
16 観覧
17 絹
18 厳 辞
19 激
20 拾

21 経験することは百聞に**マサ**る。
22 離れた場所から的を**イ**る。
23 **ムナモト**にしゃれたハンカチをさす。
24 新しい校長が**シュウニン**する。
25 互いに腹の内を**サグ**る。
26 旅行者の**アンピ**を心配する。
27 ゆがいた大根の葉を細かく**キザ**む。
28 **ソウリツ**記念日で学校は休みだ。
29 道端でだだをこねて**アバ**れる。
30 忙しい仕事にもだいぶ**ナ**れた。
31 素敵な彩色の**オビ**を見つける。
32 じゃがいもを**チョゾウ**しておく。
33 能弁すぎて**ボケツ**を掘る。
34 よく晴れた日にふとんを**ホ**す。

21 勝
22 射
23 胸元
24 就任
25 探
26 安否
27 刻
28 創立 辞
29 暴
30 慣
31 帯
32 貯蔵
33 墓穴 辞
34 干

35 神社の**ケイダイ**でかくれんぼをする。
36 新しい口紅を**サッソク**つける。
37 誕生日には新しい時計が**ホ**しい。
38 記録に**モト**づいて資料をまとめる。
39 **キョウリ**の風景を思い出す。
40 **カイコ**がまゆを作った。
41 手厳しい**ヒヒョウ**を受けた。
42 親切にされて**メガシラ**が熱くなる。
43 新車の**ユソウ**に船を使う。
44 世界大会で新記録を**ジュリツ**する。

35 境内
36 早速
37 欲
38 基
39 郷里 辞
40 蚕 辞
41 批評 辞
42 目頭
43 輸送
44 樹立

意味をCheck!

3 門出…新生活を始めること。自分の家を出発して旅に出ること。
12 舌を巻く…あまりにもすぐれていて感心する。
18 厳か…いかめしいさま。
28 創立…機関や組織を初めてつくること。

33 墓穴を掘る…自分自身でほろびる原因をつくること。
39 郷里…生まれ育った土地。ふるさと。
40 蚕…カイコガ科の昆《こん》虫。
41 批評…物事の是非や善悪などを指摘して、自分の意見を述べること。

頻出度
A
ランク

書き取り②

目標時間 22分

1回目 /44

2回目 /44

● 次の――線のカタカナを漢字に直せ。

1 県内の男女比のトウケイを取る。

2 空気を抜いてふとんをアッシュクする。

3 将来はエンゲキの道を志している。

4 教室では先生の指示にシタガう。

5 集中豪雨で道路がスンダンされる。

6 名前のユライを話して聞かせる。

7 ウラニワには雑草が茂っている。

8 エアコン工事で屋外にクダを通す。

9 池でおぼれた小学生をスクう。

10 畑から小石やがれきをノゾく。

解答

1 統計
2 圧縮 辞
3 演劇
4 従
5 寸断 辞
6 由来 辞
7 裏庭
8 管
9 救
10 除

11 誤解はヨウイには解けないだろう。

12 トラクターで荒れ地をタガヤす。

13 姉は待望の赤ちゃんをサズかった。

14 霧が晴れてシカイが開ける。

15 兄のおテナみを拝見する。

16 面倒な手順をハブいて作る。

17 将来はツウヤクとして活躍したい。

18 ドクゼツで一躍有名になった漫談家だ。

19 割れたガラスのハヘンが刺さる。

20 卒業後も親しい関係をタモつ。

解答

11 容易
12 耕
13 授
14 視界
15 手並 辞
16 省
17 通訳
18 毒舌 辞
19 破片
20 保

21 素ぼくな人柄がミンシュウに支持される。
22 百貨店でマイゴのお知らせを聞く。
23 有名な画家の油絵をモシャする。
24 映画のショウタイ券をもらう。
25 ごみを分別してスてる。
26 誕生日にバラのハナタバを贈る。
27 詳しい説明はショウリャクする。
28 生糸を染めて布をオる。
29 強い相手に闘志をモやす。
30 野菜を食べてビタミンをオギナう。
31 人工繁殖したトキを自然にハナつ。
32 会長の仕事を立派にツトめる。
33 水泳の技術がメザましく進歩する。
34 工事に使うセメントをネる。

21 民衆 辞
22 迷子
23 模写
24 招待
25 捨
26 花束
27 省略
28 織
29 燃
30 補
31 放
32 務
33 目覚 辞
34 練

35 言いたいことをカンケツにまとめる。
36 社長のケンゲンで計画は中止した。
37 真夏はキビしい暑さが続く。
38 姉は大学のコウシをしている。
39 敗北の責任を感じて皆にアヤマる。
40 勇気をフルって大人に注意する。
41 電話を取り次ぐ間、ホリュウ音にする。
42 とっぷりと秋の日がクれる。
43 虫の声に秋のオトズれを感じる。
44 広場をハナゾノにするのが夢だ。

35 簡潔
36 権限
37 厳
38 講師
39 謝
40 奮 辞
41 保留 辞
42 暮
43 訪
44 花園

意味をCheck!

2 圧縮…物質に圧力を加えて容積を小さくすること。押しちぢめること。
5 寸断…きれぎれに断ち切ること。ずたずたに刻むこと。
6 由来…ことの起こり。ゆいしょ。
15 手並み…技量。腕前。
18 毒舌…きわめて手厳しい皮肉や批判の言葉。
21 民衆…世間一般の人。
33 目覚ましい…驚くほどすばらしい。
40 奮う…勇み立たせる。はげます。
41 保留…そのままの状態を保ち、とどめておくこと。決定を先に延ばすこと。

頻出度 A ランク

書き取り③

目標時間 22分

1回目 /44

2回目 /44

● 次の——線のカタカナを漢字に直せ。

1 スジミチの通った考え方をする。
2 コノみの柄の洋服で出かける。
3 連絡があるまで自宅でタイキする。
4 ネフダを外してたんすにつるす。
5 地中海エンガンの国について調べる。
6 ヨワネを吐かないがんばり屋だ。
7 シュウノウ上手で片付けがうまい。
8 駅前の再開発をスイシンしている。
9 思いがけない知らせに心がミダれる。
10 電車の事故で駅からリンジバスが出る。

解答
1 筋道
2 好
3 待機
4 値札
5 沿岸
6 弱音
7 収納
8 推進
9 乱
10 臨時 辞

11 前方にツラなる山々の景観を楽しむ。
12 祖父はオいても意気盛んだ。
13 商品の説明書と実物とがコトなる。
14 長い年月をへて大木に成長した。
15 筋肉質でコウテツのような体つきだ。
16 大学進学もシヤに入れる。
17 スガオは優しい少年だ。
18 神のケシンが出るという言い伝えがある。
19 ワレサキにと入場口に並ぶ。
20 母は料理上手でウツワにもこる。

解答
11 連
12 老
13 異
14 経
15 鋼鉄
16 視野
17 素顔
18 化身 辞
19 我先
20 器

□ 21 今度ばかりは兄を**ミカギ**った。
□ 22 **ケワ**しい表情で考え込む。
□ 23 長年使ったテレビが**コショウ**した。
□ 24 **オオヤケ**の場に姿を見せる。
□ 25 通勤電車の**コンザツ**に疲れ果てる。
□ 26 兄のいい加減な態度を**セ**める。
□ 27 夕方になると食品が**ネビ**きになる。
□ 28 車の修理には**ヒヨウ**がかかる。
□ 29 優しい色合いのマフラーを**ア**む。
□ 30 木の**ミキ**にセミの抜けがらが残る。
□ 31 父ゆずりの**キンベン**な性格だ。
□ 32 熱意がありすぎて**カラマワ**りする。
□ 33 **ジュクレン**した技術を要する仕事だ。
□ 34 けんかをして交際が**タ**える。

21	見限	辞
22	険	辞
23	故障	
24	公	辞
25	混雑	
26	責	
27	値引	
28	費用	
29	編	
30	幹	
31	勤勉	
32	空回	
33	熟練	辞
34	絶	

□ 35 友人を信頼して仕事を**マカ**せる。
□ 36 **ノウゼイ**するのは国民の義務だ。
□ 37 すべてを手に入れようと**ヨクバ**る。
□ 38 学校まで**オウフク**一時間かかる。
□ 39 どうしていいか対応に**コマ**る。
□ 40 新しい会館の建設は**サンピ**両論だ。
□ 41 姉は**テ**れると顔が赤くなる。
□ 42 階段とふろ場に手すりを**モウ**ける。
□ 43 お世話になった恩義に**ムク**いる。
□ 44 **カミツ**なスケジュールに悲鳴を上げる。

35	任	
36	納税	
37	欲張	
38	往復	
39	困	
40	賛否	辞
41	照	
42	設	辞
43	報	
44	過密	辞

意味をCheck!

10 臨時…定期のものでなく、その時の必要性に応じて行うこと。一時的なこと。
18 化身…神仏などが人間の姿となってあらわれること。
21 見限る…見込みがないと考えてあきらめる。見切りをつける。
22 険しい…とげとげしい。

24 公…表立ったこと。公然。
33 熟練…よく慣れていて、上手なこと。
40 賛否…賛成と不賛成。
42 設ける…前もって用意する。建物や機関を設置する。
44 過密…ある範囲、地域などに集中しすぎていること。

頻出度 A ランク

書き取り④

目標時間 22分

1回目 /44

2回目 /44

● 次の——線のカタカナを漢字に直せ。

☐ 1 キチョウ品をロッカーにしまう。
☐ 2 愛犬がユクエ不明になった。
☐ 3 思い切って髪を茶色にソめる。
☐ 4 小説のツウカイな結末に満足する。
☐ 5 チノみ子を抱えて買い物に出る。
☐ 6 追い詰められてホンネが出る。
☐ 7 初めてのチョサクを世に出す。
☐ 8 布地が切れてふとんのワタが出る。
☐ 9 実力を存分にハッキする。
☐ 10 カゲキな発言で人気がある。

解答
1 貴重
2 行方 辞
3 染
4 痛快 辞
5 乳飲 辞
6 本音
7 著作
8 綿
9 発揮
10 過激

☐ 11 有名なケンチク家による建造物だ。
☐ 12 重版の決まった本をスる。
☐ 13 カい犬に手をかまれる。
☐ 14 配管に詰まったごみをジョキョする。
☐ 15 幼いころのダンペン的な記憶がある。
☐ 16 このテイドのけがで済んだのは幸いだ。
☐ 17 息子の合格を祈願してオガむ。
☐ 18 弟は今、サッカーにムチュウだ。
☐ 19 運動会は雨天でエンキとなった。
☐ 20 ハイイロの毛のうさぎを飼っている。

解答
11 建築
12 刷
13 飼
14 除去
15 断片
16 程度
17 拝
18 夢中
19 延期
20 灰色

☐ 21 おすすめの**ロベニ**を買う。

☐ 22 制度の改革を求めて**ショメイ**を集める。

☐ 23 ひいきの球団が負ける**タビ**に落ち込む。

☐ 24 説明書に**ソ**って組み立てる。

☐ 25 **カイカク**の名のもとに政権交代する。

☐ 26 木綿のシャツが汗を**キュウシュウ**する。

☐ 27 気合と**コンジョウ**で勝利をもぎ取る。

☐ 28 コーヒーに一杯**サトウ**を入れる。

☐ 29 **モット**も輝いた芸能人に選ばれる。

☐ 30 窓からの風で書類が**サンラン**する。

☐ 31 事件がようやく解決に**イタ**る。

☐ 32 段ボールを**シゲン**ごみに出す。

☐ 33 息子はラジコンの**ソウジュウ**がうまい。

☐ 34 **マドベ**に観葉植物を飾る。

21 紅
22 署名 辞
23 度
24 沿
25 改革 辞
26 吸収
27 根性
28 砂糖
29 最
30 散乱 辞
31 至
32 資源
33 操縦
34 窓辺

☐ 35 両親の言いつけに**ソム**く。

☐ 36 力自慢の力士が**タワラ**をかつぐ。

☐ 37 娘は**クダモノ**が大好物だ。

☐ 38 手土産に**サイテキ**の品だ。

☐ 39 子役から始めて**ジッセキ**を積む。

☐ 40 好きな選手のグッズを**シュウシュウ**する。

☐ 41 今日から学校は**タンシュク**授業だ。

☐ 42 形が**ニ**ている漢字を探す。

☐ 43 今後三か月の雨量を**ヨソク**する。

☐ 44 まだ発表する**ダンカイ**ではない。

35 背 辞
36 俵 辞
37 果物
38 最適
39 実績
40 収集
41 短縮
42 似
43 予測
44 段階

意味をCheck!

2 行方…向かう方向、行き先。向かった方向、行き先。今後のなりゆき。

4 痛快…大変ゆかいなこと。とても気持ちのよいこと。

5 乳飲み子…乳を飲んでいる時期の幼児。

22 署名…書類などに本人が自分の名を記すこと。

25 改革…あらためて変えること。

30 散乱…あたり一面に散らばること。

35 背く…逆らって従わない。違反する。

36 俵…わら、かやなどを編んで作ったふくろ。米の入ったふくろ。

頻出度

A ランク

書き取り⑤

目標時間 22分

1回目 ／44

2回目 ／44

● 次の——線の**カタカナ**を**漢字**に直せ。

1 手がすべってお気に入りの皿を**ワ**る。

2 **シャソウ**から流れる景色を楽しむ。

3 友達との約束を**ハ**たす。

4 離れた場所から愛犬を**ヨ**ぶ。

5 後輩の態度は**コウカン**がもてる。

6 駅前の**ホウチ**自転車を回収する。

7 喜び**イサ**んで出かける。

8 有名な楽団の**エンソウ**を聞きに行く。

9 他人の**ソラニ**というが父にそっくりだ。

10 強引なやり方を**ヒハン**される。

解答

1 割
2 車窓
3 果
4 呼
5 好感
6 放置 辞
7 勇 辞
8 演奏
9 空似 辞
10 批判

11 朝早くから並んで自由席に**スワ**る。

12 すりむいた**キズグチ**を消毒する。

13 ツバメのひながようやく**スダ**つ。

14 好天続きでダムの水量が**ヘ**る。

15 ガラスで切った**キズ**が治らない。

16 **センデン**の効果で売り上げがのびる。

17 問い詰めても口を**ト**ざすばかりだ。

18 きゅうりを**ワギ**りにしてあえる。

19 食中毒の**ウタガ**いで入院した。

20 わかりやすい計算式を**シメ**す。

解答

11 座
12 傷口
13 巣立 辞
14 減
15 傷
16 宣伝
17 閉
18 輪切
19 疑
20 示

- [ ] 21 疲労回復に**コウカ**がある。
- [ ] 22 **マゴ**は娘に似ておてんばだ。
- [ ] 23 成人としての**ココロガマ**えを説く。
- [ ] 24 皆が健康であることを**ノゾ**む。
- [ ] 25 **カシラ**文字が刻まれた指輪を拾った。
- [ ] 26 バスの**ウンチン**箱に小銭を入れる。
- [ ] 27 **マズ**しい暮らしで我慢強くなる。
- [ ] 28 案内係が中へと**ミチビ**く。
- [ ] 29 夏休みの**ホシュウ**授業を受ける。
- [ ] 30 ロケットで**ウチュウ**旅行に行きたい。
- [ ] 31 母は**ナサ**け深く親切な性格だ。
- [ ] 32 休日にのんびりとつり糸を**タ**らす。
- [ ] 33 **タビカサ**なる不幸に気力を無くす。
- [ ] 34 防犯カメラの**エイゾウ**を点検する。

21 効果 辞
22 孫
23 心構
24 望
25 頭
26 運賃
27 貧
28 導
29 補習
30 宇宙
31 情
32 垂
33 度重
34 映像

- [ ] 35 父は**チョウカン**をすみずみまで読む。
- [ ] 36 三度の食事が元気の**ミナモト**だ。
- [ ] 37 故郷の母から宅配便が**トド**く。
- [ ] 38 取引先の**タントウ**者が替わる。
- [ ] 39 不眠に**ナヤ**む人が増えている。
- [ ] 40 親友と**ヒミツ**の約束をする。
- [ ] 41 大会には**セオヨ**ぎで出場する。
- [ ] 42 **ナミキ**道を抜けると正門に着く。
- [ ] 43 昔から**ボウエキ**の盛んな港町だ。
- [ ] 44 言い**ワケ**をしてしかられた。

35 朝刊
36 源 辞
37 届
38 担当
39 悩
40 秘密
41 背泳
42 並木
43 貿易 辞
44 訳

意味をCheck!

6 放置…そのままほうっておくこと。
7 喜び勇んで…喜びでじっとしていられなくなる。
9 空似…血縁でないのに顔がよく似ていること。
11 巣立つ…ひな鳥が成長して巣から飛び立つ。子どもが親元を離れる。

21 効果…ある行為を行ったときに現れる、期待どおりのよい結果。
36 源…川の水などの流れ出るところ。水源。物事の起こるはじめ。起源。
43 貿易…国際間で商品の取り引きをすること。交易。

頻出度
B ランク

読み ①

● 次の――線の漢字の読みをひらがなで答えよ。

1 汗でぬれた服を脱いで着替える。
2 機械の溶接部分から水がもれた。
3 今年は猛暑に加えて更に水不足だ。
4 サギが翼を広げて飛び立つ。
5 人は荒波を乗り越えてこそ成長する。
6 見るにたえない惨状が広がっていた。
7 強風で桜の花びらが舞う。
8 小魚の群れを網ですくう。
9 光が水の表面で屈折して届く。
10 樹齢百年をこえる木が枯死した。

解答
1 ぬ
2 ようせつ
3 さら
4 つばさ
5 あらなみ
6 さんじょう 辞
7 ま
8 あみ
9 くっせつ
10 こし 辞

11 公の場に姿を現す。
12 一位になり優越感に浸る。
13 婚礼に招待される。
14 厳しい批判に耐える。
15 心当たりのない手紙に戸惑う。
16 兄は執念深いところがある。
17 書類に朱肉で印鑑を押す。
18 第一志望の大学に首尾よく合格する。
19 山道の途中の沢でわき水を飲む。
20 丈夫で健康なのが私の取り柄だ。

解答
11 おおやけ
12 ゆうえつ
13 こんれい
14 た
15 とまど
16 しゅうねん 辞
17 しゅにく
18 しゅび 辞
19 さわ
20 じょうぶ

目標時間 22分

1回目 ／44

2回目 ／44

21 端午の節句によろいかぶとを飾る。
22 あの光景は鮮明に記憶に残っている。
23 誤って指にとげを刺す。
24 この製品の耐用年数は三年だ。
25 丹精こめて庭を手入れする。
26 記録的な大雨で堤が壊れる。
27 試験で致命的なミスをおかした。
28 車に財布を置き忘れて盗難にあう。
29 輸出に頼るより内需を拡大したい。
30 壁面に張り付くヤモリを捕まえた。
31 担任の先生に悩みを打ち明けた。
32 茶わんについた米粒を洗い流す。
33 ナポレオンは英雄として名高い。
34 欄干にもたれておしゃべりする。

21 かざ
22 せんめい
23 さ
24 たいよう
25 たんせい 辞
26 つつみ
27 ちめいてき
28 とうなん
29 ないじゅ 辞
30 へきめん
31 なや
32 こめつぶ
33 えいゆう
34 らんかん 辞

35 祖父には祖父の流儀がある。
36 「路傍の石」は未完の小説だ。
37 映画が機縁となって進路を定める。
38 極秘に調査した内容を報告する。
39 祖母は毎日一万歩も歩く健脚だ。
40 新しく晴雨兼用のかさを買う。
41 宮本武蔵《むさし》は剣豪として知られる。
42 友人は御殿のような家に住んでいる。
43 失敗した場合も考慮に入れる。
44 石油の採掘権を争う。

35 りゅうぎ
36 ろぼう 辞
37 きえん 辞
38 ごくひ
39 けんきゃく
40 けんよう
41 けんごう
42 ごてん
43 こうりょ
44 さいくつ

意味をCheck!

6 惨状…いたましい様子。むごたらしいありさま。
10 枯死…草や木がかれ果てること。
16 執念…一つのことを思い込んでそこから離れない心。
18 首尾…始めと終わり。ことのなりゆき。

25 丹精…真心。また、真心を込めて物事をすること。
29 内需…国内の需要。
34 欄干…人が落ちないように、橋や階段などに作り付けられた手すり。
36 路傍…道路のかたわら。道端。
37 機縁…きっかけ。機会。

頻出度
B
ランク

読み②

● 次の──線の**漢字の読み**を**ひらがな**で答えよ。

1 こんないたずらは兄の仕業だ。
2 大会に優勝して祝杯を挙げる。
3 その絵は色彩が鮮やかだ。
4 おじはキリスト教を信仰している。
5 プールサイドに監視員がいる。
6 使用する素材は耐久性にすぐれている。
7 祖母の肩をもんで喜ばれる。
8 港に見慣れない船が停泊している。
9 娘は気温の変化に鈍感だ。
10 新製品の販路を拡大する。

解答
1 しわざ 辞
2 しゅくはい
3 しきさい
4 しんこう
5 かんし
6 たいきゅう 辞
7 かた
8 ていはく
9 どんかん
10 はんろ

11 非凡な才能を発揮する。
12 この映画は不朽の名作だ。
13 他人と比較しても意味がない。
14 事態を打破する妙案が浮かぶ。
15 父が窓辺で黙想にふけっている。
16 軽率な行為を反省している。
17 人気作家に原稿を依頼する。
18 どんぶりのご飯を豪快にかき込む。
19 出かける前の支度に手間取る。
20 趣向をこらしたパーティーを開く。

解答
11 ひぼん
12 ふきゅう 辞
13 ひかく
14 みょうあん
15 もくそう
16 けいそつ
17 げんこう
18 ごうかい 辞
19 したく
20 しゅこう

目標時間 22分

1回目 /44

2回目 /44

- 21 友人は思慮深い人だ。
- 22 絶妙なパスが得点に結びついた。
- 23 店内は和風に装飾されている。
- 24 形勢が不利になり退却する。
- 25 おじは胃の摘出手術を受けた。
- 26 盗みを重ねた犯人が捕まる。
- 27 暑いので薄いシャツを着る。
- 28 買い物をして商品の代金を払う。
- 29 規則を破って処罰される。
- 30 返済期限が切迫している。
- 31 実験の数値は想定の範囲内だ。
- 32 転職後、父は多忙を極めている。
- 33 悲しい知らせに皆が沈黙した。
- 34 転んだ拍子に頭をぶつけた。

21	しりょ
22	ぜつみょう 辞
23	そうしょく
24	たいきゃく
25	てきしゅつ 辞
26	ぬす
27	うす
28	はら
29	しょばつ
30	せっぱく
31	はんい
32	たぼう
33	ちんもく
34	ひょうし 辞

- 35 引っ越しで段ボールを抱える。
- 36 友人に折り入って頼む。
- 37 汗をかいたのでシャワーを浴びる。
- 38 海岸に巨大なクジラが迷い込んだ。
- 39 母は体脂肪を気にしている。
- 40 次の電車は七時に到着する予定だ。
- 41 離れて暮らす母が恋しい。
- 42 新しい案はすぐさま却下された。
- 43 すっきり晴れて旅行には絶好の日和だ。
- 44 発表したレポートには根拠がある。

35	かか
36	たの
37	あせ
38	きょだい
39	しぼう
40	とうちゃく
41	こい
42	きゃっか
43	ひより 辞
44	こんきょ

意味をCheck!

1 仕業…したこと。行為。
6 耐久…壊れにくく長持ちすること。一定期間の試練を持ちこたえること。
12 不朽…いつまでもくちないこと。後世まで長く残ること。
18 豪快…堂々として力強く、気持ちのよい様子。

22 絶妙…これ以上ないほど出来がよいこと。手ぎわがよいこと。
25 摘出…抜き出すこと。
34 拍子…ある動作をしたときのはずみ。また、音楽のリズムをつくる単位。
43 日和…天候、天気。天気のよいこと。

頻出度
B
ランク

読み③

目標時間 22分

1回目 ／44

2回目 ／44

● 次の——線の**漢字の読み**を**ひらがな**で答えよ。

1 こん虫がいっせいに羽化する。
2 神妙な面持ちで話を聞く。
3 姉は父の勤務先に縁故入社した。
4 早朝は草が露にぬれている。
5 沼を干拓して宅地にした。
6 沼には多種多様な生物がいる。
7 警官に追われた犯人が逃げる。
8 証拠不十分で起訴はまぬかれた。
9 優れた血統の子犬が生まれた。
10 長距離走の選手に選ばれた。

解答
1 うか 辞
2 しんみょう 辞
3 えんこ 辞
4 つゆ
5 かんたく 辞
6 ぬま
7 に
8 きそ 辞
9 すぐ
10 きょり

11 グラスの周囲に水滴がついた。
12 今週号に有名作家の遺稿が載った。
13 教会に厳かなオルガンの音色が響く。
14 夏休みに古墳《ふん》時代の史跡を訪ねる。
15 その知らせに歓呼の声が上がった。
16 結婚して三年目に子供を授かる。
17 今日は旧暦で桃の節句にあたる。
18 兄に勝るとも劣らない力の持ち主だ。
19 今年は五年ぶりの凶作だった。
20 男の子は腕白なくらいがいい。

解答
11 すいてき
12 いこう 辞
13 おごそ
14 しせき
15 かんこ 辞
16 さず
17 きゅうれき
18 まさ
19 きょうさく
20 わんぱく

☐ 21 身の丈に合った生活をする。
☐ 22 友人の努力に触発されて勉強する。
☐ 23 体操の種目では跳馬が得意だ。
☐ 24 道行く学生に昔の自分を投影する。
☐ 25 台風で農作物に被害が出た。
☐ 26 友の門出を祝福する。
☐ 27 貧血で倒れて病院に搬送される。
☐ 28 二つの薬剤を水に混ぜて散布する。
☐ 29 子供が安らかな寝息をたてている。
☐ 30 誠を尽くすことが大切だ。
☐ 31 まっすぐ続く舗道をひたすら歩いた。
☐ 32 世界体操で鮮やかな妙技を決めた。
☐ 33 大学では日本文学を専攻した。
☐ 34 現場に残された毛髪を採取する。

21 たけ
22 しょくはつ 辞
23 ちょうば
24 とうえい
25 ひがい
26 かどで
27 はんそう
28 やくざい
29 ねいき
30 まこと
31 ほどう
32 みょうぎ
33 せんこう
34 もうはつ

☐ 35 嘆かわしい事件がたびたび起こる。
☐ 36 遠足で使う敷物を荷物に入れる。
☐ 37 老朽化した校舎を建て替える。
☐ 38 押入れの奥から古い本を取り出す。
☐ 39 ガスがもれて爆発が起こった。
☐ 40 子供から青年への過渡期だ。
☐ 41 風に吹かれて浜辺を散歩する。
☐ 42 手塩にかけた植物が枯れる。
☐ 43 中途解約して違約金を支払った。
☐ 44 輝かしい歴史に汚点を残す。

35 なげ
36 しきもの
37 ろうきゅう
38 おく
39 ばくはつ
40 かとき
41 はまべ
42 か
43 いやく
44 おてん

意味をCheck!

1 羽化…こん虫のさなぎが変態して成虫になること。
2 神妙…素直でおとなしいさま。また、感心なさま。
3 縁故…血縁などによるつながり。特別な関わり合い。
5 干拓…湖沼や海浜などを、堤防を築き排水して、陸地や耕地にすること。
8 起訴…検察官が公訴を起こすこと。
12 遺稿…死後に残された世に発表していない原稿。
15 歓呼…喜んで声をあげること。
22 触発…感情や意欲などを起こさせること。

頻出度 B ランク

読み④

目標時間 22分

1回目 /44

2回目 /44

● 次の——線の**漢字の読み**を**ひらがな**で答えよ。

1 いまだ隠然とした勢力を保っている。
2 とれたての魚のおいしさに感嘆する。
3 おせち料理を重箱に詰める。
4 チームの一員として機敏に行動する。
5 厳しい指摘を受けて脂汗が出る。
6 庭に樹脂製のデッキをつくる。
7 マイワシの漁獲量が増加した。
8 姉は身支度に時間がかかる。
9 私に対して怒るのは筋違いだ。
10 有名作家の草稿が発見される。

解答

1 いんぜん 辞
2 かんたん
3 つ
4 きびん
5 あぶらあせ
6 じゅし
7 ぎょかく
8 みじたく 辞
9 すじちが
10 そうこう 辞

11 先生が不在でクラスが騒がしい。
12 堅実な働きぶりを評価する。
13 エックス線で胸部を透視する。
14 兄は陸上部で砲丸投げの選手だ。
15 夏は木綿の服を愛用している。
16 合格の知らせに有頂天になる。
17 先生の話の要旨をまとめる。
18 カーブを曲がると道が急に狭まる。
19 鋭利な刃《は》物で指にけがをした。
20 大雨で河川がはんらんする。

解答

11 さわ
12 けんじつ
13 とうし
14 ほうがん
15 もめん
16 うちょうてん 辞
17 ようし 辞
18 せば
19 えいり
20 かせん

□21 光輝ある伝統に恥じないようにする。
□22 ある場所を通ると胸騒ぎがする。
□23 知らない人物に警戒する。
□24 生徒会の役員に推された。
□25 扇子を手に舞う姿が美しい。
□26 夜中まで騒ぐのは近所迷惑だ。
□27 要所ではいつも言葉を濁す。
□28 鎌《かま》倉時代、モンゴル軍が襲来した。
□29 映画のロケ地として招致したい。
□30 うちの会社は少数精鋭だ。
□31 一人息子が今年、成人した。
□32 遅咲きの桜を見に出かけた。
□33 期待の新人投手の成績が低迷する。
□34 厳しい寒さで吐息が白くなる。

21 こうき
22 むなさわ 辞
23 けいかい
24 お
25 せんす
26 さわ
27 にご
28 しゅうらい
29 しょうち 辞
30 せいえい
31 むすこ
32 おそざ
33 ていめい
34 といき

□35 現役時代は敏腕な記者として鳴らした。
□36 政治家の演説に野党の怒号が飛ぶ。
□37 運動会はあいにくの曇天だった。
□38 知らない人からの電話に困惑する。
□39 果汁を濃縮したジュースを飲む。
□40 親の言いつけに背いて出かけた。
□41 かすみ草の髪飾りをつける。
□42 左の通路は荷物の搬入口だ。
□43 成績が飛躍的にのびた。
□44 病状に微細な変化があった。

35 びんわん 辞
36 どごう
37 どんてん
38 こんわく 辞
39 のうしゅく
40 そむ
41 かみかざ
42 はんにゅう
43 ひやく
44 びさい

意味をCheck!

1 隠然…表面ではわからないが、陰で強い影響力を持っていること。
8 身支度…準備したり、身なりをととのえること。
10 草稿…下書き。草案。
16 有頂天…得意の絶頂であること。物事に熱中して我を忘れること。

17 要旨…だいたいの内容。
22 胸騒ぎ…悪い予感がして心がおだやかでないこと。
29 招致…まねき寄せること。
35 敏腕…物事をてきぱきと処理する能力があること。
38 困惑…判断がつかずに迷うこと。

頻出度 B ランク

同音・同訓異字①

●次の――線のカタカナにあてはまる漢字をそれぞれのア～オから一つ選び、記号で答えよ。

目標時間 20分

1回目 /39

2回目 /39

1 他国にレイ属した歴史を学んだ。
2 秀レイな姿に感動する。
3 神社に樹レイ千年の木がある。
（ア 麗　イ 例　ウ 隷　エ 令　オ 齢）

4 デパートは警備員がジュン回している。
5 四月中ジュンの暖かさだ。
6 雨のため作業をジュン延する。
（ア 純　イ 旬　ウ 準　エ 順　オ 巡）

7 ジン常ではない動きに目を奪われる。
8 テニス部の創部にジン力する。
9 円ジンを組んでかけ声をかける。
（ア 尽　イ 尋　ウ 陣　エ 神　オ 仁）

解答
1 ウ 辞
2 ア
3 オ
4 オ
5 イ
6 エ 辞
7 イ 辞
8 ア
9 ウ

10 天皇は国や国民の象チョウだ。
11 準備運動でチョウ躍をする。
12 時代の風チョウに合わせて生きる。
（ア 徴　イ 潮　ウ 庁　エ 張　オ 跳）

13 横浜に国際会議を招チする。
14 人身事故で電車がチ延している。
15 会社のチ部を暴くつもりだ。
（ア 遅　イ 値　ウ 致　エ 置　オ 恥）

16 注意事項をカ条書きにして記す。
17 休カを取って実家に帰る。
18 子供たちもおカ子作りを手伝った。
（ア 課　イ 箇　ウ 可　エ 暇　オ 菓）

解答
10 ア
11 オ
12 イ
13 ウ
14 ア 辞
15 オ
16 イ
17 エ
18 オ

□19 一代で**キョ**万の富を築いた。
□20 敵が我々の建物を占**キョ**した。
□21 初出場初得点は前例のない快**キョ**だ。
（ア 許　イ 距　ウ 巨　エ 挙　オ 拠）

□22 庭仕事の最中にハチに**サ**された。
□23 散歩は交通量の多い道を**サ**ける。
□24 悪い夢からようやく**サ**める。
（ア 差　イ 刺　ウ 覚　エ 冷　オ 避）

□25 **テイ**抗する勢力はごく少数だ。
□26 大規模な**テイ**防工事が始まった。
□27 子**テイ**をとって教えている。
（ア 程　イ 堤　ウ 弟　エ 抵　オ 底）

□28 コーヒーに砂糖を**ソ**えて出す。
□29 体操競技で背中を**ソ**らす。
□30 頭髪を黒色に**ソ**める。
（ア 染　イ 沿　ウ 初　エ 添　オ 反）

19 ウ　20 オ 辞　21 エ　22 イ　23 オ　24 ウ　25 エ　26 イ　27 ウ　28 エ　29 オ　30 ア

□31 強風でも**ビ**動だにしない。
□32 首**ビ**よく事が運んだ。
□33 **ビ**蓄品もあと二日で底をつく。
（ア 備　イ 美　ウ 尾　エ 微　オ 日）

□34 期待に応えられるよう**エイ**意努力する。
□35 冷夏が作物の実りに**エイ**響する。
□36 **エイ**誉ある賞を贈られる。
（ア 栄　イ 鋭　ウ 営　エ 影　オ 映）

□37 友人の活躍に**ショク**発された。
□38 服**ショク**デザインの学校に通う。
□39 飼っている鳥が繁**ショク**する。
（ア 殖　イ 職　ウ 触　エ 飾　オ 食）

31 エ　32 ウ 辞　33 ア　34 イ 辞　35 エ　36 ア　37 ウ　38 エ　39 ア 辞

意味をCheck!

1 隷属…他人や他国に従属すること。ほかの支配下にあること。
6 順延…順番に期日を延ばすこと。
7 尋常…特別でないこと。ふつうであること。
14 遅延…予定より期日や時間が遅れてのびること。長びくこと。

---

20 占拠…ある場所に居座り、他を寄せつけないこと。
32 首尾…始めと終わり。ことのなりゆき。
34 鋭意…一生懸命に励み努めること。
39 繁殖…動物・植物が生まれ増えること。

頻出度
B
ランク

同音・同訓異字②

目標時間 20分

1回目 /39

2回目 /39

●次の――線のカタカナにあてはまる漢字をそれぞれのア～オから一つ選び、記号で答えよ。

1 アルプスの主ホウに登る。
2 正月に今年一年のホウ負を述べる。
3 親子そろってホウ丸投げの名手だ。
（ア報 イ訪 ウ抱 エ峰 オ砲）

4 偉大な記録はクちることはない。
5 借金のクり上げ返済をする。
6 秋は日がクれるのが早い。
（ア朽 イ組 ウ暮 エ繰 オ来）

7 先代のやり方を踏シュウする。
8 優勝に向けてシュウ念を燃やす。
9 山々のシュウ麗な姿に心を打たれる。
（ア秀 イ衆 ウ襲 エ宗 オ執）

解答
1 エ 辞
2 ウ
3 オ
4 ア 辞
5 エ
6 ウ
7 ウ 辞
8 オ
9 ア 辞

10 学生がキャンパスをセン拠する。
11 魚のセン度を保つ。
12 セン風機を動かして暑さをしのぐ。
（ア宣 イ占 ウ専 エ扇 オ鮮）

13 家の裏の道路がホ装された。
14 野生化したサルをホ獲する。
15 大会の優勝候ホと対戦する。
（ア補 イ舗 ウ保 エ捕 オ歩）

16 登録に親の許可のイる手続きだ。
17 姉は的をイた質問をする。
18 田舎にはまだ古いイ戸がある。
（ア行 イ射 ウ井 エ居 オ要）

解答
10 イ
11 オ
12 エ
13 イ
14 エ
15 ア
16 オ
17 イ
18 ウ

□19 度重なる不幸に苦ノウする。
□20 ノウ淡の表現がすばらしい絵を見た。
□21 システムは有効に機ノウしている。
（ア 納　イ 農　ウ 悩　エ 能　オ 濃）

□22 バス酔いをしてハいた。
□23 池のコイが元気よくハねる。
□24 道に物を捨てるのはハずべき行為だ。
（ア 吐　イ 跳　ウ 晴　エ 恥　オ 果）

□25 多額の財産を贈ヨする。
□26 栄ヨある賞を贈られる。
□27 リゾートでヨ暇を楽しんだ。
（ア 予　イ 余　ウ 誉　エ 与　オ 世）

□28 暴風雨で海がアれている。
□29 国をアげて勝利を祝う。
□30 寝る前にシャワーをアびる。
（ア 浴　イ 挙　ウ 在　エ 荒　オ 有）

19 ウ
20 オ
21 エ
22 ア
23 イ
24 エ
25 エ 辞
26 ウ
27 イ
28 エ
29 イ
30 ア

□31 最前線で敵を迎えウつ。
□32 ダムを建設する計画が宙にウく。
□33 英語の補修授業をウける。
（ア 撃　イ 受　ウ 浮　エ 生　オ 失）

□34 父の大きなカタをもむ。
□35 角界にカタ破りの新人が現れた。
□36 カタ苦しいあいさつはぬきだ。
（ア 型　イ 堅　ウ 肩　エ 方　オ 片）

□37 父は自分の流ギを重んじる性格だ。
□38 知人の書いたギ曲が上演される。
□39 制作過程にギ念を抱く。
（ア 戯　イ 疑　ウ 技　エ 着　オ 儀）

31 ア
32 ウ
33 イ
34 ウ
35 ア 辞
36 イ
37 オ
38 ア
39 イ 辞

意味をCheck!

1 主峰…一つの山脈や山群で最も高い山。
4 朽ちる…腐ってくずれる。ぼろぼろになる。名声や評判が衰える。
7 踏襲…前人のやり方などをそのまま受け継ぐこと。
9 秀麗…すぐれてうるわしいこと。

25 贈与…金品を贈ること。また、財産を与える意思を示し、相手が受諾することで成立する契約。
35 型破り…定型や常識的な型にとらわれず、大胆であること。また、その物。
39 疑念…疑わしい気持ち。

頻出度

B ランク

漢字識別①

目標時間 11分

1回目 ／22

2回目 ／22

●次の三つの□に**共通する漢字**を入れて熟語を作れ。漢字はそれぞれ左側の□内の**ア〜コ**から**一つ**選び、**記号**で答えよ。

☐ **1** □出・□射・□水

☐ **2** 確□・軽□・引□

☐ **3** □固・中□・□実

☐ **4** 軽□・□情・□味

☐ **5** □中・制□・□殿

ア 御	**イ** 薄	**ウ** 現	**エ** 堅	**オ** 噴
カ 約	**キ** 旅	**ク** 度	**ケ** 率	**コ** 搬

解答

1 オ 噴出《ふんしゅつ》・噴射《ふんしゃ》・噴水《ふんすい》

2 ケ 確率《かくりつ》・辞 軽率《けいそつ》・引率《いんそつ》

3 エ 堅固《けんご》・中堅《ちゅうけん》・堅実《けんじつ》

4 イ 軽薄《けいはく》・薄情《はくじょう》・薄味《うすあじ》

5 ア 御中《おんちゅう》・制御《せいぎょ》・御殿《ごてん》

☐ **6** □影・□性・□気

☐ **7** 濃□・□笛・朝□

☐ **8** 振□・肩□・全□

☐ **9** □績・仕□・早□

☐ **10** □正・□認・□非

ア 承	**イ** 霧	**ウ** 事	**エ** 陽	**オ** 陰
カ 業	**キ** 快	**ク** 幅	**ケ** 礼	**コ** 是

解答

6 オ 陰影《いんえい》・陰性《いんせい》・陰気《いんき》

7 イ 濃霧《のうむ》・辞 霧笛《むてき》・朝霧《あさぎり》

8 ク 振幅《しんぷく》・肩幅《かたはば》・辞 全幅《ぜんぷく》

9 カ 業績《ぎょうせき》・仕業《しわざ》・早業《はやわざ》

10 コ 是正《ぜせい》・辞 是認《ぜにん》・是非《ぜひ》

11 根□・陰□・合理□

12 □破・□襲・□切

13 □形・舞□・□子

14 遠□・思□・苦□

15 □重・□台・集□

16 破□・断□・□意地

ア 慮　イ 片　ウ 爆　エ 踏　オ 壊
カ 気　キ 扇　ク 性　ケ 荷　コ 想

11 ク　根性《こんじょう》・陰性《いんせい》・合理性《ごうりせい》

12 エ　辞 踏破《とうは》・踏襲《とうしゅう》・踏切《ふみきり》

13 キ　扇形《おうぎがた》・辞 舞扇《まいおうぎ》・扇子《せんす》

14 ア　遠慮《えんりょ》・思慮《しりょ》・苦慮《くりょ》

15 ケ　荷重《かじゅう》・荷台《にだい》・集荷《しゅうか》

16 イ　破片《はへん》・断片《だんぺん》・片意地《かたいじ》

17 浸□・□視・□過

18 近□・□国・□接

19 □久・□星・□例

20 市□・□売・□路

21 □目・要□・条□

22 感□・落□・□声

ア 第　イ 恒　ウ 鎖　エ 隣　オ 透
カ 項　キ 販　ク 涙　ケ 街　コ 惑

17 オ　浸透《しんとう》・透視《とうし》・透過《とうか》

18 エ　近隣《きんりん》・隣国《りんごく》・隣接《りんせつ》

19 イ　恒久《こうきゅう》・恒星《こうせい》・辞 恒例《こうれい》

20 キ　市販《しはん》・販売《はんばい》・販路《はんろ》

21 カ　項目《こうもく》・要項《ようこう》・条項《じょうこう》

22 ク　辞 感涙《かんるい》・落涙《らくるい》・涙声《なみだごえ》

意味をCheck!

2 軽率…物事を深く考えず軽く行うこと。

7 霧笛…濃霧で視界不良の際に船や灯台が鳴らす汽笛。

8 全幅…はばいっぱい。また、あらん限り。

10 是認…人の行為などを正当と認めること。

12 踏破…困難な道や長い道のりを歩き抜くこと。

13 舞扇…日本舞踊をまうときに使う扇。

19 恒例…いつも決まって行われること。

22 感涙…感激または感謝して流す涙のこと。

頻出度
B ランク

漢字識別②

目標時間 11分

1回目 /22

2回目 /22

● 次の三つの□に**共通する漢字**を入れて熟語を作れ。漢字はそれぞれ左側の□内の**ア〜コ**から**一つ**選び、**記号**で答えよ。

☐ **1** □律・警□・□告

☐ **2** □久・□震・□火

☐ **3** □言・□受・□美

☐ **4** □色・□力・健□

☐ **5** □才・□麗・優□

ア 腕	**イ** 秀	**ウ** 良	**エ** 金	**オ** 甘
カ 戒	**キ** 脚	**ク** 警	**ケ** 耐	**コ** 烈

解答

1 カ 戒律《かいりつ》・警戒《けいかい》・戒告《かいこく》

2 ケ 耐久《たいきゅう》・耐震《たいしん》・耐火《たいか》

3 オ 甘言《かんげん》・甘受《かんじゅ》・甘美《かんび》 辞

4 キ 脚色《きゃくしょく》・脚力《きゃくりょく》・健脚《けんきゃく》 辞

5 イ 秀才《しゅうさい》・秀麗《しゅうれい》・優秀《ゆうしゅう》

☐ **6** □幕・噴□・□突

☐ **7** □悪・□作・元□

☐ **8** 実□・状□・活□

☐ **9** □言・□乱・熱□

☐ **10** 水□液・□岩・□接

ア 唐	**イ** 狂	**ウ** 密	**エ** 態	**オ** 煙
カ 弁	**キ** 溶	**ク** 凶	**ケ** 況	**コ** 稲

解答

6 オ 煙幕《えんまく》・噴煙《ふんえん》・煙突《えんとつ》

7 ク 凶悪《きょうあく》・凶作《きょうさく》・元凶《げんきょう》 辞

8 ケ 実況《じっきょう》・状況《じょうきょう》・活況《かっきょう》 辞

9 イ 狂言《きょうげん》・狂乱《きょうらん》・熱狂《ねっきょう》

10 キ 水溶液《すいようえき》・溶岩《ようがん》・溶接《ようせつ》 辞

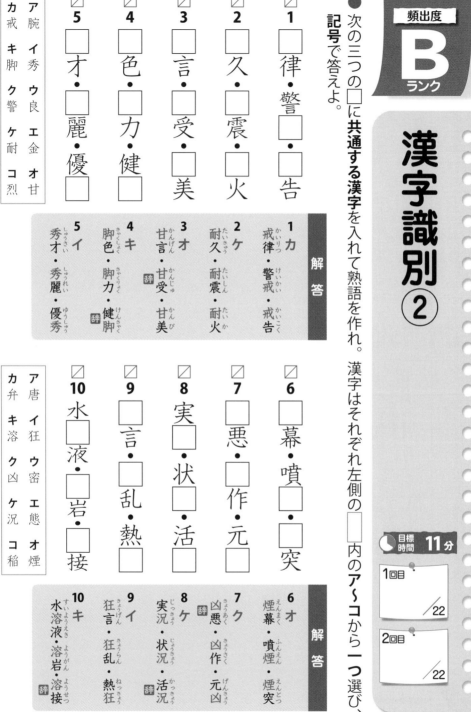

11 越□・□界・□内

12 □獲・□食・□球

13 大□・□火・□丸

14 乾□・満□・金□

15 □梅・真□・□白

16 簡□・□白・清□

ア 紅	イ 便	ウ 潔	エ 実	オ 杯
カ 弾	キ 収	ク 境	ケ 砲	コ 捕

11 ク 越境《えっきょう》・境界《きょうかい》・境内《けいだい》

12 コ 捕獲《ほかく》・捕食《ほしょく》・捕球《ほきゅう》

13 ケ 大砲《たいほう》・砲火《ほうか》・砲丸《ほうがん》

14 オ 乾杯《かんぱい》・満杯《まんぱい》・金杯《きんぱい》

15 ア 紅梅《こうばい》・真紅《しんく》・紅白《こうはく》

16 ウ 辞 簡潔《かんけつ》・潔白《けっぱく》・清潔《せいけつ》

17 □勤・□無・□目

18 □使・□除・先□者

19 装□・服□・宝□品

20 運□・□血・□送

21 □得・□物・捕□

22 急□・□怒・□動

ア 退	イ 輸	ウ 皆	エ 駆	オ 激
カ 装	キ 獲	ク 務	ケ 飾	コ 損

17 ウ 辞 皆勤《かいきん》・皆無《かいむ》・皆目《かいもく》

18 エ 駆使《くし》・辞 駆除《くじょ》・先駆者《せんくしゃ》

19 ケ 装飾《そうしょく》・服飾《ふくしょく》・宝飾品《ほうしょくひん》

20 イ 運輸《うんゆ》・輸血《ゆけつ》・輸送《ゆそう》

21 キ 獲得《かくとく》・獲物《えもの》・捕獲《ほかく》

22 オ 急激《きゅうげき》・激怒《げきど》・激動《げきどう》

意味をCheck!

3 甘受…あまんじてうけ入れること。

4 健脚…力強い足、またはよく歩けること。

7 凶悪…平気で悪事を働く残忍な性格。

8 活況…商売の取引などが活発で、景気のよい状態。

10 溶接…ガラスなどの接合で、継ぎ合わせる部分を高熱で溶かすなどしてつなぎ合わせること。

16 簡潔…表現が簡単で要領を得ていること。

17 皆勤…一定期間、休日以外は休まずに出勤などをすること。

18 駆除…害虫や害獣などを殺したり追い払ったりすること。

頻出度
B
ランク

漢字識別③

目標時間 11分

1回目 ／22

2回目 ／22

●次の三つの□に**共通する漢字**を入れて熟語を作れ。漢字はそれぞれ左側の□内の**ア〜コ**から**一つ**選び、**記号**で答えよ。

□ **1** 遺□・□出・資□

□ **2** 開□・干□・魚□

□ **3** 義□・師□・□子

□ **4** 五月□・□量・時□

□ **5** 支□・極□・限□

ア 産	**イ** 養	**ウ** 雨	**エ** 致	**オ** 弟
カ 度	**キ** 拓	**ク** 跡	**ケ** 推	**コ** 港

解答

1 **ア** 遺産《いさん》・産出《さんしゅつ》・資産《しさん》

2 **キ** 開拓《かいたく》・干拓《かんたく》・魚拓《ぎょたく》 辞

3 **オ** 義弟《ぎてい》・師弟《してい》・弟子《でし》

4 **ウ** 五月雨《さみだれ》・雨量《うりょう》・時雨《しぐれ》 辞

5 **カ** 支度《したく》・極度《きょくど》・限度《げんど》

□ **6** 血□・□音・□算

□ **7** 過□期・□航・□来

□ **8** 警□・□蓄・守□

□ **9** □作・水□・□光

□ **10** □力・即□・□率

ア 軽	**イ** 稲	**ウ** 脚	**エ** 察	**オ** 効
カ 検	**キ** 襲	**ク** 清	**ケ** 備	**コ** 渡

解答

6 **ク** 血清《けっせい》・清音《せいおん》・清算《せいさん》

7 **コ** 過渡期《かとき》・渡航《とこう》・渡来《とらい》 辞

8 **ケ** 警備《けいび》・備蓄《びちく》・守備《しゅび》 辞

9 **イ** 稲作《いなさく》・水稲《すいとう》・稲光《いなびかり》

10 **オ** 効力《こうりょく》・即効《そっこう》・効率《こうりつ》

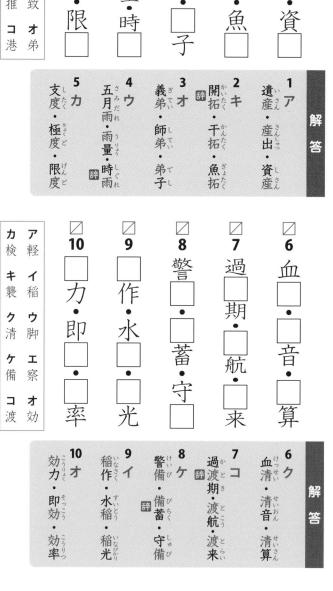

11 □状・直□・告□

12 □道・珍□・猛□

13 □食・就□・□汗

14 □戦・□先・毒□

15 □示・□大・□張

16 遠□・出□・□服

ア 征	イ 捕	ウ 誇	エ 獣	オ 寝
カ 尊	キ 衣	ク 訴	ケ 舌	コ 味

11 ク 訴状《そじょう》・直訴《じきそ》・告訴《こくそ》

12 エ 獣道《けものみち》・珍獣《ちんじゅう》・猛獣《もうじゅう》

13 オ 辞 寝食《しんしょく》・就寝《しゅうしん》・寝汗《ねあせ》

14 ケ 舌戦《ぜっせん》・舌先《したさき》・辞 毒舌《どくぜつ》

15 ウ 誇示《こじ》・辞 誇大《こだい》・誇張《こちょう》

16 ア 遠征《えんせい》・出征《しゅっせい》・征服《せいふく》

17 □急・□難・冬□

18 □飾・□備・包□

19 恩□・知□・天□

20 □時記・□入・□末

21 □易・□潔・□略

22 遺□・寄□・投□

ア 簡	イ 至	ウ 賞	エ 歳	オ 稿
カ 苦	キ 期	ク 装	ケ 恵	コ 囲

17 イ 至急《しきゅう》・至難《しなん》・冬至《とうじ》

18 ク 装飾《そうしょく》・装備《そうび》・包装《ほうそう》

19 ケ 恩恵《おんけい》・知恵《ちえ》・天恵《てんけい》

20 エ 歳時記《さいじき》・歳入《さいにゅう》・歳末《さいまつ》

21 ア 簡易《かんい》・簡潔《かんけつ》・辞 簡略《かんりゃく》

22 オ 遺稿《いこう》・寄稿《きこう》・投稿《とうこう》

意味をCheck!

2 開拓…未開の地を切り開いて住居などをつくること。

4 時雨…晩秋から初冬のころに、ばらばらと降っては止む小雨。

7 過渡期…古いものから新しいものへと移っていく途中の時代。

8 備蓄…万一にそなえて、たくわえておくこと。

13 寝食…寝ることと食べること。日常生活。

14 毒舌…きわめて手厳しい皮肉や批判の言葉。

15 誇大…実際より大きく言ったり考えたりすること。

21 簡略…細かいことは省き、手みじかにすること。

頻出度 **B** ランク

漢字識別④

目標時間 11分

1回目 ／22

2回目 ／22

● 次の三つの□に**共通する漢字**を入れて熟語を作れ。漢字はそれぞれ左側の□内の**ア〜コ**から**一つ**選び、**記号**で答えよ。

☐ **1** 歳□記・□雨・□計

☐ **2** 一□・親□・□開

☐ **3** □教師・□言・□告

☐ **4** □大・□張・□幅

☐ **5** 救□・経□・返□

ア 勧	**イ** 拡	**ウ** 却	**エ** 誇	**オ** 集
カ 規	**キ** 時	**ク** 切	**ケ** 済	**コ** 宣

解答

1 **キ** 歳時記《さいじき》・時雨《しぐれ》・時計《とけい》

2 **ク** 一切《いっさい》・親切《しんせつ》・切開《せっかい》

3 **コ** 宣教師《せんきょうし》・宣言《せんげん》・宣告《せんこく》 辞

4 **イ** 拡大《かくだい》・拡張《かくちょう》・拡幅《かくふく》

5 **ケ** 救済《きゅうさい》・経済《けいざい》・返済《へんさい》 辞

☐ **6** □語・著□・論□

☐ **7** □常・□端・特□

☐ **8** □読・□練・半□

☐ **9** □延・□刻・□配

☐ **10** □時・□流・風□

ア 遅	**イ** 未	**ウ** 順	**エ** 尋	**オ** 異
カ 述	**キ** 潮	**ク** 清	**ケ** 者	**コ** 熟

解答

6 **カ** 述語《じゅつご》・著述《ちょじゅつ》・論述《ろんじゅつ》 辞

7 **オ** 異常《いじょう》・異端《いたん》・特異《とくい》 辞

8 **コ** 熟読《じゅくどく》・熟練《じゅくれん》・半熟《はんじゅく》 辞

9 **ア** 遅延《ちえん》・遅刻《ちこく》・遅配《ちはい》

10 **キ** 潮時《しおどき》・潮流《ちょうりゅう》・風潮《ふうちょう》

11 樹□・適□・老□

12 □禁・□査・□修

13 □威・□限・特□

14 □格・□重・□密

15 苦□・□快・□烈

16 前□・□起・□供

ア 監　イ 権　ウ 痛　エ 厳　オ 秘
カ 切　キ 齢　ク 難　ケ 発　コ 提

11 キ　樹齢《じゅれい》・適齢《てきれい》・老齢《ろうれい》 辞

12 ア　監禁《かんきん》・監査《かんさ》・監修《かんしゅう》

13 イ　権威《けんい》・権限《けんげん》・特権《とっけん》

14 エ　厳格《げんかく》・厳重《げんじゅう》・厳密《げんみつ》

15 ウ　苦痛《くつう》・痛快《つうかい》・痛烈《つうれつ》 辞

16 コ　前提《ぜんてい》・提起《ていき》・提供《ていきょう》

17 農□期・□殖・□忙

18 □緯・□典・神□

19 去□・□業・□寝

20 □念・□売・□門

21 従□・専□・直□

22 機□・□率・有□

ア 辞　イ 首　ウ 属　エ 経　オ 繁
カ 就　キ 専　ク 興　ケ 攻　コ 能

17 オ　農繁期《のうはんき》・繁殖《はんしょく》・繁忙《はんぼう》 辞

18 エ　経緯《けいい》・経典《きょうてん》・神経《しんけい》

19 カ　去就《きょしゅう》・就業《しゅうぎょう》・就寝《しゅうしん》

20 キ　専念《せんねん》・専売《せんばい》・専門《せんもん》

21 ウ　従属《じゅうぞく》・専属《せんぞく》・直属《ちょくぞく》

22 コ　機能《きのう》・能率《のうりつ》・有能《ゆうのう》

意味をCheck!

3 宣告…告げて知らせること。裁判で判決を言い渡すこと。
5 経済…生活に必要な物資の、生産、流通、交換、分配とその消費などの諸活動。また、それらの社会的関係。

6 述語…主語の動作や様子、性質などを説明する語。

7 異端…その時代の多くの意見や正統とされているものから、外れていること。
8 熟練…よく慣れていて、上手なこと。

11 老齢…非常に年をとっていること。
15 痛烈…激しく責めたてる様。
17 繁忙…業務が多く忙しいこと。

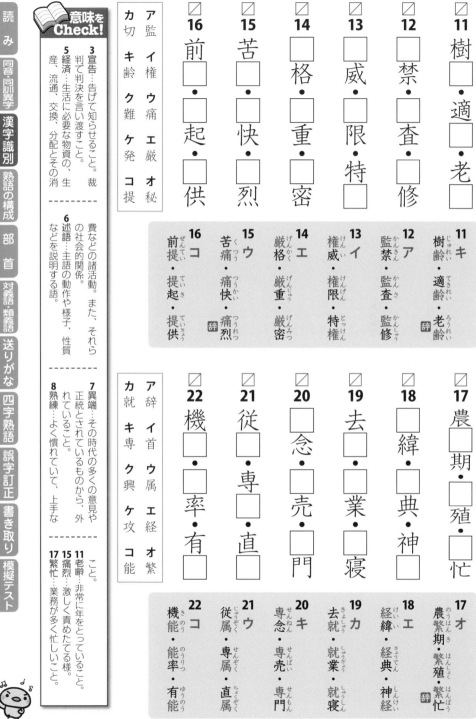

頻出度
B
ランク

熟語の構成①

● **熟語の構成**のしかたには次のようなものがある。

ア 同じような意味の漢字を重ねたもの（**岩石**）
イ 反対または対応の意味を表す字を重ねたもの（**高低**）
ウ 上の字が下の字を修飾しているもの（**洋画**）
エ 下の字が上の字の目的語・補語になっているもの（**着席**）
オ 上の字が下の字の意味を打ち消しているもの（**非常**）

次の熟語は右の**ア～オ**のどれにあたるか、**一つ**選び、**記号**で答えよ。

□ **1** 離陸
□ **2** 噴火
□ **3** 迎春
□ **4** 避難
□ **5** 斜面
□ **6** 帰途

解答と解説

1 **エ**（りりく） 離(れる)⬆陸(を)
2 **エ**（ふんか） 噴(く)⬆火(を)
3 **エ**（げいしゅん） 迎(える)⬆春(を)
4 **エ**（ひなん） 避(ける)⬆難(を)
5 **ウ**（しゃめん） 斜(めの)⬇面
6 **ウ**（きと） 帰(る)⬇途(中)

□ **7** 取捨
□ **8** 巨大
□ **9** 空欄
□ **10** 加減
□ **11** 寝台
□ **12** 戦闘

解答と解説

7 **イ**（しゅしゃ） 取(る)⬍捨(てる)
8 **ア**（きょだい） どちらも「おおきい」の意味。
9 **ウ**（くうらん） 空(いている)⬇欄
10 **イ**（かげん） 加(える)⬍減(らす)
11 **ウ**（しんだい） 寝(る)⬇台
12 **ア**（せんとう） どちらも「たたかう」の意味。

目標時間 **18**分

1回目 ／36
2回目 ／36

☐ 13 未完
☐ 14 積載
☐ 15 珍奇
☐ 16 微量
☐ 17 不備
☐ 18 腕力
☐ 19 甘言
☐ 20 恐怖

13 オ（みかん）未（いまだ）＋完（成）。「まだ完成していない」。
14 ア（せきさい）どちらも「のせる」の意味。
15 ア（ちんき）どちらも「かわっている」の意味。
16 ウ（びりょう）微（かすかな）⬇量
17 オ（ふび）不（否定）＋備（える）。「備えていない」。
18 ウ（わんりょく）腕（の）⬇力
19 ウ（かんげん）甘（い）⬇言（葉）
20 ア（きょうふ）どちらも「こわがる」の意味。

☐ 21 失脚
☐ 22 離脱
☐ 23 抜歯
☐ 24 乾季
☐ 25 油脂
☐ 26 跳躍
☐ 27 黙認
☐ 28 鋭角

21 エ（しっきゃく）失（う）⬆脚（地位や立場を）
22 ア（りだつ）どちらも「はなれる」の意味。
23 エ（ばっし）抜（く）⬆歯（を）
24 ウ（かんき）乾（いた）⬇季（節）
25 ア（ゆし）どちらも「あぶら」の意味。
26 ア（ちょうやく）どちらも「はねる」の意味。
27 ウ（もくにん）黙（って）⬇認（める）
28 ウ（えいかく）鋭（い）⬇角（度）

☐ 29 激突
☐ 30 後輩
☐ 31 巨体
☐ 32 救援
☐ 33 呼応
☐ 34 樹齢
☐ 35 即決
☐ 36 敏速

29 ウ（げきとつ）激（しく）⬇突（く）
30 ウ（こうはい）後（からきた）⬇輩（なかま）
31 ウ（きょたい）巨（大な）⬇体
32 ア（きゅうえん）どちらも「助ける」の意味。
33 イ（こおう）呼（びかける）⬍応（える）
34 ウ（じゅれい）樹（木の）⬇（年）齢
35 ウ（そっけつ）即（座に）⬇決（める）
36 ア（びんそく）どちらも「すばやい」の意味。

頻出度 B ランク

熟語の構成②

●**熟語の構成**のしかたには次のようなものがある。

ア 同じような意味の漢字を重ねたもの（**岩石**）
イ 反対または対応の意味を表す字を重ねたもの（**高低**）
ウ 上の字が下の字を修飾しているもの（**洋画**）
エ 下の字が上の字の目的語・補語になっているもの（**着席**）
オ 上の字が下の字の意味を打ち消しているもの（**非常**）

次の熟語は右の**ア～オ**のどれにあたるか、**一つ**選び、**記号**で答えよ。

1 調髪
2 筆跡
3 利害
4 路傍
5 荒野
6 出陣

解答と解説

1 **エ**（ちょうはつ）調（える）⬆髪（を）
2 **ウ**（ひっせき）筆（の）⬇跡
3 **イ**（りがい）利（益）⬍（損）害
4 **ウ**（ろぼう）路（みちの）⬇傍（そば、近く）
5 **ウ**（こうや）荒（れた）⬇野（原）
6 **エ**（しゅつじん）出（る）⬆陣（戦いに）

7 汚点
8 捕球
9 妙案
10 優秀
11 偉業
12 激怒

解答と解説

7 **ウ**（おてん）汚（れた）⬇点
8 **エ**（ほきゅう）捕（る）⬆球（を）
9 **ウ**（みょうあん）妙（すぐれている）⬇案（考え）
10 **ア**（ゆうしゅう）どちらも「すぐれている」の意味。
11 **ウ**（いぎょう）偉（い）⬇業（しごと）
12 **ウ**（げきど）激（しい）⬇怒（り）

目標時間 18分

1回目 ／36

2回目 ／36

☐ 13 豪雨
☐ 14 橋脚
☐ 15 別離
☐ 16 傍線
☐ 17 歓声
☐ 18 盛況
☐ 19 鉄塔
☐ 20 鈍痛

13 ウ (ごうう) 豪(勢いのある)⬇雨
14 ウ (きょうきゃく) 橋(の)⬇脚
15 ア (べつり) どちらも「わかれる」の意味。
16 ウ (ぼうせん) 傍(そば、わきの)⬇線
17 ウ (かんせい) 歓(びの)⬇声
18 ウ (せいきょう) 盛(んな)⬇況(ありさま)
19 ウ (てっとう) 鉄(の)⬇塔
20 ウ (どんつう) 鈍(い)⬇痛(み)

☐ 21 濃霧
☐ 22 不沈
☐ 23 旧暦
☐ 24 執刀
☐ 25 未納
☐ 26 白髪
☐ 27 砂丘
☐ 28 冒険

21 ウ (のうむ) 濃(い)⬇霧
22 オ (ふちん) 不(否定)＋沈(む)「沈まない」。
23 ウ (きゅうれき) 旧(もとの)⬇暦
24 エ (しっとう) 執(る)⬆刀(を)
25 オ (みのう) 未(いまだ)＋納(める)。「まだ納めていない」。
26 ウ (しらが) 白(い)⬇髪
27 ウ (さきゅう) 砂(の)⬇丘
28 エ (ぼうけん) 冒(す)⬆(危)険(を)

☐ 29 自他
☐ 30 朗報
☐ 31 耐火
☐ 32 未到
☐ 33 鬼才
☐ 34 猛攻
☐ 35 旧姓
☐ 36 騒音

29 イ (じた) 自(分)⬍他(人)
30 ウ (ろうほう) 朗(明るい)⬇報(知らせ)
31 エ (たいか) 耐(える)⬆火(に)
32 オ (みとう) 未(いまだ)＋到(いたる)「まだ到達していない」。
33 ウ (きさい) 鬼(並みはずれた)⬇才(能)
34 ウ (もうこう) 猛(烈な)⬇攻(撃)
35 ウ (きゅうせい) 旧(もとの)⬇姓
36 ウ (そうおん) 騒(がしい)⬇音

頻出度 B ランク

部首①

目標時間 19分

1回目 /38

2回目 /38

● 次の漢字の**部首**を**ア～エ**から**一つ**選び、**記号**で答えよ。

1 痛（ア 广　イ 亠　ウ 冫　エ 疒）
2 執（ア し　イ ノ　ウ 土　エ 二）
3 剣（ア 刂　イ 口　ウ 亅　エ 人）
4 搬（ア 舟　イ 殳　ウ 扌　エ 又）
5 霧（ア 力　イ 雨　ウ 冖　エ 矛）
6 致（ア 土　イ 至　ウ 攵　エ 厶）
7 厚（ア 日　イ 子　ウ 一　エ 厂）
8 蒸（ア 一　イ 艹　ウ 亅　エ 灬）

解答
1 エ　2 ウ　3 ア　4 ウ　5 イ　6 イ　7 エ　8 イ

9 暴（ア 氺　イ 八　ウ 日　エ 廾）
10 繁（ア 糸　イ 攵　ウ 小　エ 毋）
11 騒（ア 馬　イ 又　ウ 虫　エ 灬）
12 覧（ア 儿　イ 臣　ウ 目　エ 見）
13 髪（ア 長　イ 髟　ウ 夂　エ 彡）
14 恋（ア ノ　イ 亠　ウ 心　エ 、）
15 撃（ア 車　イ 手　ウ 殳　エ 又）
16 衆（ア 水　イ 小　ウ 亻　エ 血）

解答
9 ウ　10 ア　11 ア　12 エ　13 イ　14 ウ　15 イ　16 エ

17 避（ア 辛　イ 立　ウ 口　エ 辶）
18 襲（ア 匕　イ 立　ウ 衣　エ 龍）
19 委（ア 禾　イ 女　ウ 木　エ ノ）
20 座（ア 土　イ 人　ウ 亠　エ 广）
21 蚕（ア 虫　イ 人　ウ 二　エ 丶）
22 煙（ア 土　イ 覀　ウ 火　エ 人）
23 寝（ア 冖　イ 又　ウ 宀　エ ヨ）
24 至（ア 厶　イ 一　ウ 土　エ 至）
25 就（ア 尢　イ 小　ウ 亠　エ 口）
26 陣（ア 卩　イ 阝　ウ 田　エ 車）
27 透（ア 辶　イ 夂　ウ 禾　エ 木）

17	18	19	20	21	22	23	24	25	26	27
エ	ウ	イ	エ	ア	ウ	ウ	エ	ア	イ	ア

28 敬（ア 攵　イ 勹　ウ 艹　エ 口）
29 辞（ア 十　イ 口　ウ 辛　エ 立）
30 砲（ア 石　イ 勹　ウ 己　エ 口）
31 老（ア ノ　イ 耂　ウ 土　エ 匕）
32 刺（ア 亅　イ 巾　ウ 刂　エ 冂）
33 般（ア 又　イ 冂　ウ 殳　エ 舟）
34 延（ア 止　イ 廴　ウ ノ　エ 一）
35 岸（ア 山　イ 干　ウ 一　エ 厂）
36 疑（ア 矢　イ 匕　ウ 人　エ 疋）
37 票（ア 二　イ 覀　ウ 示　エ 小）
38 戦（ア 田　イ 戈　ウ 丶　エ ⺍）

28	29	30	31	32	33	34	35	36	37	38
ア	ウ	ア	イ	ウ	エ	イ	ア	エ	ウ	イ

頻出度 B ランク

対義語・類義語①

目標時間 11分

1回目 ／22

2回目 ／22

●次の1 2それぞれの下の□内のひらがなを漢字に直して□に入れ、**対義語・類義語**を作れ。□内のひらがなは一度だけ使い、**一字**で答えよ。

1 対義語

☐ 1 末尾—冒□

☐ 2 老齢—□年

☐ 3 熱烈—□静

☐ 4 出発—到□

☐ 5 継続—中□

類義語

☐ 6 冷淡—薄□

☐ 7 改定—□更

☐ 8 修理—□修

☐ 9 露見—発□

☐ 10 離合—集□

かく	さん	じょう	だん	ちゃく	とう	へん	ほ	よう	れい

解答

1 辞 末尾《まつび》—冒頭《ぼうとう》

2 老齢《ろうれい》—幼年《ようねん》

3 辞 熱烈《ねつれつ》—冷静《れいせい》

4 出発《しゅっぱつ》—到着《とうちゃく》

5 継続《けいぞく》—中断《ちゅうだん》

6 冷淡《れいたん》—辞 薄情《はくじょう》

7 辞 改定《かいてい》—変更《へんこう》

8 修理《しゅうり》—辞 補修《ほしゅう》

9 露見《ろけん》—発覚《はっかく》

10 辞 離合《りごう》—集散《しゅうさん》

2

対義語

☐ 11 拡大－□小

☐ 12 正統－□端

☐ 13 確信－憶□

☐ 14 隷属－□立

☐ 15 薄弱－□固

☐ 16 深夜－□昼

類義語

☐ 17 輸送－□搬

☐ 18 同意－□成

☐ 19 健闘－□戦

☐ 20 可否－□非

☐ 21 天性－素□

☐ 22 値段－価□

い　うん　かく　きょう　さん　しつ　しゅく　ぜ　ぜん　そく　どく　はく

---

11 拡大《かくだい》－縮小《しゅくしょう》

12 正統《せいとう》－異端《いたん》 辞

13 確信《かくしん》－憶測《おくそく》 辞

14 隷属《れいぞく》－独立《どくりつ》

15 薄弱《はくじゃく》－強固《きょうこ》 辞

16 深夜《しんや》－白昼《はくちゅう》

17 輸送《ゆそう》－運搬《うんぱん》

18 同意《どうい》－賛成《さんせい》

19 健闘《けんとう》－善戦《ぜんせん》

20 可否《かひ》－是非《ぜひ》 辞

21 天性《てんせい》－素質《そしつ》

22 値段《ねだん》－価格《かかく》

意味をCheck!

1 末尾…文章の最後の部分のこと。

3 熱烈…感情が高ぶって勢いが激しいこと。

6 薄情…思いやりの気持ちがないこと。また、その様子。

7 改定…前に決定していたことを決め直すこと。

8 補修…壊れた部分などをつくろうこと。

10 離合…離れたりくっついたりすること。

12 異端…その時代の多くの意見や正統とされているものから、外れていること。

13 憶測…物事の事情や人の心をいいかげんにおしはかること。

15 薄弱…意志や体力が弱いこと。頼りないさま。

20 是非…正しいことと正しくないこと。

頻出度
B
ランク

対義語・類義語②

● 次の **1** **2** それぞれの下の□内のひらがなを漢字に直して□に入れ、**対義語・類義語**を作れ。□内のひらがなは一度だけ使い、**一字**で答えよ。

目標時間 11分

1回目 /22

2回目 /22

1 対義語

☐ 1 客席—舞□

☐ 2 単純—□雑

☐ 3 歓喜—□嘆

☐ 4 延長—短□

☐ 5 難解—平□

類義語

☐ 6 同感—□鳴

☐ 7 筋道—脈□

☐ 8 応援—□勢

☐ 9 身長—□丈

☐ 10 団結—結□

い　か　きょう　しゅく　せ　そく　たい　ひ　ふく　らく

解答

1 客席《きゃくせき》—舞台《ぶたい》

2 単純《たんじゅん》—複雑《ふくざつ》

3 歓喜《かんき》—悲嘆《ひたん》 辞

4 延長《えんちょう》—短縮《たんしゅく》

5 難解《なんかい》—平易《へいい》 辞

6 同感《どうかん》—共鳴《きょうめい》 辞

7 筋道《すじみち》—脈絡《みゃくらく》 辞

8 応援《おうえん》—加勢《かせい》

9 身長《しんちょう》—背丈《せたけ》

10 団結《だんけつ》—結束《けっそく》

2

対義語

☐ 11 早熟—□成
☐ 12 是認—□認
☐ 13 憶測—□信
☐ 14 分離—□合
☐ 15 遅鈍—敏□
☐ 16 困難—容□

類義語

☐ 17 看護—□抱
☐ 18 抜群—屈□
☐ 19 出席—□列
☐ 20 誠意—□心
☐ 21 大樹—□木
☐ 22 是非—□否

い　か　かい　かく　きょ　けつ　さん　し　そく　ばん　ひ　ま

---

11 辞 早熟《そうじゅく》—晩成《ばんせい》
12 辞 是認《ぜにん》—否認《ひにん》
13 辞 憶測《おくそく》—確信《かくしん》
14 分離《ぶんり》—結合《けつごう》
15 辞 遅鈍《ちどん》—敏速《びんそく》
16 困難《こんなん》—容易《ようい》
17 看護《かんご》—介抱《かいほう》
18 辞 抜群《ばつぐん》—辞 屈指《くっし》
19 出席《しゅっせき》—参列《さんれつ》
20 誠意《せいい》—真心《まごころ》
21 大樹《たいじゅ》—巨木《きょぼく》
22 辞 是非《ぜひ》—可否《かひ》

意味をCheck!

3 悲嘆…かなしみなげくこと。
5 平易…たやすいこと。難しくないこと。
6 共鳴…他人の考えや意見に同感すること。

7 脈絡…物事のつながり。筋道。
11 早熟…発育が普通より早いこと。果実などが早く熟すこと。
12 是認…人の行為などを正当と認めること。

13 憶測…物事の事情や人の心をいいかげんにおしはかること。
15 遅鈍…動きが遅くて鈍いこと。
18 抜群…多くの中で飛びぬけてすぐれていること。

18 屈指…多数の中で、特に指を折って数えられるほど、すぐれていること。
22 是非…正しいことと正しくないこと。

頻出度 **B** ランク

対義語・類義語③

●次の**1** **2**それぞれの下の□内のひらがなを漢字に直して□に入れ、**対義語・類義語**を作れ。□内のひらがなは一度だけ使い、**一字**で答えよ。

目標時間 11分

1回目 /22

2回目 /22

1 対義語

1 故意―□失

2 攻撃―守□

3 与党―□党

4 悪化―□転

5 温和―乱□

2 類義語

6 至上―□高

7 細心―丹□

8 途絶―中□

9 高齢―□年

10 造営―建□

か　こう　さい　だん　ちく　ねん　び　ぼう　や　ろう

解答

1 辞 故意《こい》―過失《かしつ》

2 攻撃《こうげき》―守備《しゅび》

3 辞 与党《よとう》―野党《やとう》

4 悪化《あっか》―好転《こうてん》

5 温和《おんわ》―乱暴《らんぼう》

6 至上《しじょう》―最高《さいこう》

7 辞 細心《さいしん》―辞 丹念《たんねん》

8 辞 途絶《とぜつ》―中断《ちゅうだん》

9 高齢《こうれい》―老年《ろうねん》

10 辞 造営《ぞうえい》―建築《けんちく》

2

対義語

11 大敗—□勝
12 冷静—興□
13 猛暑—□寒
14 禁止—□可
15 家臣—□君
16 存続—断□

類義語

17 価格—値□
18 早速—即□
19 不在—□守
20 傾向—風□
21 散歩—散□
22 困惑—□口

あっ	きょ	げん	こく	だん	さく	しゅ	ぜつ	ちょう	ふん	へい	る

11 大敗《たいはい》—圧勝《あっしょう》
12 冷静《れいせい》—興奮《こうふん》
13 猛暑《もうしょ》—厳寒《げんかん》
14 禁止《きんし》—許可《きょか》
15 家臣《かしん》—主君《しゅくん》
16 存続《そんぞく》—断絶《だんぜつ》 辞

17 価格《かかく》—値段《ねだん》
18 早速《さっそく》—即刻《そっこく》
19 不在《ふざい》—留守《るす》
20 傾向《けいこう》—風潮《ふうちょう》 辞
21 散歩《さんぽ》—散策《さんさく》 辞
22 困惑《こんわく》—閉口《へいこう》 辞

意味をCheck!

1 故意…意図的に行うこと。わざとすること。
3 与党…政局を運営する政党。
7 細心…こまかいところまで注意すること。

7 丹念…真心を込め、念を入れて行うこと。
8 途絶…ふさがりたえること。とだえること。
10 造営…宮殿や社殿などを建てること。

16 断絶…継承がたえること。関係をたち切ること。
20 風潮…その時代によって変化する傾向や流れ。

21 散策…特定の目的もなく、ぶらぶら歩くこと。
22 閉口…手に負えなくて困ること。相手に圧倒されて言葉が出ないこと。

頻出度
B ランク

対義語・類義語④

目標時間 11分

1回目 ／22

2回目 ／22

●次の **1** **2** それぞれの下の□内のひらがなを漢字に直して□に入れ、**対義語・類義語**を作れ。□内のひらがなは一度だけ使い、**一字**で答えよ。

1 対義語

1 服従－□抗

2 受理－□下

3 執着－断□

4 就寝－起□

5 幼年－□齢

2 類義語

6 運搬－運□

7 老練－円□

8 留守－不□

9 使命－□務

10 看病－介□

きゃっ　ご　ざい　じゅく　しょう　にん　ねん　はん　ゆ　ろう

解答

1 服従《ふくじゅう》－反抗《はんこう》

2 受理《じゅり》－却下《きゃっか》 辞

3 執着《しゅうちゃく》－断念《だんねん》

4 就寝《しゅうしん》－起床《きしょう》

5 幼年《ようねん》－老齢《ろうれい》

6 運搬《うんぱん》－運輸《うんゆ》 辞

7 老練《ろうれん》－円熟《えんじゅく》 辞

8 留守《るす》－不在《ふざい》

9 使命《しめい》－任務《にんむ》

10 看病《かんびょう》－介護《かいご》

2

対義語

11 人造—天□

12 歳末—年□

13 盛夏—□冬

14 舞台—□席

15 自立—従□

16 簡略—繁□

類義語

17 皮肉—□刺

18 簡単—平□

19 踏襲—継□

20 名誉—光□

21 丈夫—□康

22 介抱—□病

い　えい　かん　きゃく　けん　げん　ざつ　しょう　ぞく　とう　ねん　ふう

---

11 人造《じんぞう》—天然《てんねん》

12 歳末《さいまつ》—年頭《ねんとう》

13 盛夏《せいか》—厳冬《げんとう》

14 舞台《ぶたい》—客席《きゃくせき》

15 自立《じりつ》—従属《じゅうぞく》 辞

16 簡略《かんりゃく》—繁雑《はんざつ》 辞

17 皮肉《ひにく》—風刺《ふうし》 辞

18 簡単《かんたん》—平易《へいい》

19 踏襲《とうしゅう》 辞—継承《けいしょう》 辞

20 名誉《めいよ》—光栄《こうえい》 辞

21 丈夫《じょうぶ》—健康《けんこう》

22 介抱《かいほう》—看病《かんびょう》

意味をCheck!

2 却下…願書などを取り上げずに、差しもどすこと。しりぞけもどすこと。

6 運輸…旅客や貨物を運び送ること。総合して、鉄道・航空機・自動車・船によるものをいう。

7 老練…経験を多く積み、たくみであること。

15 従属…権力などに依存して、つき従うこと。

16 繁雑…事柄が多くてごたごたすること。

17 皮肉…遠まわしに相手を非難すること。うわべだけの意地悪な言葉。

19 踏襲…前人のやり方などをそのまま受け継ぐこと。

19 継承…前の代の身分や財産などを受けつぐこと。

20 名誉…よい評価を得ていること。

頻出度
B
ランク

対義語・類義語⑤

目標時間 11分

1回目 ／22

2回目 ／22

●次の**1** **2**それぞれの下の□内のひらがなを漢字に直して□に入れ、**対義語・類義語**を作れ。□内のひらがなは一度だけ使い、**一字**で答えよ。

1 対義語

1 専任―兼□

2 敏感―□感

3 応答―□疑

4 冷静―□烈

5 寒冷―温□

2 類義語

6 周辺―□隣

7 難儀―苦□

8 善戦―□闘

9 簡単―容□

10 日常―平□

い　きん　けん　しつ　そ　だん　どん　ねつ　む　ろう

解答

1 専任《せんにん》―兼務《けんむ》 辞

2 敏感《びんかん》―鈍感《どんかん》

3 応答《おうとう》―質疑《しつぎ》 辞

4 冷静《れいせい》―熱烈《ねつれつ》

5 寒冷《かんれい》―温暖《おんだん》

6 周辺《しゅうへん》―近隣《きんりん》

7 難儀《なんぎ》―苦労《くろう》 辞

8 善戦《ぜんせん》―健闘《けんとう》

9 簡単《かんたん》―容易《ようい》

10 日常《にちじょう》―平素《へいそ》 辞

2

対義語

11 加入—□脱
12 容易—□難
13 新鋭—□豪
14 浮上—□下
15 野党—□党
16 優良—劣□

類義語

17 互角—対□
18 友好—親□
19 冷静—沈□
20 根拠—理□
21 重荷—負□
22 激賞—絶□

あく　こ　こん　さん　ぜん　たん　ちゃく　ちん　とう　ゆう　よ　り

11 加入《かにゅう》—離脱《りだつ》
12 容易《ようい》—困難《こんなん》
13 新鋭《しんえい》—古豪《こごう》 辞
14 浮上《ふじょう》—沈下《ちんか》
15 野党《やとう》—与党《よとう》
16 優良《ゆうりょう》—劣悪《れつあく》 辞
17 互角《ごかく》—対等《たいとう》 辞
18 友好《ゆうこう》—親善《しんぜん》 辞
19 冷静《れいせい》—沈着《ちんちゃく》
20 根拠《こんきょ》—理由《りゆう》
21 重荷《おもに》—負担《ふたん》 辞
22 激賞《げきしょう》—絶賛《ぜっさん》 辞

意味をCheck!

1 兼務…二つ以上の任務をかねること。
3 質疑…疑問の部分を問いただすこと。
7 難儀…むずかしいこと。また、わずらわしいこと。

10 平素…常日ごろ。ふだん。平常。
13 古豪…長い間経験を積んだ、力のある人や集団。
16 劣悪…品質や性質などがひどくわるいこと。

17 互角…おたがいの力量に優劣がないこと。
18 親善…たがいに仲よくすること。

21 重荷…能力をこえた大きな責任。重い荷物。
22 激賞…行いを評価しておおいにほめること。

頻出度

B

ランク

送りがな①

目標時間 19分

1回目 ／42

2回目 ／42

● 次の――線のカタカナを漢字一字と送りがな（ひらがな）に直せ。

〈例〉質問にコタエル。［答える］

□ 1 父の他界後の店を母とササエル。

□ 2 兄は無愛想だが心はヤサシイ。

□ 3 横断幕をタラシて選手を応援する。

□ 4 鳥の鳴き声で目をサマス。

□ 5 起きたらアタリ一面雪だった。

□ 6 料理をアジワッて食べる。

□ 7 悪い夢からようやくサメル。

□ 8 キザンだしその葉を豆腐にのせる。

□ 9 めいは一歳でかわいいサカリだ。

□ 10 ここはモットモ水深が深い。

解答

1 支える 辞
2 優しい
3 垂らし 辞
4 覚ます
5 辺り
6 味わっ
7 覚める
8 刻ん 辞
9 盛り
10 最も

□ 11 アヤウク事故にあうところだった。

□ 12 シタシイ人を家に招いた。

□ 13 父とカタライの時間をもつ。

□ 14 空き地に次々と雑草がハエル。

□ 15 母は月に一度白髪をソメル。

□ 16 訓練に参加して災害にソナエル。

□ 17 スープをサマシてから飲む。

□ 18 地力にマサルチームに敗れる。

□ 19 竹ひごをマゲルため水にひたす。

□ 20 人とムレルのは苦手だ。

解答

11 危うく
12 親しい
13 語らい 辞
14 生える
15 染める 辞
16 備える
17 冷まし
18 勝る
19 曲げる
20 群れる

☐ **21** 祖母は俳句に**シタシン**でいる。
☐ **22** ファンが選手に非難を**アビセル**。
☐ **23** 終わったことはすぐに**ワスレル**。
☐ **24** ふくらんだ借金に頭を**ナヤマス**。
☐ **25** 学校見学で先生が中へ**ミチビク**。
☐ **26** たき火の火で髪が**チヂレ**た。
☐ **27** 紙くずをごみ箱に**ステル**。
☐ **28** 幼い子には**ヤサシイ**言葉で説明する。
☐ **29** ここは水産業が**サカンナ**地域だ。
☐ **30** 母に**サカラッ**てしかられる。
☐ **31** 強豪チームを**マカシタ**。
☐ **32** 内心が**スケテ**見える。
☐ **33** 昨日に比べ**アツイ**日だ。
☐ **34** **ムズカシイ**問題に取り組む。

21	親しん 辞
22	浴びせる 辞
23	忘れる
24	悩ます
25	導く 辞
26	縮れ 辞
27	捨てる
28	易しい 辞
29	盛んな
30	逆らっ 辞
31	負かした
32	透けて
33	暑い
34	難しい

☐ **35** 仕入れた果物を店先に**ナラベル**。
☐ **36** 月が雲間に**カクレル**。
☐ **37** アジの骨がのどに**ササル**。
☐ **38** かぜをひいて鼻水が**タレル**。
☐ **39** 混雑時を**サケテ**電車通勤する。
☐ **40** 一晩放置したおかずを**クサラス**。
☐ **41** 初対面で好感を**イダク**。
☐ **42** 突然の知らせに**オドロク**。

35	並べる
36	隠れる
37	刺さる
38	垂れる
39	避けて
40	腐らす
41	抱く
42	驚く

意味をCheck!

1 支える…くずれないように維持する。
3 垂らす…たれるようにする。液体などを少しずつ上から流す。
8 刻む…細かく区切るように進んでいくこと。
13 語らい…気持ちや考えを伝えて話し合うこと。
15 染める…しみこませて色をつける。
21 親しむ…ふだんから接してなじむ。親しくする。

---

22 浴びせる…感情的な言葉を続けて投げかける。
25 導く…道案内をする。手引きをする。しむける。
26 縮れる…巻いたり波打ったりした状態になる。
28 易しい…わかりやすくて平易である。
30 逆らう…目上の者などの言うことをきかない。

頻出度 B ランク

四字熟語①

● 文中の**四字熟語**の――線の**カタカナ**を**漢字一字**で答えよ。

目標時間 11分

1回目 ／22

2回目 ／22

1 **悪戦ク闘**の末に状況が好転した。

2 政党が**離合集サン**を繰り返している。

3 計画は短期間で**ウン散霧消**する。

4 **頭カン足熱**は健康によいとされる。

5 私たち兄弟は**同床異ム**だ。

6 **意味シン長**な意見に考え込む。

7 **思慮分ベツ**がつく年ごろになった。

8 秋の**セイ風明月**を静かに楽しむ。

9 **付ワ雷同**は最近の悪しき傾向だ。

解答と意味

1 悪《あく》戦《せん》苦《く》闘《とう》　強敵相手の苦しい戦いのこと。また、困難な状況でも苦しみながら努力すること。

2 離《り》合《ごう》集《しゅう》散《さん》　離れたり集まったり、また、集まったり散ったりすること。

3 雲《うん》散《さん》霧《む》消《しょう》　雲や霧が消えうせるように、物事があとかたもなく消えてなくなること。

4 頭《ず》寒《かん》足《そく》熱《ねつ》　頭部を冷やし、足部を温かくすること。安眠でき、健康にもよいといわれる。

5 同《どう》床《しょう》異《い》夢《む》　同じ立場に立っていたり、同じ仕事をしていても、人はそれぞれ違った目的や考え方を持っていることのたとえ。

6 意《い》味《み》深《しん》長《ちょう》　言葉や文章、態度などにふくみのある意味が隠されている様子。言外に深い意味がひそんでいる様子。

7 思《し》慮《りょ》分《ふん》別《べつ》　注意深く考えて判断し、物事の道理をわきまえていること。

8 清《せい》風《ふう》明《めい》月《げつ》　明るい月夜の静かで清らかな様子。また、風雅な遊びのこと。

9 付《ふ》和《わ》雷《らい》同《どう》　自分にしっかりとした意見がなく、他人の意見や行動に軽々しく同調すること。

☐ **10** 裏切られて**ギ心暗鬼**におちいる。

☐ **11** 先生は騒音の中でも**沈シ黙考**した。

☐ **12** 画期的な案と**自画自サン**する。

☐ **13** 父は**熟慮ダン行**の人だ。

☐ **14** 新製品が**イ口同音**で決定した。

☐ **15** **タン刀直入**に本題に入る。

☐ **16** **ジュウ横無尽**な活躍ぶりだ。

☐ **17** **アン雲低迷**している経済を打破したい。

☐ **18** その説明は**本マツ転倒**で意味がない。

☐ **19** **ウ為転変**のむなしさに襲われる。

☐ **20** 状況に応じて**リン機応変**に振る舞う。

☐ **21** **キ機一髪**で脱出した。

☐ **22** おばは**サイ色兼備**として有名だ。

10 疑《ぎ》心《しん》暗《あん》鬼《き》　疑い始めると、なんでもないことまで疑わしくなってくるということ。

11 沈《ちん》思《し》黙《もっ》考《こう》　思いに沈み、黙って考え込むこと。

12 自《じ》画《が》自《じ》賛《さん》　自分で自分のことをほめること。

13 熟《じゅく》慮《りょ》断《だん》行《こう》　十分に考えたうえで思い切って行うこと。

14 異《い》口《く》同《どう》音《おん》　多くの人が口をそろえて同じことを言うこと。多くの人の説が一致すること。

15 単《たん》刀《とう》直《ちょく》入《にゅう》　いきなり本題に入ること。すぐに問題の要点に入ること。

16 縦《じゅう》横《おう》無《む》尽《じん》　物事を思い切って自由自在に行う様子。

17 暗《あん》雲《うん》低《てい》迷《めい》　暗い雲が垂れ込むように悪い状況が続き、前途不安なこと。

18 本《ほん》末《まっ》転《てん》倒《とう》　物事の扱いで、重要なこととつまらないことが反対になること。

19 有《う》為《い》転《てん》変《ぺん》　この世のものはすべて変わっていくということ。

20 臨《りん》機《き》応《おう》変《へん》　その場の成り行きに応じて、適切な手段をとること。

21 危《き》機《き》一《いっ》髪《ぱつ》　もう少しで、危険な状態になるところであること。

22 才《さい》色《しょく》兼《けん》備《び》　女性が才知と美しさを兼ね備えていること。

頻出度 **B** ランク

四字熟語②

● 文中の**四字熟語**の——線の**カタカナ**を**漢字一字**で答えよ。

目標時間 **11分**

1回目 /22

2回目 /22

☐ **1** **晴耕雨ドク**の気ままな日々を送る。

☐ **2** **舌先三ズン**で相手をごまかす。

☐ **3** **名ジツ一体**の運営を心がける。

☐ **4** 兄はクラス一の**ハク学多才**だ。

☐ **5** **無念無ソウ**で戦いに臨む。

☐ **6** 弱い相手でも**油ダン大敵**だ。

☐ **7** **百鬼ヤ行**の政界入りを目指す。

☐ **8** **花チョウ風月**を心から愛する。

☐ **9** 終盤で**起死カイ生**の一発が出た。

解答と意味

1 晴《せい》耕《こう》雨《う》読《どく》　田園で、のんびりと自適の生活をすること。

2 舌《した》先《さき》三《さん》寸《ずん》　くちさき。弁舌。三寸ほどの小さい舌の意で、内実が伴わないという気持ちを含む。

3 名《めい》実《じつ》一《いっ》体《たい》　名目と実体が一致していること。

4 博《はく》学《がく》多《た》才《さい》　いろいろな分野の学問に通じ、多方面で才能がすぐれていること。

5 無《む》念《ねん》無《む》想《そう》　あらゆる邪《じゃ》念から離れ、無我の境地に入り、何も考えないさま。

6 油《ゆ》断《だん》大《たい》敵《てき》　たいしたことはないと油断していると、思わぬ失敗をすることになるから、油断は大きな敵であるということ。

7 百《ひゃっ》鬼《き》夜《や》行《こう》　多くの妖怪が夜中に行列をつくって歩き回る意から、得体の知れない人たちがのさばり、勝手に振る舞うこと。「夜行」は「やぎょう」とも読む。

8 花《か》鳥《ちょう》風《ふう》月《げつ》　自然の美しい風物のこと。また、美しい自然を観賞する風雅な心のこと。

9 起《き》死《し》回《かい》生《せい》　ほころびかかっているものをもとに戻したり、絶望的な状態を再び盛んにすること。

☐ 10 多数派に**付和雷ドウ**する人ばかりだ。

☐ 11 絵画を**二束三モン**で売り払う。

☐ 12 **無理算ダン**して会社を休んだ。

☐ 13 友人は**ゲン行一致**で信頼されている。

☐ 14 取引先から**即断即ケツ**を迫られる。

☐ 15 戦うための**大ギ名分**を失う。

☐ 16 **ソッ先垂範**で生徒の指導に当たる。

☐ 17 入学して**心キ一転**、部活に精を出す。

☐ 18 **前人ミ到**の秘境を冒険する。

☐ 19 ファイル内は**ギョク石混交**の状態だ。

☐ 20 犯罪に加担するとは**言語道ダン**だ。

☐ 21 会社では**信賞ヒツ罰**の制度が必要だ。

☐ 22 一回きりの**真剣勝ブ**だ。

10 付和雷同《ふわらいどう》　自分にしっかりとした意見がなく、他人の意見や行動に軽々しく同調すること。

11 二束三文《にそくさんもん》　数は多くても値段が安いこと。

12 無理算段《むりさんだん》　無理をして物事の都合をつけること。

13 言行一致《げんこういっち》　言っていることと、行っていることが一致していること。

14 即断即決《そくだんそっけつ》　その場で決断すること。

15 大義名分《たいぎめいぶん》　ある行動をするときの理由づけや道理。

16 率先垂範《そっせんすいはん》　人々の先に立って、自ら模範を示すこと。

17 心機一転《しんきいってん》　あることをきっかけとして、気持ちがすっかりよい方向に変わること。

18 前人未到《ぜんじんみとう》　今までにだれも到達していないこと。また、今までにだれも足を踏み入れていないこと。

19 玉石混交《ぎょくせきこんこう》　すぐれたものとつまらないものとが入り混じって区別がないこと。

20 言語道断《ごんごどうだん》　話にもならないこと。もってのほか。

21 信賞必罰《しんしょうひつばつ》　功績のあった者にはそれ相応の賞を与え、罪を犯した者はそれ相応に罰すること。賞罰を厳正にすること。

22 真剣勝負《しんけんしょうぶ》　本物の剣を使って勝負を決すること。また、本気で何かをすること。

頻出度
B
ランク

四字熟語③

目標時間 11分

1回目 ／22

2回目 ／22

● 文中の**四字熟語**の――線の**カタカナ**を**漢字一字**で答えよ。

1 **危キ一髪**のところで事故をまぬかれた。

2 **三寒四オン**で春が近づく。

3 **自ガ自賛**するのは得意ではない。

4 何事にも**美辞麗ク**を並べ立てる。

5 今回の失敗は**平身テイ頭**するしかない。

6 苦境にも**臨機オウ変**に対応する。

7 選手の**一キョ一動**に注目する。

8 春の夜はまさに**一コク千金**だ。

9 **私利私ヨク**に走るのは避けたい。

解答と意味

1 危《き》機《き》一《いっ》髪《ぱつ》 もう少しで、危険な状態になるところであること。

2 三《さん》寒《かん》四《し》温《おん》 冬、三日ほど寒い日が続いたあと、四日ほど暖かい日が続き、これが繰り返されること。

3 自《じ》画《が》自《じ》賛《さん》 自分で自分のことをほめること。

4 美《び》辞《じ》麗《れい》句《く》 たくみにうわべを美しく飾った文句。内容や誠意のないことをいう。

5 平《へい》身《しん》低《てい》頭《とう》 体をかがめ、頭を低くするようにひたすら謝ること。

6 臨《りん》機《き》応《おう》変《へん》 その場の成り行きに応じて、適切な手段をとること。

7 一《いっ》挙《きょ》一《いち》動《どう》 一つ一つの動作。ちょっとした振る舞い。

8 一《いっ》刻《こく》千《せん》金《きん》 楽しい時や貴重で大切な時が過ぎやすいのを惜しんでいること。

9 私《し》利《り》私《し》欲《よく》 自分の利益や欲求だけを満たそうとする心、行動。

☐ 10 人メン獣心の行いを正す。

☐ 11 与党内でも議ロン百出で迷走する。

☐ 12 電光石カの早業で婚約した。

☐ 13 ロウ成円熟した人に学ぶ。

☐ 14 ゼン人未到の記録を打ち立てる。

☐ 15 事の経緯を一部シ終話す。

☐ 16 母は初孫を抱いてキ色満面だ。

☐ 17 政治で金もうけとは本末テン倒だ。

☐ 18 あの高校の生徒は玉石コン交だ。

☐ 19 危急存ボウをかけた戦いにいどむ。

☐ 20 会議で単トウ直入に質問する。

☐ 21 牛イン馬食の勢いで平らげる。

☐ 22 今回の談話は外交辞レイに過ぎない。

10 人面獣心《じんめんじゅうしん》 思いやりがなく非情な人や、恩義を忘れた人のたとえ。

11 議論百出《ぎろんひゃくしゅつ》 さまざまな議論が出ること。いろいろな意見が出て、まとまらない場合をいう。

12 電光石火《でんこうせっか》 非常に短い時間のたとえ。また、動作がすばやいこと。

13 老成円熟《ろうせいえんじゅく》 多くの経験から、人格や技能がすぐれていること。

14 前人未到《ぜんじんみとう》 今までにだれも到達していないこと。また、今までにだれも足を踏み入れていないこと。

15 一部始終《いちぶしじゅう》 物事の始めから終わりまでのいっさいのこと。

16 喜色満面《きしょくまんめん》 喜びの表情が、顔いっぱいにあらわれている様子。

17 本末転倒《ほんまつてんとう》 物事の扱いで、重要なこととつまらないことが反対になること。

18 玉石混交《ぎょくせきこんこう》 すぐれたものとつまらないものとが入り混じって区別がないこと。

19 危急存亡《ききゅうそんぼう》 目前に危機が迫っていて、生き残れるかほろびるかのせとぎわにあること。

20 単刀直入《たんとうちょくにゅう》 いきなり本題に入ること。すぐに問題の要点に入ること。

21 牛飲馬食《ぎゅういんばしょく》 牛が水を飲むように大酒を飲み、馬が草を食べるように大食いをすること。

22 外交辞令《がいこうじれい》 外交上使う儀礼的な言葉。転じて、口先だけの形式的なお世辞のこと。

頻出度 B ランク

誤字訂正①

●次の各文にまちがって使われている**同じ読みの漢字**が**一字**ある。上に**誤字**、下に**正しい漢字**で答えよ。

目標時間 12分

1回目 /23

2回目 /23

☐ **1** 高校時代にアーチェリー部で敬験した様々な出来事が今の自分の財産になっている。

☐ **2** 確定申告では期源内に納税するのが原則だが、延長が認められる場合がある。

☐ **3** 猛暑、厳寒にかかわらず、毎日五分間、屋外で体操するのが母の日科だ。

☐ **4** 暴風雨警報が解除され、鉄道のダイヤが困乱し、駅には人が殺到していた。

☐ **5** 陸上の世界選手権に出場予定の有力選手が、参加を見送る意好らしい。

☐ **6** 本日行われた国政選挙で、現職の候補者の当選拡実との開票速報が流れた。

☐ **7** 首都では間もなく大規模な世界大会が開かれることから、敬戒態勢に入った。

☐ **8** 有名な俳優の人生を描いた映画が、明日から全国の劇場で広開される。

☐ **9** 高校を卒業したら専門学校に進み、歯科営生士を目指すつもりだ。

☐ **10** 郵便局の不在連絡票が入っていたので、窓口で身分証明書を提事して荷物を受け取る。

解答

1 敬・経
2 源・限
3 科・課
4 困・混
5 好・向
6 拡・確
7 敬・警
8 広・公
9 営・衛
10 事・示

☐ **11** 祖父は起床すると水を一杯飲み、朝食前に公園まで歩いて出かけるのが周慣になっている。

☐ **12** 地域のお祭りでは、露店が軒を連ね、若者たちの威盛のいいかけ声が飛びかう。

☐ **13** ある会合のスピーチを依頼されたので、要点を整理し話の内容を簡欠にまとめる。

☐ **14** 専門機関の調査によると、世界各地で多くの野生生物が減少し、深刻な危期に追い込まれている。

☐ **15** 小学校が同じだった友人を食事に紹待した時、担任だった先生が結婚されたと聞いた。

☐ **16** 地域の学校が協力し、スポーツの試合を通じて好流を図っている。

☐ **17** 兄の趣味は切手の収集で、歴史的価値のあるものや高貨なものも数多い。

☐ **18** 初めての運動会での息子の活躍を映像に収め、テレビで最生して楽しんだ。

☐ **19** 都市では知安の悪化が進み、市長は市民の安全対策に頭を悩ませている。

☐ **20** プロ野球の公式戦は収盤に入り、優勝の可能性は二チームにしぼられた。

☐ **21** 就職試験では、書類選公のあと、一次・二次面接があり、役員による最終面接があった。

☐ **22** 我が家では、区の土地を借りて農薬や化学肥料を使わずに野彩を作っている。

☐ **23** 海辺の港町を訪ね、晴れた日に勇覧船に乗って快い海風を楽しんだ。

11 周・習
12 盛・勢
13 欠・潔
14 期・機
15 紹・招
16 好・交
17 貨・価
18 最・再
19 知・治
20 収・終
21 公・考
22 彩・菜
23 勇・遊

頻出度 B ランク

誤字訂正②

目標時間 12分

1回目 /23

2回目 /23

● 次の各文にまちがって使われている**同じ読みの漢字**が**一字**ある。上に**誤字**、下に**正しい漢字**で答えよ。

□ **1** 学校では生徒の学力の高上、活用力の推進を目指し、新たな取り組みが始まっている。

□ **2** 公費を投入して低所得者の税負担を軽減する社会保承制度の再設計が望まれている。

□ **3** 今では著名な音楽家も、下積み時代は小さな町を拠典に活動していた。

□ **4** 観客は迫進の演技に引き込まれ、彼はその舞台で知名度をあげ名優へのぼりつめた。

□ **5** 音楽会で演送された交響曲は、ソナタ形式の伝統に連なる標準的な構成であった。

□ **6** 正しい生活習慣を普及させ、健康の造進を図るための法律が制定された。

□ **7** 栄養バランスのよい食事と適度な運動が病気余防の基本だ。

□ **8** 研究者たちは手探りの状体で実験を始め、一心不乱に新薬の開発を目指した。

□ **9** 鉄道の単線区間が多い地域での移動は、道路網を利用するほうが利弁性が高い場合もある。

□ **10** 自治体で入手した各種統計資料に元づいてレポートを作成し、提出する。

解答

1	高・向
2	承・障
3	典・点
4	進・真
5	送・奏
6	造・増
7	余・予
8	体・態
9	弁・便
10	元・基

☐11 親善大使に任命され、自然災害の復興支援のため、多くの国と地域を報問した。

☐12 台所のガスがもれて、天井に設置してある火災計報器が鳴った。

☐13 想像を超えた台風が大きな被外をもたらし、各地で土砂くずれや河川の決壊が相次いだ。

☐14 祝敵を前に、チーム全員の士気と勝利への思いが高まった。

☐15 何事にも処心を忘れず、誠意を持って物事に取り組むことを目標にする。

☐16 世界で初めてとなる驚異的な記録を達生した人物を取材した。

☐17 床に落ちて割れた食器の破辺が指に刺さり、大量に出血した。

☐18 今月は引き落とし金額が通常より多くなるので、事前に口座残高を覚認する。

☐19 陸路が寸断されたなか、急援物資の輸送のために大小様々な船が投入されて活躍した。

☐20 見所は、県大会で圧勝を続けてきた実績のある優勝候補どうしの一回戦での劇突だ。

☐21 当面、部外者の入場を元則禁止し、工場内部の見学ツアーを取りやめることになった。

☐22 以前は気象状況によって電波が乱れ、テレビの映造が不安定になることがあった。

☐23 届いた荷物に破尊が見つかり、配送伝票に記載された連絡先に問い合わせた。

11 報・訪
12 計・警
13 外・害
14 祝・宿
15 処・初
16 生・成
17 辺・片
18 覚・確
19 急・救
20 劇・激
21 元・原
22 造・像
23 尊・損

頻出度 B ランク

誤字訂正③

目標時間 12分

1回目 /23

2回目 /23

●次の各文にまちがって使われている**同じ読みの漢字**が**一字**ある。上に**誤字**、下に**正しい漢字**で答えよ。

☑ **1** 過去の採用問題を解くと、高校卒業定度の数学の知識が求められていることがわかる。

☑ **2** 教養課程の教授は、マラソン指動の第一人者で、レースの解説者としても有名だ。

☑ **3** 株価が変動する要員には、景気など経済的なもの、国際情勢などの政治的なものがある。

☑ **4** 海外旅行の地で、かつて都としてにぎわった当時の繁営を思わせる光景を目に焼きつけた。

☑ **5** 年初に決定した議案について、研究成価をまとめた報告書を部署ごとに提出する。

☑ **6** 先日の試合でチームの主将が負傷退場したが、全員で一眼となって戦った。

☑ **7** 家づくりに供味があり、建築士を目指して大学は理科系の学部を専攻する。

☑ **8** 今度の国政選挙で支持する政党は未確定で、政作を比較・検討して決定したい。

☑ **9** 大規模な世界大会に有志として賛加し、会場の設営や観客の整理などを行う。

☑ **10** 悪失な訪問販売の実態を紹介する報道番組で、犯罪組織の詳細な手口が明かされた。

解答

1 定・程
2 動・導
3 員・因
4 営・栄
5 価・果
6 眼・丸
7 供・興
8 作・策
9 賛・参
10 失・質

□11 近年、各地方自治体ではまちづくりを推信する事業に積極的に取り組んでいる。
□12 昨夜大きな地震が発生したが、一夜明けても被害の状況は放告されていない。
□13 小学生の時、夏休みに行った旅行先の風景写真を県の展欄会に出品し銀賞をとった。
□14 関東では快晴の日が続いていたが、北海道では初雪が監測されたそうだ。
□15 定番商品になるかと思えた当社のサワーは、酒税の影響もあり売上が劇減した。
□16 成績不振で初戦敗退が続いていたが、試合にはチームを仕持する仲間が大勢集まった。
□17 学生時代は新聞部に所属し、出版社の雑紙編集部で制作補助要員として働いていた。
□18 予備校の人気の講師が番組に出て、衆中力が上がる勉強法の講義を行った。
□19 自宅の冷蔵庫が故証して修理に出す予定だったが、思い切って新しい商品を注文した。
□20 熟練した職人が手作りする革制品の工房を見学し、その技術と心を学んだ。
□21 河川や湖、沼では、国と地方自治体が協力して定期的に水質即定を行っている。
□22 人気レスラーがリング上で恒例のポーズを決めると、場内の興奮は最高調に達した。
□23 街中や店内に設置された防反カメラは、人物の特定や状況の確認などに有用である。

11 信・進
12 放・報
13 欄・覧
14 監・観
15 劇・激
16 仕・支
17 紙・誌
18 衆・集
19 証・障
20 制・製
21 即・測
22 調・潮
23 反・犯

頻出度 B ランク

誤字訂正④

目標時間 12分

1回目 /23

2回目 /23

● 次の各文にまちがって使われている**同じ読みの漢字**が**一字**ある。上に**誤字**、下に**正しい漢字**で答えよ。

☐ **1** 全国各地の名産品や旬の食材を家族全員で検討し、インターネットで注問する。

☐ **2** 労朽化した木造の空き家は、地震や台風で倒壊する危険があるので不安である。

☐ **3** 民間企業が運栄している有料老人ホームは、公共が提供するものより割高になる傾向がある。

☐ **4** 総合出版社では、雑誌などの定期完行物のほか、分野ごとの本の制作をしている。

☐ **5** 自然災害に対しては過去の経験を協訓に、事前の準備を整えておくことが大切だ。

☐ **6** パソコンの電限ボタンを押しても起動しない場合は、電池が空の可能性がある。

☐ **7** 前回の試合には敗れたが、技術の向上に取り組み、次の戦いに闘姿を燃やす。

☐ **8** 商費者の利益を守るため、悪質な事案については法令にもとづき厳正に対処する。

☐ **9** 希望する品物が店舗になかったので、送料が無料となる対称商品を通信販売で注文した。

☐ **10** 食品の唱味期限は、一定の品質を有していると認められる期限の日付である。

解答

1	2	3	4	5	6	7	8	9	10
問・文	労・老	栄・営	完・刊	協・教	限・源	姿・志	商・消	称・象	唱・賞

☐ **11** 地元の球場でプロ野球の試合が行われ、観客席から両チームの選手に成援を送る。

☐ **12** 冷蔵庫の搬入が終わり、設致時に壁との距離をとるよう繰り返し説明を受けた。

☐ **13** 台風の時期は豪雨により、近くを流れる川の堤坊が決壊しないか心配だ。

☐ **14** 新しい通信機器の契約内要を確認して問題なしと判断し、工事の依頼を行った。

☐ **15** 先日発表された新機能は、従頼の方式と比較して格段に情報処理能力が高い。

☐ **16** 新入社員に対し、来客には心を込めて対往するように教育する。

☐ **17** 生徒会は、学習指導要領等で教師の適接な指導のもとで営まれる、とされている。

☐ **18** 大きな鏡を利用する反射式望遠鏡に接眼レンズをつけてワクセイを観則する。

☐ **19** 突然の取在にあわてた俳優が記者をなぐるという前代未聞の事件が起きた。

☐ **20** 初めてのパスポートを取特して、夢に見た海外旅行を心待ちにする。

☐ **21** 事故の調差結果から、発生原因の構造的な解明と再発防止の方策を提示した。

☐ **22** 普段、自己主張の強い弟だが、間違いがあった時は自分の非を認めて素直に誤る。

☐ **23** その資格試験は三段階に分かれており、合格基順もそれぞれ異なる。

11 成・声
12 致・置
13 坊・防
14 要・容
15 頼・来
16 往・応
17 接・切
18 則・測
19 在・材
20 特・得
21 差・査
22 誤・謝
23 順・準

頻出度 B ランク

書き取り①

目標時間 22分

1回目 ／44

2回目 ／44

● 次の――線のカタカナを漢字に直せ。

1 空港をケイユして鉄道の駅につく。
2 暗やみの中をテサグりで進む。
3 今回の数学の問題はヤサしかった。
4 卒業論文の執筆にセンネンしている。
5 親友とヨロコびを分かち合う。
6 念願だった山のイタダキに立つ。
7 カタガミを買ってブラウスを作る。
8 不要なダイレクトメールをヤブる。
9 足をけがした祖母をセオう。
10 塩のカゲンを間違うと味が台無しだ。

解答

1 経由
2 手探 辞
3 易
4 専念 辞
5 喜
6 頂 辞
7 型紙
8 破
9 背負
10 加減

11 最上階からのケイカンを楽しむ。
12 たくみなベンゼツで相手を言い負かす。
13 太鼓や縦笛でガッソウする。
14 失業中で貯金がメべりする。
15 コキザみに体を震わせて泣く。
16 会館に息子の絵がテンジされる。
17 近所の家のねこを三日間アズかる。
18 来年度の経営ホウシンを決める。
19 大軍をヒキいて敵地へ向かう。
20 新しい名刺をインサツする。

解答

11 景観
12 弁舌
13 合奏
14 目減
15 小刻
16 展示
17 預
18 方針 辞
19 率
20 印刷

□ 21 **ゴクヒ**の情報を手に入れる。
□ 22 旅館では**テアツ**いもてなしを受けた。
□ 23 まじないを**トナ**える。
□ 24 父の真意を**スイソク**する。
□ 25 健康のため**アオナ**を食べる。
□ 26 友人と**テキド**な距離を保つ。
□ 27 夏休みは毎年**イナカ**に帰る。
□ 28 去年の敗戦の雪辱《じょく》に**モ**える。
□ 29 社員も増えて会社が**ハッテン**する。
□ 30 動きやすい**フクソウ**で出かける。
□ 31 校庭の土を**キントウ**にならす。
□ 32 病気の祖母を**カンビョウ**する。
□ 33 各社とも価格**キョウソウ**が続く。
□ 34 成人式の晴れ**スガタ**を写真に撮《と》る。

21 極秘
22 手厚
23 唱
24 推測
25 青菜 辞
26 適度
27 田舎
28 燃
29 発展
30 服装
31 均等
32 看病 辞
33 競争
34 姿

□ 35 提案を前向きに**ケントウ**してみる。
□ 36 役員への選出を**コトワ**る。
□ 37 五月には家庭**ホウモン**がある。
□ 38 台風による**テイデン**が起きた。
□ 39 **ドヒョウ**ぎわまで追い詰められる。
□ 40 この店の**カンバン**娘として働く。
□ 41 離れて住む子供に現金**カキトメ**を送る。
□ 42 **コワイロ**を変えて歌ってみる。
□ 43 雨天の場合は**ジュンエン**します。
□ 44 貯金のため**セツヤク**を心がける。

35 検討
36 断
37 訪問
38 停電
39 土俵
40 看板
41 書留 辞
42 声色
43 順延 辞
44 節約

意味をCheck!

2 手探り…見えないところで手先の感じでさぐること。
4 専念…心を一つのことに集中すること。
6 頂…ものの一番高いところ。
18 方針…これから進んでいく方向。目指す方向。
25 青菜…ほうれんそうや小松菜などの緑色の葉の総称。

---

32 看病…病人に付き添って世話をすること。
41 書留…郵便の取りあつかいの一つ。重要な書類、現金など、貴重品を送る際に利用される。
43 順延…順番に期日を延ばすこと。

頻出度 B ランク

書き取り②

目標時間 22分

1回目 ／44

2回目 ／44

● 次の――線のカタカナを漢字に直せ。

1 **ザイサン**をめぐって争いになる。

2 毎朝のウォーキングが**シュウカン**だ。

3 後継者には息子を**オ**す。

4 冬になると**ウモウ**のふとんを出す。

5 実った稲が**コガネ**色に輝く。

6 台風で**カセン**が増水するので注意する。

7 地震の**キボ**はマグニチュードで表す。

8 **メンミツ**な計画を立てる。

9 青雲の**ココロザシ**を抱いて歩む。

10 **テシオ**にかけて娘を育てる。

解答

1 財産
2 習慣
3 推
4 羽毛
5 黄金
6 河川
7 規模
8 綿密
9 志
10 手塩 辞

11 日本列島を**ジュウダン**する旅に出る。

12 スポットライトで舞台を**テ**らす。

13 **イズミ**におのを落とす民話がある。

14 **キガイ**を加える心配はない。

15 新商品の是非を**トウギ**する。

16 赤ちゃんのミルクを適温に**サ**ます。

17 **コナ**を混ぜてお好み焼きを作る。

18 **カタトキ**も母から離れない甘えん坊だ。

19 **モンガマ**えの立派な家だ。

20 雨のかからない場所に荷物を**ウツ**す。

解答

11 縦断
12 照
13 泉
14 危害
15 討議 辞
16 冷
17 粉
18 片時 辞
19 門構
20 移

☐ **21** 青少年の**イクセイ**に力を入れる。

☐ **22** この池は遊泳禁止**クイキ**だ。

☐ **23** 美しい**ケシキ**に心が洗われる。

☐ **24** 冬は寒さで**フルキズ**が痛む。

☐ **25** **コクモツ**を貯蔵する倉庫を建てる。

☐ **26** **ヒガン**の初優勝を成しとげる。

☐ **27** 万策尽きて事件は**メイキュウ**入りした。

☐ **28** うれしい知らせに**ウチョウテン**になる。

☐ **29** 火の元を何度も**タシ**かめる。

☐ **30** **キンロウ**感謝の日は学校が休みだ。

☐ **31** 侵入者を示す**ケイホウ**が鳴る。

☐ **32** 反対されるのは**ショウチ**のうえだ。

☐ **33** つらい胸中を**スイサツ**する。

☐ **34** このような結果で**マコト**に残念だ。

21	22	23	24	25	26	27	28	29	30	31	32	33	34
育成	区域	景色	古傷 辞	穀物	悲願 辞	迷宮 辞	有頂天 辞	確	勤労	警報	承知	推察	誠

☐ **35** ランナーは白バイの**センドウ**で走る。

☐ **36** 大雨で地盤がゆるんで**キケン**だ。

☐ **37** 数学が得意で愛称は**ハカセ**だ。

☐ **38** 訪問販売は**イッサイ**断っている。

☐ **39** 生徒を**インソツ**して修学旅行に行く。

☐ **40** 文化祭の成功を**アヤ**ぶむ。

☐ **41** **ゲキジョウ**でミュージカルを見る。

☐ **42** 遠方に住む親から**コヅツミ**が届く。

☐ **43** 災害が起きたときの**タイサク**を立てる。

☐ **44** 朝食と昼食を兼用で**ス**ます。

35	36	37	38	39	40	41	42	43	44
先導	危険	博士	一切	引率 辞	危	劇場	小包	対策	済

意味をCheck!

10 手塩にかける…大切に育てること。心を込めて世話をすること。

15 討議…意見を出して話し合うこと。

18 片時…ほんのわずかな時間。

24 古傷…以前にけがをした箇所。過去の罪や過失。

26 悲願…ぜひとも達成しようと心から念じている願望。

27 迷宮…解明できない事柄。出口がわかりにくい建物。

28 有頂天…得意の絶頂であること。物事に熱中して我を忘れること。

39 引率…率いること。引きつれること。

頻出度 B ランク

書き取り③

目標時間 22分

1回目 /44

2回目 /44

● 次の——線のカタカナを漢字に直せ。

□ 1 メイシンには不合理なものが多い。
□ 2 耳を当ててコキュウを確かめる。
□ 3 来年は研究リョウイキを広げる予定だ。
□ 4 ケイザイ大国にのし上がる。
□ 5 伝言メモによりシキュウ連絡した。
□ 6 今回はキワめてまれなケースだ。
□ 7 細かいことが気になるショウブンだ。
□ 8 アヤういところで助かった。
□ 9 世間の注目をアびる。
□ 10 セイケツな身なりを心がける。

解答

1 迷信 辞
2 呼吸
3 領域 辞
4 経済
5 至急
6 極
7 性分 辞
8 危
9 浴
10 清潔

□ 11 ソウサが簡単で分かりやすい機械だ。
□ 12 友人は勝負ドキョウがある。
□ 13 チーズなどのニュウセイヒンを好む。
□ 14 今朝は十一月にしてはずいぶんヒえる。
□ 15 反抗的なタイドで言い返す。
□ 16 サイガイの救助活動に協力する。
□ 17 生命のシンピに感動する。
□ 18 気に入らない言葉にシタウちする。
□ 19 母の意見はいつもマトはずれだ。
□ 20 赤ちゃんの声を記念にロクオンする。

解答

11 操作
12 度胸 辞
13 乳製品
14 冷
15 態度
16 災害
17 神秘 辞
18 舌打
19 的 辞
20 録音

☐ **21** お気に入りのセーターが**チヂ**む。
☐ **22** 図書館で**ロウドク**の係をしている。
☐ **23** 床板の**ホシュウ**工事をする。
☐ **24** 機械で音声を**ニンシキ**する。
☐ **25** まぶしい日差しに目が**サ**める。
☐ **26** 隣国と**リョウド**問題でもめる。
☐ **27** 悪事は必ず**サバ**かれる。
☐ **28** 好きな**ザッシ**を発売日に買う。
☐ **29** 近隣の国々と**ドウメイ**を組む。
☐ **30** 遊園地の巨大**メイロ**で遊ぶ。
☐ **31** 最も**カンベン**な方法で行う。
☐ **32** 洋服の生地を**サイダン**する。
☐ **33** 友人に**ササ**えられて立ち直る。
☐ **34** 新しいグローブを練習前に**タメ**す。

21 縮
22 朗読
23 補修 辞
24 認識
25 覚
26 領土
27 裁
28 雑誌
29 同盟 辞
30 迷路
31 簡便
32 裁断
33 支
34 試

☐ **35** 公園を利用するには**キソク**がある。
☐ **36** 自然豊かな公園で大きく息を**ス**う。
☐ **37** 小遣いの使い道の**ウチワケ**を記す。
☐ **38** 新戦力に大きな期待を**ヨ**せる。
☐ **39** 日本が**ホコ**る職人芸を受け継ぐ。
☐ **40** **ズツウ**のため早めに寝る。
☐ **41** 自分の意見を率直に**ノ**べる。
☐ **42** 天女の**コロモ**のような軽やかさだ。
☐ **43** おじは食堂を**イトナ**んでいる。
☐ **44** お年寄りを**ウヤマ**う精神を教える。

35 規則
36 吸
37 内訳
38 寄
39 誇
40 頭痛
41 述
42 衣
43 営
44 敬

意味をCheck!

1 迷信…根拠のない知識。
3 領域…領有している区域。学問などで専門とする範囲。かかわりを持つ範囲。
7 性分…生まれつきの性質。たち。
12 度胸…気おくれしない強い精神力。
17 神秘…人知でははかり知れない奥深い秘密。
19 的はずれ…重要な点をはずれていること。
23 補修…壊れた部分などをつくろうこと。
29 同盟…国家などが共通の目的のために同一の行動をとるなどの約束をすること。

頻出度
B
ランク

書き取り④

目標時間 22分

1回目 ／44

2回目 ／44

● 次の——線のカタカナを漢字に直せ。

1 本来の業務に**シショウ**が出る。

2 よい**シセイ**で勉強する。

3 茶わん一杯にごはんを**モ**る。

4 姉は**キクバ**り上手だ。

5 降雪量が少ない**オンダン**な気候だ。

6 口から**デマカ**せを言うので信用しない。

7 希望に**カガヤ**く未来が待っている。

8 **マサユメ**になることを願う。

9 雑誌の**センゾク**モデルとして活躍する。

10 ストレスを抱える人が**キュウゾウ**している。

解答

1 支障
2 姿勢
3 盛 辞
4 気配
5 温暖
6 出任 辞
7 輝
8 正夢 辞
9 専属
10 急増

11 今年の運動会は晴天に**メグ**まれた。

12 大雨で外出を取りやめるか**マヨ**う。

13 定規の**メモ**りが消えて見えない。

14 連敗の**ヨウイン**を探る。

15 友人は**ワジュツ**が達者で人をあきさせない。

16 食べ過ぎて**イチョウ**薬を飲む。

17 いつか**ウミベ**に住むのが夢だ。

18 芝居の**スジガ**きを考える。

19 **キンニク**のついた立派な体つきだ。

20 子供をだますとは**ツミブカ**い。

解答

11 恵
12 迷
13 目盛
14 要因 辞
15 話術
16 胃腸
17 海辺
18 筋書 辞
19 筋肉
20 罪深

21 コンピュータの計算**ショリ**能力が上がる。

22 文章を**チヂ**めるのに時間がかかる。

23 そろそろ**シオドキ**と切り上げる。

24 旅の**ミヤゲ**を友人に手渡す。

25 **イクサ**が終わり平和な世の中になった。

26 **チョウサ**結果を一人ずつ発表する。

27 祖父が**オコ**ったところを見たことがない。

28 反対意見を**シリゾ**ける。

29 絵文字文化は日本で**ドクジ**に始まった。

30 誕生日に花を**トド**ける。

31 **ハナスジ**を通すマッサージを行う。

32 **カタガワ**三車線に道路を拡張する。

33 **ムスメ**の結婚式に感激した。

34 死後に備えて**ユイゴン**を記す。

21	処理
22	縮
23	潮時 辞
24	土産
25	戦
26	調査 辞
27	怒
28	退
29	独自
30	届
31	鼻筋
32	片側
33	娘
34	遺言 辞

35 母は**シンゾウ**に持病がある。

36 きれいな**ワタユキ**が積もる。

37 **イサ**ましい姿に感動する。

38 路線バスの降車ボタンを**オ**す。

39 クラシックギターの**ネイロ**が聞こえる。

40 **エキタイ**洗剤で洗たくをする。

41 季節はずれの暑さで大量の**アセ**をかく。

42 来月で家のローンの支払いが**ス**む。

43 **ジュモク**に囲まれて緑が豊かだ。

44 ぬい**バリ**の穴に糸を通す。

35	心臓
36	綿雪
37	勇
38	押
39	音色
40	液体
41	汗
42	済
43	樹木
44	針

意味をCheck!

3 **盛る**…器に物を入れて満たす。高く積み上げる。

6 **出任せ**…口から出るにまかせて話すこと。でたらめ。

8 **正夢**…将来、現実となる夢。

14 **要因**…物事がそのようになった、おもな原因。

18 **筋書き**…前もって決めておいた進め方。あらすじ。

23 **潮時**…（ある事をするための）ちょうどよい時期。好機。

26 **調査**…物事の実態を明確にするためにしらべること。

34 **遺言**…自分の財産や権利など死後の意思を、生前に書きのこしておくこと。

頻出度 C ランク

読み①

●次の――線の漢字の読みをひらがなで答えよ。

目標時間 22分

1回目 ／44

2回目 ／44

1 昨年の最下位から一気に躍進した。
2 姉は大学院出の才媛だ。
3 優秀な兄に劣等感を抱いている。
4 謝罪を受けても到底許せない。
5 タカやワシは食物連鎖の上位に属する。
6 思いを込めて演技する。
7 三パーセントの濃度の塩水を作る。
8 娘はのんちゃんの愛称で呼ばれている。
9 敵に完膚なきまでにたたきのめされた。
10 パーティーで知人と歓談する。

解答
1 やくしん 辞
2 さいえん
3 れっとう
4 とうてい
5 れんさ
6 こ
7 のうど
8 あいしょう 辞
9 かんぷ 辞
10 かんだん

11 黒の和服に家紋を染める。
12 大ずもうの力士が地方巡業に出る。
13 何回も間違いがないか確かめる。
14 海外の国々から救援物資が届く。
15 祭りの和太鼓の音が響く。
16 あの店は生鮮食品の品ぞろえがいい。
17 この道の先駆者から貴重な話を聞く。
18 年末に畳を新しくした。
19 心当たりがないか尋ねる。
20 世渡り上手な人がうらやましい。

解答
11 かもん
12 じゅんぎょう
13 まちが
14 きゅうえん
15 ひび
16 せいせん
17 せんく 辞
18 たたみ
19 たず
20 よわた

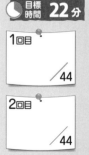

☐21 わが身の不運を嘆く。
☐22 この製品は耐熱性に優れている。
☐23 地下水をくみ上げて地盤が沈下した。
☐24 ピアノに関して天賦の才がある。
☐25 塔の上からのながめを楽しむ。
☐26 抗議デモが全国に波及する。
☐27 父が転勤するので自宅を売却する。
☐28 夏休みには祖母の家に泊まる。
☐29 本番に向けて舞台でけいこをする。
☐30 敵の軍隊に砲撃を加える。
☐31 試験に出そうな重要部分に傍線を引く。
☐32 エジプトの有名な壁画を見る。
☐33 市場に介入する必要がある。
☐34 初心者も大歓迎のクラブチームだ。

21 なげ 辞
22 たいねつ
23 ちんか
24 てんぷ
25 とう
26 はきゅう 辞
27 ばいきゃく
28 と
29 ぶたい
30 ほうげき
31 ぼうせん
32 へきが
33 かいにゅう
34 かんげい

☐35 長年かかって疑惑を晴らした。
☐36 インドは長年イギリスに隷属してきた。
☐37 大学時代の後輩とばったり会う。
☐38 鋭敏な感性を持つ写真家だ。
☐39 自宅の部屋は狭いのでたばこで煙い。
☐40 大事にしていたおもちゃが壊れる。
☐41 体操教室で輪になって座る。
☐42 無名だったが一躍脚光を浴びる。
☐43 日ごろの自分の行動を省みる。
☐44 犯人を特定する証拠をつかむ。

35 ぎわく
36 れいぞく 辞
37 こうはい
38 えいびん
39 けむ
40 こわ
41 すわ
42 きゃっこう 辞
43 かえり
44 しょうこ

意味をCheck!

1 躍進…めざましい勢いで進歩・発展すること。
8 愛称…親しみを込めてつけた呼び名。ニックネーム。
9 完膚…傷の全くない皮膚。「完膚なきまで」は、「無傷の箇所がないほど徹《てっ》底的に」の意。
17 先駆…他に先がけて物事をすること。

---

21 嘆く…悲しみや残念な思いなどを、口に出して言う。
26 波及…影響が次第に広がっていくこと。
36 隷属…他人や他国に従属すること。ほかの支配下にあること。
42 脚光…世間の注目を集めること。

頻出度 C ランク

読み②

目標時間 22分

1回目 ／44

2回目 ／44

● 次の――線の**漢字の読み**を**ひらがな**で答えよ。

☐ 1 復旧までは前途多難だ。

☐ 2 言い訳して罪を逃れる。

☐ 3 医療機器を扱う会社に就職する。

☐ 4 鋭角な屋根の家が建った。

☐ 5 遅い夏期休暇を取って旅行に行く。

☐ 6 弟は二か月に一度散髪に行く。

☐ 7 飛行機は主翼にかかる力で飛ぶ。

☐ 8 朱に交われば赤くなる

☐ 9 迷路からようやく脱出する。

☐ 10 事故の対処法を瞬時に判断する。

解答

1 ぜんと 辞
2 のが
3 いりょう
4 えいかく
5 きゅうか
6 さんぱつ
7 しゅよく
8 しゅ 辞
9 だっしゅつ
10 しゅんじ

☐ 11 犯人は警官を見て逃走した。

☐ 12 仕事で疲れてこんこんと眠る。

☐ 13 与党としての責任を果たしていない。

☐ 14 姉は抜群にスタイルがいい。

☐ 15 雷鳴が聞こえて木陰に隠れる。

☐ 16 北緯三十八度線が国境となっている。

☐ 17 遅い車を追い越して進む。

☐ 18 躍動感のある作品に仕上がった。

☐ 19 落涙するのもかまわず話し続ける。

☐ 20 本の監修を知り合いの教授に頼む。

解答

11 とうそう
12 ねむ
13 よとう
14 ばつぐん 辞
15 かく
16 ほくい
17 こ
18 やくどう 辞
19 らくるい
20 かんしゅう

21 白磁の器に青菜を盛り付ける。
22 次の手術は院長が執刀する。
23 試合後、優勝旗を授与された。
24 庭に樹齢三十年の桜がある。
25 この花は美しいが耐寒性に欠ける。
26 思いやりのない行動を恥じる。
27 鮮やかな紫色のあじさいを見た。
28 微力ながら力になりたい。
29 おじはカキの養殖をしている。
30 山頂は霧で手の先も見えなかった。
31 アルカリ溶液に浸して実験した。
32 卒業論文のテーマの論拠を示す。
33 おでこに触れて熱を確かめる。
34 知り合いの紹介してくれた会社で働く。

21 うつわ
22 しっとう 辞
23 じゅよ
24 じゅれい
25 たいかん
26 は
27 むらさき
28 びりょく
29 ようしょく
30 きり
31 ようえき
32 ろんきょ 辞
33 ふ
34 しょうかい

35 ねこが退屈そうなあくびをする。
36 自分の意見を新聞に投稿する。
37 星を見ながら露天ぶろに入る。
38 鳥にえさを与えるのが役目だ。
39 朝刊で小説を連載している作家だ。
40 警察官が違法な行為を取り締《し》まる。
41 人生の岐路に立たされる。
42 祖父は威厳のある態度の人だった。
43 悲しい時でも気丈に振る舞う。
44 父は鈍重な足運びをしている。

35 たいくつ
36 とうこう
37 ろてん
38 あた
39 れんさい
40 いほう
41 きろ
42 いげん 辞
43 きじょう 辞
44 どんじゅう 辞

意味をCheck!

1 前途…これから先のこと。目的地までの道のり。
8 朱…黄色みをおびた赤色。
14 抜群…多くの中で抜きんでていること。
18 躍動…いきいきと活動すること。
22 執刀…手術などのためにメスを持つこと。

32 論拠…議論のよりどころ。
42 威厳…堂々としておごそかなこと。いかめしいこと。
43 気丈…気の持ち方がしっかりしていること。心の確かなこと。
44 鈍重…物事に対する反応がにぶいこと。

頻出度 C ランク

読み ③

目標時間 22分

1回目 /44

2回目 /44

● 次の——線の**漢字の読み**を**ひらがな**で答えよ。

1 四輪駆動の車で砂丘を走る。
2 悪天候で宅配物の遅配があった。
3 脚注を見ながら古典文学を読む。
4 残業が続いて疲れが蓄積する。
5 午前中曇っていた空が晴れた。
6 前人未到の偉業を成しとげる。
7 株式投資の知識は皆無に等しい。
8 身内を見捨てるのは薄情だ。
9 台風の被害は全国各地に及んだ。
10 怒りの矛先がこちらに向けられた。

解答

1 くどう 辞
2 ちはい
3 きゃくちゅう
4 ちくせき
5 くも
6 いぎょう 辞
7 かいむ 辞
8 はくじょう
9 およ
10 ほこ

11 木枯らしが吹く寒い夜だった。
12 思い詰めて極端な結論を出す。
13 タワーの展望室から四方を見渡す。
14 クレームの対応に苦慮する。
15 教科書に準拠した問題集を買う。
16 寝食を忘れて受験勉強をする。
17 事件は大詰めを迎えていた。
18 新聞に秀歌が載っている。
19 長い不況の影響で店を畳む。
20 古いビルは跡形もなく壊された。

解答

11 こが
12 きょくたん 辞
13 みわた
14 くりょ
15 じゅんきょ 辞
16 しんしょく 辞
17 おおづ
18 しゅうか
19 ふきょう
20 あとかた

21 賛同者は女子が大半を占めた。
22 兄は痛快な冒険漫画が好きだ。
23 祈るような思いで連絡を待つ。
24 耐震基準を満たした建物に住む。
25 沢登りの経験はほとんどない。
26 力が接近して優劣をつけがたい。
27 欲しい物を格安で手に入れる。
28 申し込み者の欄に名前を書く。
29 船から岩壁を望むツアーだ。
30 先輩の毒舌にはついていけない。
31 宿題の間違いを指摘する。
32 フェリーで隣の島に渡る。
33 歴史的風致を維持することが大切だ。
34 母は薬剤師の資格を持つ。

21 し
22 ぼうけん
23 いの
24 たいしん
25 さわのぼ
26 ゆうれつ
27 ほ
28 らん
29 がんぺき
30 どくぜつ
31 してき
32 わた
33 ふうち 辞
34 やくざいし

35 部下から提案された案を黙殺する。
36 連絡網の電話番号を確かめる。
37 アパートの隣人は朝早く出かける。
38 昨夜はすずしくて安眠できた。
39 干潟で潮干狩りをする。
40 満を持して海原にこぎ出す。
41 これは滋養豊かな食べ物だ。
42 富士山の頂上付近は空気が希薄だ。
43 兄の知識は多岐にわたる。
44 テレビドラマ向けに脚色する。

35 もくさつ 辞
36 れんらくもう
37 りんじん
38 あんみん
39 ひがた
40 うなばら
41 じよう
42 きはく
43 たき
44 きゃくしょく 辞

意味をCheck!

1 駆動…動力を伝えて動かすこと。
6 偉業…すぐれた仕事。偉大な事業。
7 皆無…まったくないこと。
12 極端…一番はし。転じて、はなはだしくかたよっていること。
15 準拠…すでにあるものを根拠に、それに従うこと。

16 寝食…寝ることと食べること。日常生活。
33 風致…自然の風景などのおもむき、味わい。
35 黙殺…無言のままで取り合わないこと。問題にせず無視すること。
44 脚色…おもしろく伝えるために事実に色づけすること。

頻出度
C ランク

読み④

●次の——線の漢字の読みをひらがなで答えよ。

目標時間 22分

1回目 /44

2回目 /44

1 あらゆる批判を甘受するつもりだ。
2 記載事項は事実と異なる所がある。
3 国外に生産の拠点がある会社だ。
4 軒下にハチが巣をつくっている。
5 来年から新監とくが指揮を執る。
6 台風で家の中が水浸しになる。
7 いま営業している店は数軒だけだ。
8 選挙改革の是非を問う。
9 高慢な態度が目にあまる人だ。
10 母の誕生祝いにブローチを贈る。

解答
1 かんじゅ 辞
2 きさい
3 きょてん 辞
4 のきした
5 と
6 みずびた
7 すうけん
8 ぜひ
9 こうまん
10 おく

11 豪勢な料理が振る舞われた。
12 相手の腹の内を探る。
13 短慮な行動はとらないでほしい。
14 大通りでつまずいて恥ずかしい。
15 完成には長い歳月を要した。
16 度重なる不幸に見舞われた。
17 弱腰になっては試合に負ける。
18 事務所が手狭になってきた。
19 冬でも家の中では薄着で過ごす。
20 本番までに周到な計画を立てる。

解答
11 ごうせい
12 さぐ
13 たんりょ 辞
14 は
15 さいげつ 辞
16 たびかさ 辞
17 よわごし
18 てぜま
19 うすぎ
20 しゅうとう

☐ **21** リーグ戦の首位に浮上する。
☐ **22** 食品が腐敗して悪しゅうを放つ。
☐ **23** アルバイトに本腰で取り組む。
☐ **24** 生活物資を満載した船が港に着く。
☐ **25** うちには今年十五歳になる娘がいる。
☐ **26** 年に二回賞与が支給される。
☐ **27** 隣接する百貨店で買い物をする。
☐ **28** 烈火のごとく怒り狂う。
☐ **29** 公園を不法占拠した者がいる。
☐ **30** 災害国に復興支援金を援助する。
☐ **31** 貴族が全盛を誇った時代だ。
☐ **32** 端整な目鼻立ちをした俳優だった。
☐ **33** 鮮度のいい魚を仕入れている。
☐ **34** 珍妙なしぐさが人目を引く。

21 ふじょう
22 ふはい 辞
23 ほんごし
24 まんさい
25 むすめ
26 しょうよ
27 りんせつ
28 れっか 辞
29 せんきょ
30 えんじょ
31 ぜんせい
32 たんせい
33 せんど
34 ちんみょう

☐ **35** 桃源郷を思わせる村で過ごす。
☐ **36** 滋味豊かな料理を楽しむ。
☐ **37** 志望校の入学要項を受け取る。
☐ **38** 道が東西に分岐している。
☐ **39** 縄文時代の遺跡が発見された。
☐ **40** 一連の騒動についておわびをする。
☐ **41** 阪神工業地帯の夜景を撮る。
☐ **42** 遠足のバスで車酔《よ》いして吐く。
☐ **43** 生徒会の腕章を巻く。
☐ **44** 社内には同姓同名の人物が三人もいる。

35 とうげんきょう 辞
36 じみ
37 ようこう 辞
38 ぶんき
39 じょうもん
40 そうどう 辞
41 はんしん
42 は
43 わんしょう
44 どうせい

意味をCheck!

1 甘受…あまんじてうけ入れること。
3 拠点…活動のよりどころとなる重要な地点。
13 短慮…考えが浅いこと。気が短いこと。
15 歳月…年月のこと。
16 度重なる…同じことが繰り返し何度も起こること。

22 腐敗…ものがくさること。傷むこと。
28 烈火…はげしく燃える火。
35 桃源郷…俗世間から離れた平和な別世界。理想郷。
37 要項…必要で大切な事項。また、それをまとめたもの。
40 騒動…多くの人が乱れさわぐこと。

頻出度 **C** ランク

漢字識別①

目標時間 11分

1回目 /22

2回目 /22

● 次の三つの□に**共通する漢字**を入れて熟語を作れ。漢字はそれぞれ左側の□内の**ア〜コ**から**一つ**選び、**記号**で答えよ。

1 □菓子・□密・木□

2 □激・風□・名□

3 家□・作□・□物

4 行□・途□・□式

5 □職・□任・□務

ア 綿	イ 柄	ウ 方	エ 刺	オ 穀
カ 兼	キ 優	ク 役	ケ 商	コ 秘

解答

1 **ア** 綿菓子《わたがし》・綿密《めんみつ》・木綿《もめん》

2 **エ** 刺激《しげき》・風刺《ふうし》・名刺《めいし》 辞

3 **イ** 家柄《いえがら》・作柄《さくがら》・柄物《がらもの》

4 **ウ** 行方《ゆくえ》・途方《とほう》・方式《ほうしき》 辞

5 **カ** 兼職《けんしょく》・兼任《けんにん》・兼務《けんむ》 辞

6 校□・宿□・田□

7 安□・休□・吐□

8 □感・□才・□痛

9 突□・□壊・□片

10 興□・発□・□闘

ア 則	イ 舎	ウ 露	エ 鈍	オ 息
カ 破	キ 揮	ク 撃	ケ 奮	コ 秀

解答

6 **イ** 校舎《こうしゃ》・宿舎《しゅくしゃ》・田舎《いなか》

7 **オ** 安息《あんそく》・休息《きゅうそく》・吐息《といき》 辞

8 **エ** 鈍感《どんかん》・鈍才《どんさい》・鈍痛《どんつう》 辞

9 **カ** 突破《とっぱ》・破壊《はかい》・破片《はへん》

10 **ケ** 興奮《こうふん》・発奮《はっぷん》・奮闘《ふんとう》 辞

☐ **11** □芸・□児・花□

☐ **12** □直・□筆・黒□

☐ **13** 寄□・□行・渡□

☐ **14** □天・□野・□療治

☐ **15** □煙・□丘・□金

☐ **16** 暗□・誇□・展□

ア 砂	**イ** 示	**ウ** 鉛	**エ** 航	**オ** 純
カ 達	**キ** 曇	**ク** 園	**ケ** 荒	**コ** 稿

11 ク 園芸《えんげい》・園児《えんじ》・花園《はなぞの》

12 ウ 鉛直《えんちょく》・鉛筆《えんぴつ》・黒鉛《こくえん》

13 エ 寄航《きこう》・航行《こうこう》・渡航《とこう》

14 ケ 荒天《こうてん》・荒野《こうや》・荒療治《あらりょうじ》

15 ア 砂煙《すなけむり》・砂丘《さきゅう》・砂金《さきん》

16 イ 暗示《あんじ》・誇示《こじ》【辞】・展示《てんじ》

☐ **17** 形□・生□・□度

☐ **18** □撃・□弾・□破

☐ **19** 間一□・断□・□型

☐ **20** 漁□・工□・□婦

☐ **21** 分□・□路・多□

☐ **22** 依□・信□・無□漢

ア 獲	**イ** 岐	**ウ** 頼	**エ** 緯	**オ** 爆
カ 夫	**キ** 存	**ク** 態	**ケ** 髪	**コ** 齢

17 ク 形態《けいたい》・生態《せいたい》【辞】・態度《たいど》

18 オ 爆撃《ばくげき》・爆弾《ばくだん》・爆破《ばくは》

19 ケ 間一髪《かんいっぱつ》・断髪《だんぱつ》・髪型《かみがた》

20 カ 漁夫《ぎょふ》・工夫《くふう》・夫婦《ふうふ》

21 イ 分岐《ぶんき》・岐路《きろ》・多岐《たき》

22 ウ 依頼《いらい》・信頼《しんらい》・無頼漢《ぶらいかん》【辞】

意味をCheck!

2 風刺…遠まわしに社会・人物の欠点や罪悪などを批判すること。

4 途方…方向。手段。道理。

5 兼務…二つ以上の任務をかねること。

7 吐息…落胆・安心したときに思わず出る息。ためいき。

8 鈍感…感覚や感性が鈍い様。

10 奮闘…力をふるって敵と戦うこと。

16 誇示…ほこらしげに示し、見せること。

17 生態…自然界に生活している生物のありさま。

22 無頼漢…正業に就かず、無法な行いをする者。ならず者。ごろつき。

頻出度
C
ランク

熟語の構成①

目標時間 18分

1回目 /36

2回目 /36

●**熟語の構成**のしかたには次のようなものがある。

ア 同じような意味の漢字を重ねたもの（**岩石**）
イ 反対または対応の意味を表す字を重ねたもの（**高低**）
ウ 上の字が下の字を修飾しているもの（**洋画**）
エ 下の字が上の字の目的語・補語になっているもの（**着席**）
オ 上の字が下の字の意味を打ち消しているもの（**非常**）

次の熟語は右の**ア～オ**のどれにあたるか、**一つ**選び、**記号**で答えよ。

☐ **1** 脱線
☐ **2** 直訴
☐ **3** 微増
☐ **4** 分岐
☐ **5** 反則
☐ **6** 壁画

解答と解説

1 **エ**（だっせん） 脱（する）↑線（を）
2 **ウ**（じきそ） 直（じかに）↓訴（える）
3 **ウ**（びぞう） 微（かすかに）↓増（える）
4 **ア**（ぶんき） どちらも「わかれる」の意味。
5 **エ**（はんそく） 反（する）↑（規）則（に）
6 **ウ**（へきが） 壁（の）↓（絵）画

☐ **7** 指紋
☐ **8** 不順
☐ **9** 予測
☐ **10** 違約
☐ **11** 闘志
☐ **12** 奇数

解答と解説

7 **ウ**（しもん） 指（の）↓紋（様）
8 **オ**（ふじゅん） 不（否定）＋順（順調・順序）「順調でない」
9 **ウ**（よそく） 予（あらかじめ）↓測（おしはかる）
10 **エ**（いやく） 違（反する）↑約（束）
11 **ウ**（とうし） 闘（う）↓（意）志
12 **ウ**（きすう） 奇（二で割り切れない）↓数

☐ 13 就職
☐ 14 城壁
☐ 15 新郎
☐ 16 濁流
☐ 17 授受
☐ 18 貯蓄
☐ 19 尋問
☐ 20 強豪

13 エ (しゅうしょく) 就(く)↑職(に)

14 ウ (じょうへき) 城(の)↓壁

15 ウ (しんろう) 新(しい)↓郎(男性)

16 ウ (だくりゅう) 濁(った)↓流(れ)

17 イ (じゅじゅ) 授(ける)↕受(ける)

18 ア (ちょちく) どちらも「たくわえる」の意味。

19 ア (じんもん) どちらも「きく、たずねる」の意味。

20 ア (きょうごう) どちらも「つよい」の意味。

☐ 21 贈答
☐ 22 西暦
☐ 23 傍観
☐ 24 前傾
☐ 25 敵陣
☐ 26 猛烈
☐ 27 秀作
☐ 28 不問

21 イ (ぞうとう) 贈(る)↕答(える)

22 ウ (せいれき) 西(洋の)↓暦(こよみ)

23 ウ (ぼうかん) 傍(かたわら)↓観(みる)

24 ウ (ぜんけい) 前(に)↓傾(く)

25 ウ (てきじん) 敵(の)↓陣

26 ア (もうれつ) どちらも「はげしい」の意味。

27 ウ (しゅうさく) 秀(ひいでる)↓作(品)

28 オ (ふもん) 不(否定)+問(題)「問題にしない」

☐ 29 不詳
☐ 30 腐敗
☐ 31 防災
☐ 32 収支
☐ 33 岐路
☐ 34 浮力
☐ 35 鮮明
☐ 36 離職

29 オ (ふしょう) 不(否定)+詳(しい)「はっきりしない」

30 ア (ふはい) どちらも「こわれる、くずれる」の意味。

31 エ (ぼうさい) 防(ぐ)↑災(いを)

32 イ (しゅうし) 収(入)↕支(出)

33 ウ (きろ) 岐(わかれた)↓路(みち)

34 ウ (ふりょく) 浮(く)↓力

35 ア (せんめい) どちらも「あざやか」の意味。

36 エ (りしょく) 離(れる)↑職(を)

頻出度 C ランク

部首①

● 次の漢字の**部首**を**ア〜エ**から**一つ**選び、**記号**で答えよ。

目標時間 19分

1回目 ／38

2回目 ／38

□ **1** 憲（ア 罒　イ 心　ウ 王　エ 宀）

□ **2** 恵（ア 田　イ 一　ウ 心　エ 亠）

□ **3** 躍（ア 隹　イ ⻊　ウ 口　エ 止）

□ **4** 踏（ア 日　イ 口　ウ 水　エ ⻊）

□ **5** 攻（ア 攵　イ ノ　ウ 一　エ 工）

□ **6** 猛（ア 皿　イ 冂　ウ 子　エ 犭）

□ **7** 稿（ア 禾　イ 高　ウ 口　エ 亠）

□ **8** 弾（ア 弓　イ ⺍　ウ 十　エ 田）

解答

1 イ　2 ウ　3 イ　4 エ　5 ア　6 エ　7 ア　8 ア

□ **9** 普（ア 一　イ 二　ウ 丶　エ 日）

□ **10** 幕（ア 艹　イ 日　ウ 巾　エ 大）

□ **11** 丹（ア 亅　イ 丶　ウ 一　エ 冂）

□ **12** 夢（ア 冖　イ 罒　ウ 夕　エ 艹）

□ **13** 尋（ア 口　イ 丶　ウ 工　エ 寸）

□ **14** 欲（ア 欠　イ 谷　ウ 人　エ 八）

□ **15** 層（ア 尸　イ 曰　ウ 厂　エ 田）

□ **16** 暇（ア 又　イ 日　ウ 尸　エ 丨）

解答

9 エ　10 ウ　11 イ　12 ウ　13 エ　14 ア　15 ア　16 イ

□17 勉（ア 儿　イ 力　ウ 口　エ し）

□18 看（ア ノ　イ 二　ウ 一　エ 目）

□19 腰（ア 覀　イ 女　ウ 亅　エ 月）

□20 顔（ア 彡　イ 頁　ウ 厂　エ 立）

□21 腕（ア 月　イ 夕　ウ 宀　エ 㔾）

□22 憶（ア 立　イ 心　ウ 忄　エ 日）

□23 腐（ア 亠　イ 肉　ウ 广　エ 寸）

□24 建（ア 十　イ 聿　ウ 廴　エ 丨）

□25 額（ア 貝　イ 宀　ウ 口　エ 頁）

□26 遅（ア 辶　イ 羊　ウ 尸　エ ノ）

□27 鎖（ア ⺍　イ 八　ウ 金　エ 貝）

17	18	19	20	21	22	23	24	25	26	27
イ	エ	エ	イ	ア	ウ	イ	ウ	エ	ア	ウ

□28 著（ア 日　イ ノ　ウ 土　エ 艹）

□29 幅（ア 巾　イ 田　ウ 一　エ 口）

□30 燥（ア 木　イ 火　ウ 口　エ 人）

□31 賃（ア 目　イ 貝　ウ 八　エ 亻）

□32 握（ア 尸　イ 土　ウ 厶　エ 扌）

□33 香（ア 日　イ 木　ウ 禾　エ 香）

□34 属（ア 冂　イ 尸　ウ 虫　エ 口）

□35 途（ア 辶　イ 干　ウ 亅　エ 人）

□36 凡（ア 几　イ し　ウ 儿　エ 、）

□37 盛（ア 戈　イ 、　ウ 皿　エ 厂）

□38 敵（ア 冂　イ 口　ウ 立　エ 攵）

28	29	30	31	32	33	34	35	36	37	38
エ	ア	イ	イ	エ	エ	イ	ア	ア	ウ	エ

頻出度 C ランク

対義語・類義語①

目標時間 11分

1回目 /22

2回目 /22

● 次の **1** **2** それぞれの下の□内のひらがなを漢字に直して□に入れ、**対義語・類義語**を作れ。□内のひらがなは一度だけ使い、**一字**で答えよ。

1

対義語

1 相違－一□

2 無口－多□

3 近隣－□方

4 供述－黙□

5 陽性－□性

類義語

6 案内－先□

7 帰郷－帰□

8 温順－□直

9 横領－着□

10 平素－日□

いん　えん　じょう　す　せい　どう　ち　ひ　ふく　べん

解答

1 相違《そうい》－一致《いっち》 辞

2 無口《むくち》－多弁《たべん》 辞

3 近隣《きんりん》－遠方《えんぽう》

4 供述《きょうじゅつ》－黙秘《もくひ》 辞 辞

5 陽性《ようせい》－陰性《いんせい》

6 案内《あんない》－先導《せんどう》

7 帰郷《ききょう》－帰省《きせい》

8 温順《おんじゅん》－素直《すなお》

9 横領《おうりょう》－着服《ちゃくふく》 辞

10 平素《へいそ》－日常《にちじょう》

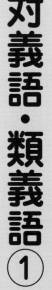

2

対義語

11 介入―傍□

12 増進―□退

13 継続―中□

14 平易―□解

15 結合―□離

16 過失―□意

類義語

17 再生―□活

18 判断―分□

19 追加―□足

20 汚名―□評

21 形見―□品

22 他界―□眠

あく　い　えい　かん　げん　げ　こ　し　なん　ふっ　ぶん　べつ　ほ

11 介入《かいにゅう》―傍観《ぼうかん》 辞

12 増進《ぞうしん》―減退《げんたい》 辞

13 継続《けいぞく》―中止《ちゅうし》

14 平易《へいい》―難解《なんかい》 辞

15 結合《けつごう》―分離《ぶんり》 辞

16 過失《かしつ》―故意《こい》

17 再生《さいせい》―復活《ふっかつ》

18 判断《はんだん》―分別《ぶんべつ》

19 追加《ついか》―補足《ほそく》

20 汚名《おめい》―悪評《あくひょう》

21 形見《かたみ》―遺品《いひん》

22 他界《たかい》―永眠《えいみん》

意味をCheck!

1 相違…二つのものが互いにちがっていること。

2 多弁…よく話すこと。言葉数の多いこと。

4 供述…裁判において、被告人、被疑者、証人などが事実を述べること。

4 黙秘…だまったまま何も言わないこと。

9 着服…他人の物をこっそりと自分の物にすること。

11 傍観…かたわらで見ること。そのことに関わらないで、はたで見ていること。

12 増進…能力などを高め、進歩させること。

14 平易…たやすいこと。難しくないこと。

15 結合…結びついて一つになること。結びつけること。

頻出度 C ランク

対義語・類義語②

目標時間 11分

1回目 ／22

2回目 ／22

● 次の 1 2 それぞれの下の□内のひらがなを漢字に直して□に入れ、**対義語・類義語**を作れ。□内のひらがなは一度だけ使い、**一字**で答えよ。

1 対義語

1 人為—□然

2 離反—結□

3 貯蓄—□費

4 減退—□進

5 鋭敏—鈍□

類義語

6 合格—及□

7 明朗—□活

8 内心—□中

9 風潮—傾□

10 容易—□単

かい　かん　きょう　こう　し　じゅう　しょう　ぞう　そく　だい

解答

1 人為《じんい》—自然《しぜん》

2 辞 離反《りはん》—結束《けっそく》

3 貯蓄《ちょちく》—消費《しょうひ》

4 辞 減退《げんたい》—増進《ぞうしん》

5 辞 鋭敏《えいびん》—鈍重《どんじゅう》

6 合格《ごうかく》—辞 及第《きゅうだい》

7 辞 明朗《めいろう》—快活《かいかつ》

8 内心《ないしん》—胸中《きょうちゅう》

9 辞 風潮《ふうちょう》—傾向《けいこう》

10 容易《ようい》—簡単《かんたん》

2

対義語

11 冷淡―親□

12 乱暴―温□

13 地味―□手

14 進級―□年

15 攻撃―防□

16 集中―分□

類義語

17 感心―□服

18 赤字―□損

19 基盤―□底

20 傍観―□視

21 任務―□命

22 処理―始□

えい　けい　けっ　こん　ざ　さん　し　せつ　は　まつ　りゅう　わ

11 辞 冷淡《れいたん》―親切《しんせつ》

12 乱暴《らんぼう》―温和《おんわ》

13 地味《じみ》―派手《はで》

14 進級《しんきゅう》―留年《りゅうねん》

15 攻撃《こうげき》―防衛《ぼうえい》

16 集中《しゅうちゅう》―分散《ぶんさん》

17 感心《かんしん》―敬服《けいふく》 辞

18 赤字《あかじ》―欠損《けっそん》

19 基盤《きばん》―根底《こんてい》

20 傍観《ぼうかん》―座視《ざし》 辞

21 任務《にんむ》―使命《しめい》 辞

22 処理《しょり》―始末《しまつ》

意味をCheck!

2 離反…従っていたものや属していたものからそむき、はなれること。

4 減退…おとろえること。へって少なくなること。

5 鋭敏…感覚がするどいこと。才知がするどく、頭がよいこと。

6 及第…試験に合格すること。

7 明朗…明るく朗らかで、元気のいいこと。

9 風潮…時代ごとの傾向や流れ、世の中のありさま。

11 冷淡…熱心でないこと。関心や興味を示さないこと。

17 敬服…心から感心し、うやまうこと。

20 座視…手出しをせずに黙って見ていること。

21 使命…果たさなければならない重大な任務。使者としての務め。

頻出度
C
ランク

四字熟語①

目標時間 11分

1回目 /22

2回目 /22

● 文中の**四字熟語**の――線の**カタカナ**を**漢字一字**で答えよ。

□ **1** 解説者は**意味深チョウ**な発言をした。

□ **2** 受験まで毎日が**真ケン勝負**だ。

□ **3** 保障という**大義名ブン**のもと増税する。

□ **4** **一挙両トク**をねらって成功する。

□ **5** **意志堅ゴ**な人に師事する。

□ **6** **喜色マン面**の笑みで出迎える。

□ **7** **言コウ一致**で仕事に取り組む。

□ **8** **独断セン行**で現場に乗り込む。

□ **9** **独立自ソン**の精神で改革を推進する。

解答と意味

1 **意《い》味《み》深《しん》長《ちょう》** 言葉や文章、態度などにふくみのある意味が隠されている様子。言外に深い意味がひそんでいる様子。

2 **真《しん》剣《けん》勝《しょう》負《ぶ》** 本気で何かをすること。また、本物の剣を使って勝負を決すること。

3 **大《たい》義《ぎ》名《めい》分《ぶん》** ある行動をするときの理由づけや道理。

4 **一《いっ》挙《きょ》両《りょう》得《とく》** 一つのことをして二つの利益を収めること。一石二鳥。

5 **意《い》志《し》堅《けん》固《ご》** 志がしっかりしていること。

6 **喜《き》色《しょく》満《まん》面《めん》** 喜びの表情が、顔いっぱいにあらわれている様子。

7 **言《げん》行《こう》一《いっ》致《ち》** 言っていることと、行っていることが一致していること。

8 **独《どく》断《だん》専《せん》行《こう》** 自分だけの判断で勝手に行動すること。

9 **独《どく》立《りつ》自《じ》尊《そん》** 人に頼ることなく、自分の人格・尊厳を保つこと。

☐ **10** どんな意見も**馬耳トウ風**で聞き流す。

☐ **11** **門コ開放**の政策を打ち出した。

☐ **12** 先生は**ハク覧強記**の人物だ。

☐ **13** **無病ソク災**で一年を過ごす。

☐ **14** 我が社は**シン賞必罰**が原則だ。

☐ **15** **チュウ夜兼行**の工事を行う。

☐ **16** かつての名所もこれでは**有名無ジツ**だ。

☐ **17** 町の変ぼうに**ショ行無常**の感がある。

☐ **18** 兄は**大器バン成**の苦労人だ。

☐ **19** 今日から**八方ビ人**を改める。

☐ **20** **メイ鏡止水**でおだやかに過ごす。

☐ **21** **メイ実一体**の物件を手に入れた。

☐ **22** 営業マンは**美ジ麗句**を並べた。

10 馬《ば》耳《じ》東《とう》風《ふう》 他人の意見や批評を聞き流して、気にとめないこと。

11 門《もん》戸《こ》開《かい》放《ほう》 制限や制約をなくし、出入りを自由にすること。

12 博《はく》覧《らん》強《きょう》記《き》 広く書物を読んで、それらをよく記憶していること。

13 無《む》病《びょう》息《そく》災《さい》 病気をしないで、健康であること。

14 信《しん》賞《しょう》必《ひつ》罰《ばつ》 功績のあった者にはそれ相応の賞を与え、罪を犯した者はそれ相応に罰すること。賞罰を厳正にすること。

15 昼《ちゅう》夜《や》兼《けん》行《こう》 昼夜の区別なく仕事を続けること。

16 有《ゆう》名《めい》無《む》実《じつ》 名ばかりで実質がそれに伴わないこと。また、評判と実際が違っていること。

17 諸《しょ》行《ぎょう》無《む》常《じょう》 この世にあるすべてのものは、絶え間なく移り変わっていて、不変なものはないということ。

18 大《たい》器《き》晩《ばん》成《せい》 大人物は、年をとってから頭角をあらわすようになるということ。

19 八《はっ》方《ぽう》美《び》人《じん》 だれからもよく思われようとすること。また、そのように行動する人。

20 明《めい》鏡《きょう》止《し》水《すい》 悪意やよこしまな考えがなく、静かに澄んだ心境。

21 名《めい》実《じつ》一《いっ》体《たい》 名目と実体が一致していること。

22 美《び》辞《じ》麗《れい》句《く》 たくみにうわべを美しく飾った文句。内容や誠意のないことをいう。

頻出度

C

ランク

四字熟語②

目標時間 11分

1回目 /22

2回目 /22

●文中の**四字熟語**の——線の**カタカナ**を**漢字一字**で答えよ。

☐ 1 **一意セン心**して課題に取り組む。

☐ 2 **好キ到来**して事業を拡大した。

☐ 3 今の状況は**イン果応報**の結果だ。

☐ 4 防犯システムは**金ジョウ鉄壁**だ。

☐ 5 交通事故の**応急ショ置**を行う。

☐ 6 初心者への**門戸カイ放**が求められている。

☐ 7 災害時に**不眠不キュウ**で活動した。

☐ 8 案件がようやく**一件ラク着**した。

☐ 9 **ジュク慮断行**が成功のコツだ。

解答と意味

1 一《いち》意《い》専《せん》心《しん》　ほかのことを考えず、一つのことだけに心を集中すること。

2 好《こう》機《き》到《とう》来《らい》　またとない、よい機会がめぐってくること。絶好の機会に恵まれること。

3 因《いん》果《が》応《おう》報《ほう》　過去の因縁に応じて、報いがあるということ。

4 金《きん》城《じょう》鉄《てっ》壁《ぺき》　守りが固く、すきがまったくないこと。

5 応《おう》急《きゅう》処《しょ》置《ち》　負傷などのとき、とりあえず行う手当てのこと。

6 門《もん》戸《こ》開《かい》放《ほう》　制限や制約をなくし、出入りを自由にすること。

7 不《ふ》眠《みん》不《ふ》休《きゅう》　眠ったり休んだりすることなく、ひたすら事に当たること。

8 一《いっ》件《けん》落《らく》着《ちゃく》　一つの事柄が解決すること。

9 熟《じゅく》慮《りょ》断《だん》行《こう》　十分に考えたうえで思い切って行うこと。

☐ 10 退職して**自キュウ自足**の生活を楽しむ。

☐ 11 妹には何を言っても**馬ジ東風**だ。

☐ 12 質問の回答は**論旨メイ快**だった。

☐ 13 **ギ論百出**して議会は混乱した。

☐ 14 苦手な相手にも**外交ジ令**を述べる。

☐ 15 努力して**七難八ク**を乗り越える。

☐ 16 **複雑多キ**な事情を勘《かん》案する。

☐ 17 酒を飲んで**前後不カク**におちいる。

☐ 18 同期だが**同床イ夢**で道が違う。

☐ 19 **コ今東西**に類を見ない出来事だ。

☐ 20 **コウ機到来**とみて侵攻する。

☐ 21 友達とは**以心デン心**の間柄だ。

☐ 22 少ない人員で**悪セン苦闘**する。

10 **自《じ》給《きゅう》自《じ》足《そく》**
自分に必要なものをすべて自分が生産することでまかなうこと。

11 **馬《ば》耳《じ》東《とう》風《ふう》**
他人の意見や批評を聞き流して、気にとめないこと。

12 **論《ろん》旨《し》明《めい》快《かい》**
文章や議論の趣旨が、筋道が通っていてわかりやすいこと。また、そのさま。

13 **議《ぎ》論《ろん》百《ひゃく》出《しゅつ》**
さまざまな議論が出ること。いろいろな意見が出て、まとまらない場合をいう。

14 **外《がい》交《こう》辞《じ》令《れい》**
外交上使う儀礼的な言葉。転じて、口先だけの形式的なお世辞のこと。「社交辞令」ともいう。

15 **七《しち》難《なん》八《はっ》苦《く》**
ありとあらゆる苦難。

16 **複《ふく》雑《ざつ》多《た》岐《き》**
多くのことが込み入っていて多方面にわたっているさま。類語に「複雑多様」がある。

17 **前《ぜん》後《ご》不《ふ》覚《かく》**
物事のあとさきもわからなくなるくらい、正常な意識を失うこと。

18 **同《どう》床《しょう》異《い》夢《む》**
同じ立場に立っていたり、同じ仕事をしたりしていても、人はそれぞれ違った目的や考え方を持っていることのたとえ。

19 **古《こ》今《こん》東《とう》西《ざい》**
いつでもどこの場所でも。

20 **好《こう》機《き》到《とう》来《らい》**
またとない、よい機会がめぐってくること。絶好の機会に恵まれること。

21 **以《い》心《しん》伝《でん》心《しん》**
言葉を使わずに、心と心で通じ合うこと。

22 **悪《あく》戦《せん》苦《く》闘《とう》**
強敵相手の苦しい戦いのこと。また、困難な状況でも苦しみながら努力すること。

頻出度
C
ランク

四字熟語 ③

目標時間 11分

1回目 /22

2回目 /22

● 文中の**四字熟語**の――線の**カタカナ**を**漢字一字**で答えよ。

☐ **1** 不運が続いて**疑心暗キ**になる。

☐ **2** **漫言ホウ語**ばかりで信用を失った。

☐ **3** 怒って**悪口ゾウ言**を浴せる。

☐ **4** **ジ盤沈下**により浸水被害が確認された。

☐ **5** 母は何が起きても**冷静チン着**だ。

☐ **6** **ビ辞麗句**を並べ立てられうんざりする。

☐ **7** 何でもない話を**針小ボウ大**に言い触らす。

☐ **8** **思慮フン別**ある行動は模範になる。

☐ **9** 節操なく**付和ライ同**する人にはなりたくない。

解答と意味

1 疑《ぎ》心《しん》暗《あん》鬼《き》　疑い始めると、なんでもないことまで疑わしくなってくるということ。

2 漫《まん》言《げん》放《ほう》語《ご》　口からでまかせに、言いたい放題に言い散らすこと。「放語漫言」ともいう。

3 悪《あっ》口《こう》雑《ぞう》言《ごん》　口にまかせて悪口を言うこと。またその悪口。

4 地《じ》盤《ばん》沈《ちん》下《か》　自然または人為的に大地が沈み下がること。また、勢力基盤が弱体化すること。

5 冷《れい》静《せい》沈《ちん》着《ちゃく》　落ち着いていて、物事に動じないこと。感情的にならず、取り乱したりしないこと。

6 美《び》辞《じ》麗《れい》句《く》　たくみにうわべを美しく飾った文句。内容や誠意のないことをいう。

7 針《しん》小《しょう》棒《ぼう》大《だい》　ちょっとしたことを大げさに言うこと。

8 思《し》慮《りょ》分《ふん》別《べつ》　注意深く考えて判断し、物事の道理をわきまえていること。

9 付《ふ》和《わ》雷《らい》同《どう》　自分にしっかりとした意見がなく、他人の意見や行動に軽々しく同調すること。

10 父は**真実一ロ**に生きた人だ。

11 治安の悪い**百キ夜行**の街だ。

12 食事にさそったのは**社交ジ令**だ。

13 先方は**ナン攻不落**で失敗した。

14 **メイ朗快活**で笑顔がすてきな方だ。

15 今回は**昼夜兼コウ**の作戦活動になる。

16 **多キ亡羊**としていて判断が出来ない。

17 今年は**キ急存亡**の大ピンチだ。

18 **旧タイ依然**の経営方針では通用しない。

19 **行ウン流水**の生活にあこがれる。

20 今年一年の**無病息サイ**を祈る。

21 **諸行無ジョウ**の教えを説く。

22 **是非キョク直**をわきまえて行動する。

10 真《しん》実《じつ》一《いち》路《ろ》
真心を持ち続けて一筋に進むこと。

11 百《ひゃっ》鬼《き》夜《や》行《こう》
多くの妖怪が夜中に行列をつくって歩き回る意から、得体の知れない人たちがのさばり、勝手に振る舞うこと。「夜行」は「やぎょう」とも読む。

12 社《しゃ》交《こう》辞《じ》令《れい》
人付き合いをするうえでのあいさつ・決まり文句。また、うわべのあいさつ。

13 難《なん》攻《こう》不《ふ》落《らく》
攻め落とすのがむずかしいこと。また、こちらが働きかけても相手が要望を受け入れてくれないこと。

14 明《めい》朗《ろう》快《かい》活《かつ》
明るく元気で、ほがらかであるさま。

15 昼《ちゅう》夜《や》兼《けん》行《こう》
昼夜の区別なく仕事を続けること。

16 多《た》岐《き》亡《ぼう》羊《よう》
方針が多すぎてどうしたらよいのか迷うこと。「多岐」はたくさんの分かれ道の意味。

17 危《き》急《きゅう》存《そん》亡《ぼう》
目前に危機が迫っていて、生き残れるかほろびるかのせとぎわにあること。

18 旧《きゅう》態《たい》依《い》然《ぜん》
昔のままで進歩がまったくないさま。

19 行《こう》雲《うん》流《りゅう》水《すい》
物事に執着しないで自由な気持ちでいる様子。

20 無《む》病《びょう》息《そく》災《さい》
病気をしないで、健康であること。

21 諸《しょ》行《ぎょう》無《む》常《じょう》
この世にあるすべてのものは、絶え間なく移り変わっていて、不変なものはないということ。

22 是《ぜ》非《ひ》曲《きょく》直《ちょく》
物事の正・不正、善悪のこと。

頻出度
C
ランク

書き取り①

目標時間 22分

1回目 ／44

2回目 ／44

●次の――線のカタカナを漢字に直せ。

1 毎年**ヒガタ**でアサリを拾う。
2 肩こりで**ジキ**のネックレスをする。
3 来年も**シュリョク**として考えている。
4 朝の**センメン**を済ませて朝食を作る。
5 **シンセン**な魚をさばいて刺身にする。
6 体重が重くてひざに**フタン**がかかる。
7 会議で失敗を**ベンメイ**する。
8 サンタクロースが贈り物を**クバ**る。
9 異動で**フルス**の部署にもどる。
10 近所の山から**ジョウモン**土器が発掘された。

解答
1 干潟
2 磁気
3 主力
4 洗面
5 新鮮
6 負担
7 弁明
8 配
9 古巣 辞
10 縄文

11 母はへそくりで**カブ**の売買をしている。
12 立ち入り禁止区域にロープを**ハ**る。
13 新しいシステムを**ドウニュウ**する。
14 古い体質の業界に**カザアナ**をあける。
15 贈り物をきれいに**ホウソウ**する。
16 **ジュウバコ**にお節を詰める。
17 **アツデ**のなべで煮込み料理をする。
18 父は五人家族を**ヤシナ**っている。
19 席を**カクホ**するのに苦労する。
20 **キヌイト**を織って着物を作る。

解答
11 株
12 張
13 導入 辞
14 風穴
15 包装
16 重箱
17 厚手
18 養
19 確保
20 絹糸

☐ **21** 母は**ザイタク**で仕事をしている。
☐ **22** 趣旨に**サンドウ**する方は挙手願います。
☐ **23** クラスメイトが合唱の**シドウ**をする。
☐ **24** 姉は**ズノウ**明せきで成績優秀だ。
☐ **25** 対戦相手に向かって**ミガマ**える。
☐ **26** 熱いスープで**シタ**をやけどする。
☐ **27** 祖父は運動のため**シナイ**をふるう。
☐ **28** この寺の**ハイカン**料は三百円だ。
☐ **29** **ソンケイ**する恩師が定年を迎えた。
☐ **30** **エタイ**の知れない恐怖に襲われる。
☐ **31** 二歳の弟は**カタコト**がかわいい。
☐ **32** 政治家と財界とは**ミッセツ**な関係がある。
☐ **33** 銀行にはかなりの**ヨキン**がある。
☐ **34** 神社の**ウラテ**に私の家はある。

21	在宅 辞
22	賛同
23	指導
24	頭脳
25	身構
26	舌
27	竹刀 辞
28	拝観
29	尊敬
30	得体 辞
31	片言
32	密接 辞
33	預金
34	裏手

☐ **35** 仮説を**ウラヅ**ける調査結果が出た。
☐ **36** 学校は私鉄の**エンセン**にある。
☐ **37** 被害者の**キュウサイ**を求める。
☐ **38** **スジガネ**入りの悪者だ。
☐ **39** 身の**ケッパク**を証明する。
☐ **40** 政局は相変わらず**コンメイ**している。
☐ **41** **ワコウド**らしい野心を抱いている。
☐ **42** 最下位から首位に**フジョウ**する。
☐ **43** 家族が増えたので家を**ゾウチク**する。
☐ **44** 円の**チョッケイ**から面積を求める。

35	裏付
36	沿線 辞
37	救済
38	筋金 辞
39	潔白 辞
40	混迷 辞
41	若人
42	浮上
43	増築
44	直径

意味をCheck!

9 古巣…以前所属していた。または住んでいたところ。
13 導入…外から導き入れること。取り入れて役に立てること。
21 在宅…外出しないで家にいること。
27 竹刀…剣道の用具で竹でできた刀。
30 得体…正体、本性。
32 密接…つながりが強い様子。

36 沿線…鉄道や道路にそったところにある地域。
38 筋金入り…しっかりした身体や精神を持っていること。
39 潔白…よごれのないこと。後ろ暗いところがないこと。
40 混迷…混乱して見通しがつかないこと。

頻出度 C ランク

書き取り②

目標時間 22分

1回目 ／44

2回目 ／44

● 次の——線のカタカナを漢字に直せ。

1 結果よりも内容をジュウシする。
2 鉄道のフッキュウのめどが立たない。
3 選手が違反しレンメイから処罰される。
4 相手チームのおテナみ拝見といこう。
5 事のケイカを黙って見守る。
6 県のテンラン会に油絵を出品する。
7 ボウハンのため、かぎを二つかける。
8 セミがウカするところを見た。
9 もうすぐ待望のハツマゴが生まれる。
10 ドクソウ的な作品を作り上げる。

解答

1 重視
2 復旧
3 連盟
4 手並 辞
5 経過
6 展覧
7 防犯
8 羽化 辞
9 初孫
10 独創 辞

11 事業のシュウエキを寄付する。
12 イサン相続をめぐって争いになる。
13 スナハマでスイカ割りを楽しんだ。
14 転んですりむいた傷がイタい。
15 新しい環境にテキオウする。
16 スデでボールを捕るのは危険だ。
17 今年の新人は皆とてもユウシュウだ。
18 娘のつらい胸の内をスイリョウする。
19 ユウビンは二時ごろ配達される。
20 国宝の美術品がイッパンに公開される。

解答

11 収益 辞
12 遺産
13 砂浜
14 痛
15 適応 辞
16 素手
17 優秀
18 推量 辞
19 郵便
20 一般

21 祖母は九十歳で安らかに**エイミン**した。
22 長男は早くから医療を**ココロザ**す。
23 やむを得ない事情で出席を**ジタイ**する。
24 皆がかけがえのない**ソンザイ**だ。
25 **オンキョウ**設備の整ったコンサート会場だ。
26 五月の**ゲジュン**に梅雨入りした。
27 **カイゴ**職を目指して専門学校に入学する。
28 医師から**ガイハク**の許可を得た。
29 雨滴が窓に**モヨウ**をつくる。
30 会場が**コウフン**と感動に包まれる。
31 年代別の人口**ワリアイ**を調査する。
32 **カンキョウ**問題について議論する。
33 公園で子供達が**オニ**ごっこをしている。
34 母方の祖父母とは**ヒサ**しく会っていない。

21 永眠
22 志 辞
23 辞退
24 存在
25 音響
26 下旬 辞
27 介護
28 外泊
29 模様
30 興奮
31 割合
32 環境
33 鬼
34 久

35 **キョダイ**なタンカーで原油を運ぶ。
36 手元が**クル**って卵を落とした。
37 父の田舎から**ゲンマイ**を送ってもらう。
38 **コウタク**が出るまでみがく。
39 戦いの前にお互いに**アクシュ**する。
40 地元のチームを**オウエン**する。
41 姉は**コウスイ**を付けて出かけた。
42 タオルを室内に干して**カワ**かす。
43 **キョタイ**を生かして活躍する。
44 神社のおみくじで**キョウ**を引く。

35 巨大
36 狂
37 玄米 辞
38 光沢
39 握手
40 応援
41 香水
42 乾
43 巨体
44 凶

意味をCheck!

4 **手並み**…技量。腕前。
8 **羽化**…こん虫のさなぎが変態して成虫になること。
10 **独創**…自分の発想でつくり出すこと。
11 **収益**…利益をおさめること。
15 **適応**…その場の状況や条件に当てはまること。

18 **推量**…他人の心中をおしはかること。
22 **志**…心に決めて目指している目標。相手に対する厚意。
26 **下旬**…ひと月の終わりころ。月の21日から末日まで。
37 **玄米**…もみがらを取り除いただけの米。精白していない米。

頻出度
C
ランク

書き取り③

目標時間 22分

1回目 /44
2回目 /44

●次の——線のカタカナを漢字に直せ。

1 タケノコを米ぬかでニてアクをとる。
2 どうぞおメし上がりください。
3 ジョウブなひもでしばる。
4 友人とはお互いにシンライし合う仲だ。
5 遠くの方でカミナリが鳴る。
6 近くのヌマにつりに出かける。
7 姉は独特なシキサイ感覚がある。
8 休日に家族全員でショッキの整理をする。
9 観客席でチームの旗をフる。
10 ヒトカゲもまばらな夜道を歩いた。

解答
1 煮
2 召 辞
3 丈夫
4 信頼
5 雷 辞
6 沼
7 色彩
8 食器
9 振
10 人影 辞

11 季節はずれのなま温かい風がフく。
12 ゼツミョウのタイミングで現れる。
13 魚のセンドを保つ方法を教わる。
14 タンペン小説を三日かけて読んだ。
15 シロップがタれて周りがべたつく。
16 容器にミッペイして保管する。
17 氷を入れたコップにスイテキがつく。
18 チイキのボランティア活動に参加する。
19 自宅のパソコンは通信速度がオソい。
20 ツウジョウ国会が予定通り開かれる。

解答
11 吹
12 絶妙 辞
13 鮮度 辞
14 短編
15 垂
16 密閉
17 水滴
18 地域
19 遅
20 通常

☐ 21 果実の中で**モモ**が一番好きだ。

☐ 22 **センパイ**から戸締《じ》まりを頼まれる。

☐ 23 カビが**ゾウショク**している様を観察した。

☐ 24 卒業祝いに花束を**オク**られた。

☐ 25 会場に大きな**ハクシュ**がわき起こる。

☐ 26 **アワ**い色使いで描かれた絵だ。

☐ 27 弟と**チエ**の輪で遊ぶ。

☐ 28 **チコク**の理由を教師に伝えた。

☐ 29 自転車が**ヌス**まれてしまった。

☐ 30 ボートが静かな湖面に**ウ**く。

☐ 31 コンクールの**ブタイ**に上がる。

☐ 32 毎日**ヘイボン**な日々を送る。

☐ 33 休日も家事で**イソガ**しい。

☐ 34 **トウメイ**な液体を描くのは難しい。

21 桃
22 先輩
23 増殖 辞
24 贈
25 拍手
26 淡 辞
27 知恵
28 遅刻
29 盗
30 浮
31 舞台
32 平凡
33 忙
34 透明

☐ 35 会社と**ドクセン**的な契《けい》約を結ぶ。

☐ 36 自分に課せられた**ギム**を果たす。

☐ 37 選手に**ネツレツ**な声援を送る。

☐ 38 前を走る車を追い**ヌ**いた。

☐ 39 紅茶を**ユカ**にこぼした。

☐ 40 将来の夢を思い**エガ**く。

☐ 41 脳裏に故郷の様子が思い**ウ**かんだ。

☐ 42 キャベツを箱詰めして**シュッカ**する。

☐ 43 今後の人生を決める**キロ**に立つ。

☐ 44 **ジミ**にあふれるスープを飲む。

35 独占
36 義務
37 熱烈 辞
38 抜
39 床
40 描
41 浮
42 出荷
43 岐路
44 滋味

意味をCheck!

2 召す…「食べる・飲む・着る・招く」などの尊敬語。
5 雷…大気中で起こる放電現象と、それによる光・音。
10 人影…人のすがた、かげ。
12 絶妙…これ以上ないほど出来がよくすぐれていること。
13 鮮度…魚や肉、野菜などの新鮮さの度合い。

23 増殖…生物や富などが増えて多くなること。
26 淡い…色や味、香りなどが薄く、あっさりしていること。また、関心が薄い。
37 熱烈…感情が高ぶるなどして、激しい態度をとるさま。

頻出度

C ランク

書き取り④

目標時間 22分

1回目 ／44

2回目 ／44

● 次の――線のカタカナを漢字に直せ。

1 ホテルのフロントに荷物を**アズ**けた。

2 兄は**タヨ**りがいのある性格だ。

3 突然の**ライウ**に驚く。

4 **コイビト**と海外旅行に行った。

5 数学の公式を実生活に**オウヨウ**する。

6 毎朝六時に**キショウ**している。

7 弟子に秘伝の技を**サズ**ける。

8 助けを求める**サケ**び声が聞こえた。

9 裏山で古代の**ツルギ**が見つかった。

10 医師から病名を**センコク**される。

解答

1 預
2 頼
3 雷雨 辞
4 恋人
5 応用
6 起床
7 授
8 叫 辞
9 剣 辞
10 宣告 辞

11 空地のススキがすっかり**カ**れる。

12 先輩が辞めるのは会社の**ソンシツ**だ。

13 書き**ゾ**めの大会で金賞をとる。

14 **ソザイ**を生かした家づくりがモットーだ。

15 受験の面接で**シボウ**理由を述べる。

16 連絡を**ミツ**にして準備する。

17 **シュクハク**施《し》設の整備を行う。

18 旅行は楽しいがとても**ツカ**れる。

19 **スイリ**小説を好んで読む。

20 動物の行動を研究の**タイショウ**に選んだ。

解答

11 枯
12 損失 辞
13 初
14 素材
15 志望
16 密
17 宿泊
18 疲
19 推理
20 対象

☐ 21 兄の行動は**フツウ**ではなかった。

☐ 22 **ボウスイ**加工されたくつをはく。

☐ 23 **ナミダ**なしではいられなかった。

☐ 24 組合に**カメイ**してアドバイスを受ける。

☐ 25 真冬の寒さが**ホネミ**にしみる。

☐ 26 **サンミ**のきいたレモネードを飲む。

☐ 27 ライオンの**カ**りを観察する。

☐ 28 **ジョウシキ**では考えられない事件が起こった。

☐ 29 体育の中でも球技が**トクイ**だ。

☐ 30 **コメダワラ**をかついで走るレースに出る。

☐ 31 子供達の体調の変化に**チュウシ**する。

☐ 32 **セナカ**の痛みがなかなか取れない。

☐ 33 父に**モケイ**の作り方を教わる。

☐ 34 テスト用紙の**ヨハク**に落書きを描く。

21 普通 辞
22 防水
23 涙
24 加盟
25 骨身 辞
26 酸味
27 狩
28 常識
29 得意
30 米俵
31 注視
32 背中
33 模型
34 余白

☐ 35 **リョウシツ**な和紙で折り紙を折る。

☐ 36 伝統**ゲイノウ**に関わる仕事に就いた。

☐ 37 弟の**ミガッテ**な言い分にあきれる。

☐ 38 病院で体重と身長を**ソクテイ**した。

☐ 39 都会に比べて**カクダン**に安い。

☐ 40 **キョウド**料理で町おこしをする。

☐ 41 **タキ**に渡る分野の知識をもつ。

☐ 42 **ジヨウ**のある食材を選ぶ。

☐ 43 人気のテレビドラマが**カンケツ**した。

☐ 44 陣地を**シシュ**すべく奮闘する。

35 良質
36 芸能
37 身勝手
38 測定
39 格段
40 郷土
41 多岐
42 滋養
43 完結 辞
44 死守 辞

意味をCheck!

3 雷雨…雷鳴をともなって降る激しい雨。
8 叫ぶ…激しく大きな声を出す。強く主張する。
9 剣…両側に刃のついた刀（広義では太刀全般を指す）。
10 宣告…告げて知らせること。裁判で判決を言い渡すこと。

12 損失…財産や利益などを失うこと。
21 普通…特に変わったところがないこと。
25 骨身…骨と肉。体。
43 完結…すっかり終わること。
44 死守…死にものぐるいで守ること。

漢・字・パ・ズ・ル
おうちめいろ

マスの中には、二字、三字、四字熟語があります。スタートの「公共《こうきょう》」から漢字のしりとりをして熟語をつなげ、ゴールを目指しましょう。

ゴール ⇧（宅の上）

		光	舞	大	帰	宅		
	活	性	炭	即	復	修	理	
明	快	安	酸	化	機	研	参	見
水	色	美	水	深	段	員	音	騒
紫	受	打	雑	海	入	社	屋	敷
山	火	噴	野	魚	介	跳	迎	日
傾	防	攻	陽	類	助	棒	大	河
何	隣	速	時	限	制	小	替	陸
共	著	樹	草	改	編	理	認	応
公	名	義	変	更	者	九	家	柔

スタート ⇧（公の下）

答え

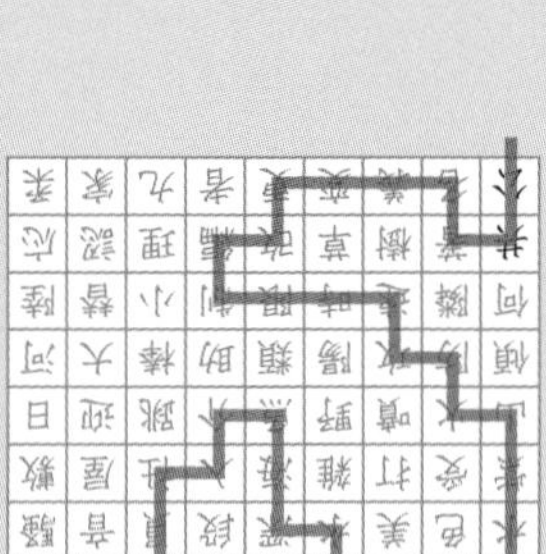

公共《こうきょう》▶共著《きょうちょ》▶著名《ちょめい》▶名義変更《めいぎへんこう》
▶更改《こうかい》▶改編《かいへん》▶編制《へんせい》▶制限時速《せいげんじそく》
▶速攻《そっこう》▶攻防《こうぼう》▶防火《ぼうか》▶火山《かざん》
▶山紫水明《さんしすいめい》▶明快《めいかい》▶快活《かいかつ》
▶活性炭《かっせいたん》▶炭酸水《たんさんすい》▶水深《すいしん》
▶深海魚《しんかいぎょ》▶魚介《ぎょかい》▶介入《かいにゅう》▶入社《にゅうしゃ》
▶社員研修《しゃいんけんしゅう》▶修復《しゅうふく》▶復帰《ふっき》▶帰宅《きたく》

模擬《ぎ》テスト

実際の試験と同じ形式の模擬試験を３回掲載しています。実際の試験は60分ですので、自分で時間を計ってやってみましょう。答え合わせも正確に行いましょう。合格点の目安は200点満点中の140点(70%程度)です。

本試験形式
第1回 模擬《ぎ》テスト

目標時間 60分
合格点 140点

1回目 ／200

2回目 ／200

解答・解説は218~219ページ

(一) 次の——線の漢字の読みをひらがなで記せ。

1×30　／30

1 不満が一気に噴出した。

2 烈火のごとく怒りだした。

3 優雅なムードのレストランに行く。

4 到底許せることではない。

5 交替で見回りをする。

6 わからない箇所を先生に聞く。

7 路傍のカキの木に実がなる。

8 騒動を起こした犯人を捕まえる。

9 老朽化した校舎を立てかえる。

10 勇気を鼓舞して闘う。

11 健脚であれば一日で走破できる。

12 奇跡的に一命を取りとめた。

13 詳細は後日説明会を開く。

14 音響にこだわった映画館だ。

15 格差の是正を目指す。

16 小さな政党が離合をくり返す。

17 日に焼けて皮膚が赤くなる。

18 環境破壊を防止する条約を結んだ。

19 乾燥して地面がひび割れる。

20 おいしい水は自然の恩恵だ。

21 両親は常に頼もしい味方だ。

22 連勝の記録が途切れる。

23 服を脱いで水着に着替えた。
24 子供達がシャボン玉を吹いている。
25 言葉に尽くせないほどお世話になる。
26 小正月に小豆を煮る。
27 担架《か》に載せられ病院へ搬送された。
28 湯船に少しずつ体を沈める。
29 希望にあふれた将来を思い描く。
30 日中はすっかり汗ばむほどの陽気となった。

(二)

次の——線の**カタカナ**にあてはまる漢字をそれぞれの**ア〜オ**から**一つ**選び、**記号**を記せ。

2×15　／30

1 弁論大会の原**コウ**を作成する。
2 武闘派の**コウ**争が続く。
3 **コウ**久の平和を祈る。
（ア 恒　イ 航　ウ 抗　エ 康　オ 稿）

4 一年間で資産を倍に**フ**やす。
5 夏の暑さで食品が**フ**敗する。
6 医療費の三割が自己**フ**担だ。
（ア 富　イ 腐　ウ 負　エ 付　オ 殖）

7 親しい友のために**ジン**力する。
8 イベントの**ジン**頭指揮を任される。
9 あのようすは**ジン**常ではない。
（ア 仁　イ 陣　ウ 臣　エ 尋　オ 尽）

10 二つの役職を**ケン**務している。
11 **ケン**実な考え方に好感をもつ。
12 電車で二時間までは通勤**ケン**内だ。
（ア 堅　イ 研　ウ 券　エ 兼　オ 圏）

13 役員会で会計**カン**査を任される。
14 **カン**美な小説を好んで読む。
15 誇大広告に注意**カン**告を受ける。
（ア 甘　イ 監　ウ 慣　エ 勧　オ 簡）

(三)

1～5の三つの□に**共通する漢字**を入れて熟語を作れ。漢字は**ア～コ**から一つ選び、**記号**を記せ。

2×5　/10

1 □力・敏□・□自慢（　）

2 当□・迷□・□星（　）

3 □動・強□・□源地（　）

4 勇□・□動・跳□（　）

5 □進・□読・丹□（　）

ア 壊	**イ** 躍	**ウ** 精	**エ** 踏	**オ** 腕
カ 激	**キ** 猛	**ク** 震	**ケ** 惑	**コ** 気

(四)

熟語の構成のしかたには次のようなものがある。

2×10　/20

ア 同じような意味の漢字を重ねたもの（**岩石**）
イ 反対または対応の意味を表す字を重ねたもの（**高低**）
ウ 上の字が下の字を修飾しているもの（**洋画**）
エ 下の字が上の字の目的語・補語になっているもの（**着席**）
オ 上の字が下の字の意味を打ち消しているもの（**非常**）

次の熟語は右の**ア～オ**のどれにあたるか、**一つ**選び、**記号**を記せ。

1 援助（　）
2 旧暦（　）
3 攻防（　）
4 荒野（　）
5 到達（　）
6 雌雄（　）
7 離陸（　）
8 首尾（　）
9 抜群（　）
10 不測（　）

（五）

次の漢字の**部首**を**ア～エ**から一つ選び、**記号**を記せ。

1×10　／10

1 扇（ア 戸　イ 一　ウ 羽　エ 扇）（　）
2 釈（ア ノ　イ 米　ウ 釆　エ 尺）（　）
3 暇（ア 日　イ 又　ウ 口　エ 丨）（　）
4 窓（ア 宀　イ 穴　ウ ム　エ 心）（　）
5 産（ア 立　イ ノ　ウ 厂　エ 生）（　）
6 翼（ア 羽　イ 田　ウ 共　エ 翼）（　）
7 脚（ア 月　イ 去　ウ 卩　エ 土）（　）
8 塔（ア 土　イ 艹　ウ 口　エ 𠆢）（　）
9 盤（ア ノ　イ 舟　ウ 殳　エ 皿）（　）
10 戯（ア 虍　イ 七　ウ 丶　エ 戈）（　）

（六）

後の□内のひらがなを漢字に直して□に入れ、**対義語・類義語**を作れ。□内のひらがなは一度だけ使い、**一字記入**せよ。

2×10　／20

対義語

1 軽率―慎□
2 末尾―冒□
3 冷静―興□
4 攻撃―□御
5 優良―□悪

類義語

6 釈明―□解
7 改定―□更
8 防御―守□
9 近隣―□辺
10 風刺―皮□

しゅう・ちょう・とう・にく・び
ふん・へん・べん・ぼう・れつ

(七) 次の――線のカタカナを漢字一字と送りがな(ひらがな)に直せ。

2×5 /10

〈例〉質問にコタエル。 答える

□ 1 将来の夢についてカタラウ。 (　　)
□ 2 成績優秀者には記念品をサズケル。 (　　)
□ 3 憲法の精神にモトヅク。 (　　)
□ 4 転勤が決まり家をカリル。 (　　)
□ 5 雨どいに枯葉がツマル。 (　　)

(八) 文中の四字熟語の――線のカタカナを漢字に直して一字記入せよ。

2×10 /20

□ 1 人跡ミ踏の山にいどむ。 (　　)
□ 2 彼女の話はロン旨明快だ。 (　　)
□ 3 本末テン倒のおかしな話だ。 (　　)
□ 4 不ゲン実行でたゆまぬ努力をする。 (　　)
□ 5 絶体絶メイのピンチにおちいる。 (　　)
□ 6 起ショウ転結で話をまとめる。 (　　)
□ 7 意味シン長な言葉を投げかけられる。 (　　)
□ 8 付和雷ドウで他人に同調する。 (　　)
□ 9 沈シ黙考して静かに考え込む。 (　　)
□ 10 電光石カの早業で魚を仕留めた。 (　　)

(九) 次の各文にまちがって使われている同じ読みの漢字が一字ある。上に誤字を、下に正しい漢字を記せ。

2×5 /10

□ 1 連日遅くまで真剣に練習したが、試合当日は実力を発輝できなかった。 (　　・　　)
□ 2 祖父から大学に合格したお祝いに高貨な時計を買ってもらった。 (　　・　　)

□ **3** 親のない子を海外居住者が支縁する運動は、着実に認知されつつある。（　　・　　）（　　）

□ **4** 霧中になって獲物を追いかける野生のライオンを観察した。（　　・　　）（　　）

□ **5** 来月開かれる首悩会談のため、駅や空港での警備が厳しくなっている。（　　・　　）（　　）

（十） 次の――線の**カタカナ**を**漢字**に直せ。

2×20　／40

□ **1** **カンラン**車からのながめを楽しむ。（　　）

□ **2** 買ってきた入浴剤を**サッソク**試した。（　　）

□ **3** 来年の**ホウフ**を述べる。（　　）

□ **4** 大きなトンビが**シカイ**をさえぎった。（　　）

□ **5** しっかりと**ミッペイ**して貯蔵する。（　　）

□ **6** **ノウキ**は必ず守る。（　　）

□ **7** **エンドウ**には多くの観衆がいた。（　　）

□ **8** 登山の**ヒツジュ**品を買い集める。（　　）

□ **9** 容器には**イッテキ**の水もなかった。（　　）

□ **10** **ハクリョク**のある声でしかられた。（　　）

□ **11** 運動神経は兄が**マサ**る。（　　）

□ **12** 年をとったねこの目が白く**ニゴ**る。（　　）

□ **13** ジュースを飲み過ぎてお腹が**ヒ**える。（　　）

□ **14** 兄の助力はまさに**オニ**に金棒だ。（　　）

□ **15** 先輩のお**テナ**みを拝見しよう。（　　）

□ **16** **オドロ**くほどきれいな夜景だった。（　　）

□ **17** **ヨクバ**りでお菓子を独占する。（　　）

□ **18** 一筋の**ナミダ**がほおを伝った。（　　）

□ **19** クマが**アバ**れて飼育員がけがをした。（　　）

□ **20** **トウゲ**越えの道を自転車で上る。（　　）

本試験形式

第2回 模擬《ぎ》テスト

目標時間 60分
合格点 140点

1回目 /200

2回目 /200

解答・解説は220~221ページ

(一) 次の――線の漢字の読みをひらがなで記せ。

1×30 /30

1 登録料が別途五千円かかる。（　）
2 甘言を信じてだまされる。（　）
3 毎朝のランニングを継続する。（　）
4 裏山から土器の破片が発掘された。（　）
5 夏の星空を仰視する。（　）
6 何の脈絡もない話をする。（　）
7 祖父は政治家の後援会長をしている。（　）
8 運動したので猛烈に腹がすく。（　）
9 少年の妙技に一同は目を見張った。（　）
10 丹精込めて米を作る。（　）
11 世界一周中の客船が寄港した。（　）
12 先生から間違いを指摘される。（　）
13 事故を目撃した人はいなかった。（　）
14 退屈したので買い物に出る。（　）
15 冷害により記録的な凶作となった。（　）
16 大人に匹敵するほどの体格だ。（　）
17 奇抜な髪型で注目される。（　）
18 あまりの惨状に言葉を失った。（　）
19 山頂に濃霧が立ち込める。（　）
20 姉は淡泊な性格をしている。（　）
21 祖母との思い出に浸る。（　）
22 危険を冒して海を渡る。（　）

23 世界平和のために祈りをささげる。（　）
24 騒ぎは次第に大きくなっていった。（　）
25 相手に文句を言うのは筋違いだ。（　）
26 最寄り駅までは自転車で通う。（　）
27 木枯らし一号が発表された。（　）
28 暦の上ではもう春だ。（　）
29 遠くに豆粒のような人影が見えた。（　）
30 虫の生態に詳しい友人がいる。（　）

(二) 次の――線の**カタカナ**にあてはまる漢字をそれぞれの**ア～オ**から**一つ**選び、**記号**を記せ。

2×15　／30

1 パンフレットを二百部**ス**った。（　）
2 **ス**んだことは水に流す。（　）
3 川の水が**ス**んで小魚が見える。（　）
（ア 澄　イ 住　ウ 空　エ 刷　オ 済）

4 異動にあたり仕事の引き**ツ**ぎをする。（　）
5 恩人に礼を**ツ**くす。（　）
6 **ツ**き当たりが私の家だ。（　）
（ア 突　イ 尽　ウ 就　エ 着　オ 継）

7 どういうわけか**カイ**目見当がつかない。（　）
8 祖母は**カイ**護保険を利用している。（　）
9 イスラム教の**カイ**律を侵す。（　）
（ア 戒　イ 介　ウ 解　エ 皆　オ 改）

10 新たな試みは全て**ト**労に終わった。（　）
11 家族で温泉旅館に**ト**まる。（　）
12 会社で事務を**ト**る。（　）
（ア 解　イ 徒　ウ 執　エ 泊　オ 採）

13 動かぬ証**コ**を押さえる。（　）
14 胸に耳を当てて**コ**動を確かめる。（　）
15 漫画で**コ**張して描く。（　）
（ア 鼓　イ 故　ウ 拠　エ 誇　オ 固）

(三)

1〜5の三つの□に**共通する漢字**を入れて熟語を作れ。漢字は**ア〜コ**から一つ選び、**記号**を記せ。

2×5 /10

1 相□・□角・□選（　）

2 確□・□着・□刀（　）

3 太□・□舞・□笛隊（　）

4 □談・□側・□額□（　）

5 □助・□護・□紹□（　）

ア 縁	**イ** 談	**ウ** 執	**エ** 互	**オ** 信
カ 漫	**キ** 介	**ク** 補	**ケ** 鼓	**コ** 示

(四)

熟語の構成のしかたには次のようなものがある。

2×10 /20

ア 同じような意味の漢字を重ねたもの（**岩石**）

イ 反対または対応の意味を表す字を重ねたもの（**高低**）

ウ 上の字が下の字を修飾しているもの（**洋画**）

エ 下の字が上の字の目的語・補語になっているもの（**着席**）

オ 上の字が下の字の意味を打ち消しているもの（**非常**）

次の熟語は右の**ア〜オ**のどれにあたるか、**一つ**選び、**記号**を記せ。

1 需給（　）

2 繁茂（　）

3 鋭角（　）

4 比較（　）

5 浮沈（　）

6 絶縁（　）

7 離職（　）

8 経緯（　）

9 握手（　）

10 未完（　）

(五)

次の漢字の**部首**を**ア〜エ**から一つ選び、**記号**を記せ。

1×10 ／10

☐ 1 影（ア 日　イ 京　ウ 亠　エ 彡）（　）
☐ 2 壱（ア 士　イ 一　ウ 冖　エ ヒ）（　）
☐ 3 尊（ア 酉　イ 西　ウ 十　エ 寸）（　）
☐ 4 尾（ア 尸　イ ノ　ウ 毛　エ 尾）（　）
☐ 5 慮（ア 虍　イ 七　ウ 思　エ 心）（　）
☐ 6 御（ア 卩　イ 正　ウ 彳　エ 二）（　）
☐ 7 誉（ア ⺍　イ 言　ウ 一　エ ハ）（　）
☐ 8 盆（ア ハ　イ 入　ウ 刀　エ 皿）（　）
☐ 9 腐（ア 肉　イ 广　ウ 付　エ 丶）（　）
☐ 10 盾（ア ノ　イ ノ　ウ 目　エ 十）（　）

(六)

後の☐内のひらがなを漢字に直して☐に入れ、**対義語・類義語**を作れ。☐内のひらがなは一度だけ使い、**一字記入**せよ。

2×10 ／20

対義語

☐ 1 平易—☐解
☐ 2 繁雑—簡☐
☐ 3 利益—☐失
☐ 4 逃亡—☐跡
☐ 5 勝利—☐北

類義語

☐ 6 健康—丈☐
☐ 7 価格—☐段
☐ 8 備蓄—☐蔵
☐ 9 有数—屈☐
☐ 10 土台—☐盤

き・し・そん・ちょ・つい
なん・ね・はい・ぶ・りゃく

(七) 次の――線の**カタカナ**を**漢字一字**と**送りがな(ひらがな)**に直せ。

2×5 ／10

〈例〉質問にコタエル。 答える

1 忙しい生活にもだいぶ**ナレタ**。( )

2 **ヤスラカ**な寝息を立てて眠っている。( )

3 浅はかな行動にあきれ**ハテル**。( )

4 遊覧船で**ユタカ**な川の流れを楽しむ。( )

5 テニス部への入部を**ススメル**。( )

(八) 文中の**四字熟語**の――線の**カタカナ**を**漢字**に直して**一字記入**せよ。

2×10 ／20

1 **一ボウ千里**のながめを楽しむ。( )

2 **心キ一転**で気持ちを入れ替える。( )

3 **用意シュウ到**に万全の準備をする。( )

4 **舌先三ズン**で親を言いくるめる。( )

5 **不カ抗力**とはいえ許されない。( )

6 成績も優秀で**前途有ボウ**だ。( )

7 病状は**一進一タイ**をくり返している。( )

8 **一網ダ尽**で一気に捕まえる。( )

9 **抱フク絶倒**というほど笑い転げる。( )

10 迷ってばかりで**知者不ワク**にほど遠い。( )

(九) 次の各文にまちがって使われている**同じ読みの漢字**が**一字**ある。**上に誤字を**、**下に正しい漢字**を記せ。

2×5 ／10

1 夏休みの過題を計画的に進めず、二学期開始前日にあわてる結果になった。(・)

2 自然や野生動物と協存することが、未来の豊かな人間生活の維持につながる。(・)

3 夏は毎年高原の快的な避暑地で過ごすことが恒例となっている。（　・　）

4 目標達成のためには、時には遊びを我慢して自分に試練を課すことも必要だ。（　・　）

5 事故が多発する道路には、信号機を設置するなどの対作を講じる必要がある。（　・　）

(十) 次の——線のカタカナを漢字に直せ。

2×20　／40

1 **カンジョウ**道路は来年には完成する。（　）

2 皆に**シュクフク**されて旅立つ。（　）

3 人口の増減の**トウケイ**をとる。（　）

4 人柄を**ジュウシ**して採用する。（　）

5 **キョウリ**をなつかしく思い出す。（　）

6 友人からは**アイショウ**で呼ばれている。（　）

7 提案はすげなく**キャッカ**された。（　）

8 **フクザツ**な人間関係に疲れる。（　）

9 走攻守**サンビョウシ**そろった選手だ。（　）

10 夏は**シガイセン**の対策に気をつかう。（　）

11 つった魚を再び海に**ハナ**す。（　）

12 **ヤワ**らかな音色が聞こえた。（　）

13 自宅に**マネ**いてもてなす。（　）

14 今日の会社の土台を**キズ**く。（　）

15 **ク**り返し注意を促《うなが》す。（　）

16 今年もまた桜が**サ**く季節となった。（　）

17 **ナゲ**いていても問題は解決しない。（　）

18 庭の雑草を**カ**り取るよう言われる。（　）

19 年月を**ヘ**て色に深みが増した。（　）

20 突如《じょ》として隣国が**セ**め入ってきた。（　）

本試験形式

第3回 模擬《ぎ》テスト

目標時間 60分
合格点 140点

1回目 ／200
2回目 ／200

解答・解説は
222~223ページ

(一) 次の——線の漢字の読みをひらがなで記せ。

1×30 ／30

1 文章の趣旨を読み取るのが苦手だ。（　　）
2 境内には樹齢三百年の木があった。（　　）
3 地下水の関係で地盤沈下が起こった。（　　）
4 痛烈な批判を浴びせる。（　　）
5 戦争を放棄《き》し恒久の平和をちかう。（　　）
6 特別に越境しての通学が認められた。（　　）
7 机上の空論とやゆされる。（　　）
8 大学では民俗学を専攻した。（　　）
9 領土を不法に占拠されている。（　　）
10 個別の問題への言及を避けた。（　　）
11 夏はノーネクタイが浸透しつつある。（　　）
12 不屈の精神で逆境を跳ね返す。（　　）
13 いまは隠居で気楽な身の上だ。（　　）
14 支度が整い次第出発する。（　　）
15 部下たちには全幅の信頼を寄せている。（　　）
16 先生の怒りに拍車をかける。（　　）
17 店舗を借りて花屋を開く。（　　）
18 致命的な失敗を犯す。（　　）
19 電車の遅延証明書をもらう。（　　）
20 他人の迷惑になる行為を慎む。（　　）
21 私語を注意されて黙る。（　　）
22 地元の商店街はすっかり寂れている。（　　）

☐23 胴回りに余裕《ゆう》のある上着を選ぶ。（　　）
☐24 だんだんと道が狭まっていった。（　　）
☐25 自らの行動を省みる。（　　）
☐26 姉から髪飾りを譲《ゆず》ってもらう。（　　）
☐27 最寄り駅までの道を尋ねる。（　　）
☐28 値段は安いが味は劣る。（　　）
☐29 躍り上がらんばかりに喜ぶ。（　　）
☐30 多大な功績により勲《くん》章を授かる。（　　）

(二) 次の――線の**カタカナ**にあてはまる漢字をそれぞれの**ア～オ**から**一つ**選び、**記号**を記せ。

2×15　／30

☐1 新しい橋の名**ショウ**が決まった。（　　）
☐2 兄は臨**ショウ**医を志している。（　　）
☐3 仏道の修行に**ショウ**進する。（　　）
（ア 精　イ 床　ウ 象　エ 称　オ 証）

☐4 体**シ**肪率が高いと注意される。（　　）
☐5 先生の演説の要**シ**をまとめる。（　　）
☐6 **シ**雄で性質にも違いが出る。（　　）
（ア 飼　イ 旨　ウ 思　エ 雌　オ 脂）

☐7 雑誌に小説を連**サイ**する。（　　）
☐8 十年の**サイ**月を経て再開した。（　　）
☐9 鮮やかな色**サイ**の鳥を見た。（　　）
（ア 歳　イ 載　ウ 際　エ 彩　オ 才）

☐10 管制**トウ**の指示に従い着陸する。（　　）
☐11 雑**トウ**を足早に通り過ぎる。（　　）
☐12 圧**トウ**的な強さを見せつける。（　　）
（ア 踏　イ 党　ウ 塔　エ 倒　オ 等）

☐13 産業の**シン**興に力を注ぐ。（　　）
☐14 デパートの**シン**具売り場に行く。（　　）
☐15 犯人は裏口から**シン**入したようだ。（　　）
（ア 進　イ 振　ウ 侵　エ 真　オ 寝）

(三)

1～5の三つの□に**共通する漢字**を入れて熟語を作れ。漢字は**ア～コ**から一つ選び、**記号**を記せ。

2×5 /10

1 □覚・□発・接□（　）
2 □動・□乱・物□（　）
3 微□・□技・□味（　）
4 絶□・□画・岸□（　）
5 □圧・□厳・権□（　）

ア 騒　イ 視　ウ 壁　エ 力　オ 躍
カ 威　キ 妙　ク 触　ケ 等　コ 近

(四)

熟語の構成のしかたには次のようなものがある。

2×10 /20

ア 同じような意味の漢字を重ねたもの（岩石）
イ 反対または対応の意味を表す字を重ねたもの（高低）
ウ 上の字が下の字を修飾しているもの（洋画）
エ 下の字が上の字の目的語・補語になっているもの（着席）
オ 上の字が下の字の意味を打ち消しているもの（非常）

次の熟語は右の**ア～オ**のどれにあたるか、**一つ**選び、**記号**を記せ。

1 清濁（　）
2 出陣（　）
3 耐震（　）
4 別離（　）
5 未婚（　）
6 新郎（　）
7 濃淡（　）
8 不慮（　）
9 豪雨（　）
10 攻守（　）

(五) 次の漢字の**部首**を**ア〜エ**から一つ選び、**記号**を記せ。

1×10

/10

1 覧（ア 臣　イ 目　ウ 儿　エ 見）（　）
2 彩（ア ノ　イ ⺍　ウ 木　エ 彡）（　）
3 療（ア 疒　イ 大　ウ 日　エ 小）（　）
4 蓄（ア 艹　イ 亠　ウ 玄　エ 田）（　）
5 畳（ア 畳　イ 十　ウ 田　エ 且）（　）
6 朱（ア ノ　イ 十　ウ 木　エ 朱）（　）
7 剣（ア 人　イ 刂　ウ 人　エ 口）（　）
8 豪（ア 亠　イ 口　ウ 豕　エ 豪）（　）
9 冊（ア 一　イ 冊　ウ 丨　エ 冂）（　）
10 歳（ア 止　イ 厂　ウ 戊　エ 歳）（　）

(六) 後の□内のひらがなを漢字に直して□に入れ、**対義語**・**類義語**を作れ。□内のひらがなは一度だけ使い、**一字記入**せよ。

2×10

/20

対義語

1 単純－□雑
2 決定－保□
3 親切－□淡
4 建設－□壊
5 簡略－□細

類義語

6 屈指－抜□
7 用心－□戒
8 合格－及□
9 結束－□結
10 傾向－風□

ぐん・けい・しょう・だい・だん
ちょう・は・ふく・りゅう・れい

(七)

次の——線のカタカナを**漢字一字**と**送りがな（ひらがな）**に直せ。

2×5 ／10

〈例〉質問にコタエル。答える

□ 1 スグレタ業績の会社だ。（　　）

□ 2 けがをして出場がアヤブマレル。（　　）

□ 3 便宜《ぎ》を取りハカラッテもらう。（　　）

□ 4 病気で短い生涯《がい》をトジル。（　　）

□ 5 工事中の道をサケル。（　　）

(八)

文中の**四字熟語**の——線の**カタカナ**を**漢字**に直して**一字記入**せよ。

2×10 ／20

□ 1 五リ霧中で先行きが不安だ。（　　）

□ 2 山紫水メイの地で余生を送る。（　　）

□ 3 旅先で盗難、病気と七難八クだ。（　　）

□ 4 人材配置は適ザイ適所を心がける。（　　）

□ 5 明キョウ止水のごとく澄んだ気持ちだ。（　　）

□ 6 一触即ハツの危ない状態だ。（　　）

□ 7 同じことをイ口同音に口にする。（　　）

□ 8 半信半ギながら友人の話を聞く。（　　）

□ 9 時間の大切さを一コク千金という。（　　）

□ 10 千慮一シツで最後に間違いをした。（　　）

(九)

次の各文にまちがって使われている**同じ読みの漢字**が**一字**ある。**上に誤字を**、**下に正しい漢字**を記せ。

2×5 ／10

□ 1 父は心臓の血管に問題があって手術をしたが、その後の回腹は順調で安心した。（　・　）

□ 2 地中海地方の温段な気候で育った野菜や果物は色が美しく味わい深い。（　・　）

☐ 3 週末はいつも野良《のら》ねこの保互のために駅前で募《ぼ》金活動をしている。（　・　）

☐ 4 江戸時代の人々の家屋や生活習慣が模型で再現され、添示されている。（　・　）

☐ 5 大量の仕事を短期間で処理するには効律化を図ることが不可欠だ。（　・　）

(十) 次の――線の**カタカナ**を**漢字**に直せ。

2×20　/40

☐ 1 **ゴクヒ**文書を入手した。（　）

☐ 2 友達と別れる際に**アクシュ**を交わす。（　）

☐ 3 **ハヘン**が刺さって出血する。（　）

☐ 4 見事な**ビョウシャ**にうなり声をあげる。（　）

☐ 5 **ケイエイ**者としての素質はなかった。（　）

☐ 6 **イダイ**な人物の業績をたたえる。（　）

☐ 7 **ボケツ**を掘って悪事がばれる。（　）

☐ 8 他国の争いに**カイニュウ**する。（　）

☐ 9 **フンスイ**の前で待ち合わせをする。（　）

☐ 10 **トイキ**でかじかんだ手を温める。（　）

☐ 11 育ててくれた恩義に**ムク**いる。（　）

☐ 12 がけで立ち往生した犬を**スク**う。（　）

☐ 13 飛行機から見える家は**コメツブ**のようだ。（　）

☐ 14 熱いみそしるを**サ**ましてから飲む。（　）

☐ 15 **スルド**い指摘にぐうの音も出ない。（　）

☐ 16 サギが二羽**ツラ**なって飛び立つ。（　）

☐ 17 趣味と実益を**カ**ねる。（　）

☐ 18 時計が**クル**っていたせいで遅刻する。（　）

☐ 19 月が夜道を**テ**らしている。（　）

☐ 20 友人をかばって**ダマ**っている。（　）

本試験形式

第1回 模擬《ぎ》テスト 解答と解説

問題はP200~205

(一) 読み

1 ふんしゅつ
2 れっか
3 ゆうが
4 とうてい
5 こうたい
6 かしょ
7 ろぼう
8 そうどう
9 ろうきゅう
10 こぶ
11 けんきゃく
12 きせき
13 しょうさい
14 おんきょう
15 ぜせい
16 りごう
17 ひふ
18 はかい
19 かんそう
20 おんけい
21 たの
22 とぎ
23 ぬ
24 ふ
25 つ
26 に
27 の
28 しず
29 えが
30 あせ

(二) 同音・同訓異字

1 オ・稿
2 ウ・抗
3 ア・恒
4 オ・殖
5 イ・腐
6 ウ・負
7 オ・尽
8 イ・陣
9 エ・尋
10 エ・兼
11 ア・堅
12 オ・圏
13 イ・監
14 ア・甘
15 エ・勧

漢字は参考

(三) 漢字識別

1 オ 腕力・敏腕・腕自慢
2 ケ 当惑・迷惑・惑星
3 ク 震動・強震・震源地
4 イ 勇躍・躍動・跳躍
5 ウ 精進・精読・丹精

漢字は参考

(四) 熟語の構成

1 ア
2 ウ
3 イ
4 ウ
5 ア
6 イ
7 エ
8 イ
9 エ
10 オ

(一)
2「烈火」は、激しい勢いで燃える火のこと。
7「路傍」は、道路のかたわらのこと。みちばた。
11「健脚」は、足腰が丈夫なこと。
16「離合」は、合わさったり離れたりすること。

(二)
7「尽力」は、力を尽くすこと。
14「甘美」は、うっとりした気持ちにさせること。また、味が甘くておいしいこと。

(三)
1「敏腕」は、物事を正しく処理する能力があること。
4「勇躍」は、心が勇み立つこと。

(四)
2「旧」は、ふるいこと。「暦」は時間の流れを日、週、月、年などを単位として区切った体系のこと。したがって「旧暦」は「ふるいこよみ」のこととな

(五) 部首

1 ア
2 ウ
3 ア
4 イ
5 エ
6 ア
7 ア
8 ア
9 エ
10 エ

(六) 対義語・類義語

1 慎[重]
2 冒[頭]
3 興[奮]
4 [防]御
5 [劣]悪
6 [弁]解
7 [変]更
8 守[備]
9 [周]辺
10 皮[肉]

(七) 送りがな

1 語らう
2 授ける
3 基づく
4 借りる
5 詰まる

(八) 四字熟語

1 未
2 論
3 転
4 言
5 命
6 承
7 深
8 同
9 思
10 火

(九) 誤字訂正

1 輝→揮
2 貨→価
3 縁→援
4 霧→夢
5 悩→脳

(十) 書き取り

1 観覧
2 早速
3 抱負
4 視界
5 密閉
6 納期
7 沿道
8 必需
9 一滴
10 迫力
11 勝
12 濁
13 冷
14 鬼
15 手並
16 驚
17 欲張
18 涙
19 暴
20 峠

り、答えはウとなる。
9「抜群」は、群を抜くことなので、答えは工となる。

(七)
1の「語らう」と2の「授ける」は送りがなを間違えやすいので注意しよう。

(八)
8「付和雷同」は、自分の意見がなく、すぐに人の意見に賛成すること。

(九)
4「夢中」を「霧中」と間違えない。「夢中」は我を忘れて熱中すること、「霧中」は先を見通せないこと。

(十)
13「冷える」は、送りがなにも注意しよう。

第2回 模擬《ぎ》テスト 解答と解説

問題はP206~211

(一) 読み

1 べっと
2 かんげん
3 けいぞく
4 はへん
5 ぎょうし
6 みゃくらく
7 こうえん
8 もうれつ
9 みょうぎ
10 たんせい
11 きこう
12 してき
13 もくげき
14 たいくつ
15 きょうさく
16 ひってき
17 きばつ
18 さんじょう
19 のうむ
20 たんぱく
21 ひた
22 おか
23 いの
24 さわ
25 すじちが
26 もよ
27 こが
28 こよみ
29 まめつぶ
30 くわ

(二) 同音・同訓異字

1 エ・刷
2 オ・済
3 ア・澄
4 オ・継
5 イ・尽
6 ア・突
7 エ・皆
8 イ・介
9 ア・戒
10 イ・徒
11 エ・泊
12 ウ・執
13 ウ・拠
14 ア・鼓
15 エ・誇

漢字は参考

(三) 漢字識別

1 エ
相互・互角・互選

2 ウ
確執・執着・執刀

3 ケ
太鼓・鼓舞・鼓笛隊

4 ア
縁談・縁側・額縁

5 キ
介助・介護・紹介

漢字は参考

(四) 熟語の構成

1 イ
2 ア
3 ウ
4 ア
5 イ
6 エ
7 エ
8 イ
9 エ
10 オ

(一)
2「甘言」は、口先だけのうまい話。「甘言につられてしまった」などと使う。

5「仰視」は、あおぎみること。

6「脈絡」は、物事のすじみち。

18「惨状」は、むごたらしいありさまのこと。

27「木枯らし」は、秋の終わりから冬の初めに吹く強い風のこと。「木枯らし一号」は、気圧の配置が冬型になって初めて吹いた木枯らしのこと。

(二)
9「戒律」は、一般的に、宗教などの信者として守らなくてはいけない規則、決まり。

12「執る」は、手で持つ、仕事をする、などの意味。

(三)
1「互選」は、関係者の中から選び出すこと。

2「確執」は、自分の意見を曲げないことで生じる不和。「執刀」は、医師が手術のためにメスを持つこと。手術を行うこと。

(五) 部首

1 エ
2 ア
3 エ
4 ア
5 エ
6 ウ
7 イ
8 エ
9 ア
10 ウ

(六) 対義語・類義語

1 難解
2 簡略
3 損失
4 追跡
5 敗北
6 丈夫
7 値段
8 貯蔵
9 屈指
10 基盤

(七) 送りがな

1 慣れた
2 安らか
3 果てる
4 豊か
5 勧める

(八) 四字熟語

1 望
2 機
3 周
4 寸
5 可
6 望
7 退
8 打
9 腹
10 惑

(九) 誤字訂正

1 過→課
2 協→共
3 的→適
4 漫→慢
5 作→策

(十) 書き取り

1 環状
2 祝福
3 統計
4 重視
5 郷里
6 愛称
7 却下
8 複雑
9 三拍子
10 紫外線
11 放
12 柔
13 招
14 築
15 繰
16 咲
17 嘆
18 刈
19 経
20 攻

(四)
1「需給」は、需要と供給のことなので、答えはイとなる。

9「握手」は、手を握ることなので、答えはエとなる。

(六)
1「平易」は、問題などがやさしく簡単に理解できること。「難解」は、わかりにくく難しいこと。

(八)
4「舌先三寸」は、口先だけで言いくるめること。

9「抱腹絶倒」は、腹をかかえて、倒れるほど大笑いをすること。

10「知者不惑」は、知恵のすぐれた人は、考えに迷いがないこと。また、「知者一失」は、どんなに知恵のすぐれた人でも、ひとつぐらいは間違いをすることがある、ということ。

(十)
7「却下」は、他者の願いなどを退けること。

本試験形式

第3回 模擬《ぎ》テスト 解答と解説

問題はP212~217

(一) 読み

1 しゅし
2 じゅれい
3 ちんか
4 つうれつ
5 こうきゅう
6 えっきょう
7 きじょう
8 みんぞく
9 せんきょ
10 げんきゅう
11 しんとう
12 ふくつ
13 いんきょ
14 したく
15 ぜんぷく
16 はくしゃ
17 てんぽ
18 ちめい
19 ちえん
20 めいわく
21 だま
22 さび
23 どうまわ
24 せば
25 かえり
26 かみかざ
27 もよ
28 おと
29 おど
30 さず

(二) 同音・同訓異字

1 エ・称
2 イ・床
3 ア・精
4 オ・脂
5 イ・旨
6 エ・雌
7 イ・載
8 ア・歳
9 エ・彩
10 ウ・塔
11 ア・踏
12 エ・倒
13 イ・振
14 オ・寝
15 ウ・侵

漢字は参考

(三) 漢字識別

1 ク 触覚・触発・接触
2 ア 騒動・騒乱・物騒
3 キ 微妙・妙技・妙味
4 ウ 絶壁・壁画・岸壁
5 カ 威圧・威厳・権威

漢字は参考

(四) 熟語の構成

1 イ
2 エ
3 エ
4 ア
5 オ
6 ウ
7 イ
8 オ
9 ウ
10 イ

(一)

1「趣旨」は、ものごとのもとにある、考えや目的。

5「恒久」は、長い間、その状態が変わらないこと。

7「机上の空論」は、頭の中だけで考えた実際には役に立たない方法や理論のこと。

(二)

3「精進」は、ひたむきに努力すること。「しょうじん」と読む。「せいじん」などと読まないこと。

(三)

1「触発」は、何かに触れて、爆発したりすること。また、何かがきっかけで行動を起こしたりやる気になったりすること。

3「妙味」は、なんとも言えない味わい。

5「威厳」は、人を圧倒するようないかめしさのこと。堂々としておごそかなこと。「権威」は、その分野で、優れた人であると認められていること。

(五) 部首

1 エ
2 エ
3 ア
4 ア
5 ウ
6 ウ
7 イ
8 ウ
9 エ
10 ア

(六) 対義語・類義語

1 複雑
2 保留
3 冷淡
4 破壊
5 詳細
6 抜群
7 警戒
8 及第
9 団結
10 風潮

(七) 送りがな

1 優れた
2 危ぶまれる
3 計らって
4 閉じる
5 避ける

(八) 四字熟語

1 里
2 明
3 苦
4 材
5 鏡
6 発
7 異
8 疑
9 刻
10 失

(九) 誤字訂正

1 腹↓復
2 段↓暖
3 互↓護
4 添↓展
5 律↓率

(十) 書き取り

1 極秘
2 握手
3 破片
4 描写
5 経営
6 偉大
7 墓穴
8 介入
9 噴水
10 吐息
11 報
12 救
13 米粒
14 冷
15 鋭
16 連
17 兼
18 狂
19 照
20 黙

(四)

3「耐震」は、震えることに耐える、という意味なので、答えはエとなる。

5の「未婚」や**8**の「不慮」など、「未」や「不」のついた熟語の構成はオとなる。

(七)

2「危ぶまれる」は間違えやすいので注意。「あや」のあとから送る。

(八)

1「五里霧中」は、どうしていいかわからなくなること。「霧中」を「夢中」と間違えない。

2「山紫水明」は、山や川など、自然のけしきが美しいこと。

5「明鏡止水」は、くもりのない鏡と、静かな水。わだかまりのない、きれいで静かな心の状態のこと。

10「千慮一失」は、どんなに知恵のある人でも、ひとつぐらいは間違いをする、という意味。「知者一失」と同じ意味。

本書記載の情報は制作時点のものです。受検をお考えの方は、必ずご自身で下記の公益財団法人 日本漢字能力検定協会の発表する最新情報をご確認ください。

公益財団法人 日本漢字能力検定協会

【ホームページ】 https://www.kanken.or.jp/

<本部> 京都市東山区祇園町南側551番地

ホームページにある「よくある質問」を読んで該当する質問がみつからなければメールフォームでお問合せください。電話でのお問合せ窓口は0120－509－315（無料）です。

◆「漢検」「漢字検定」は公益財団法人 日本漢字能力検定協会の登録商標です。

本書に関する正誤等の最新情報は、下記のアドレスでご確認ください。
https://www.seibidoshuppan.co.jp/info/hkanken4-2307

◉ 上記アドレスに掲載されていない箇所で、正誤についてお気づきの場合は、書名・質問事項・氏名・住所（またはFAX番号）を明記の上、**成美堂出版**まで**郵送**または**FAX**でお問い合わせください。**お電話でのお問い合わせはお受けできません。**
◉ 内容によってはご質問をいただいてから回答を発送するまでお時間をいただくこともございます。
◉ 本書の内容を超える質問等にはお答えできませんので、あらかじめご了承ください。

よくあるお問い合わせ

Q 持っている辞書に掲載されている部首と、本書に掲載されている部首が違いますが、どちらが正解でしょうか？

A 辞書によっては、部首としているものが異なることがあります。**漢検の採点基準では、「漢検要覧2～10級対応 改訂版」（日本漢字能力検定協会発行）で示しているものを正解としています**ので、本書もこの基準に従っています。そのためお持ちの辞書と部首が異なることがあります。

■ 本文デザイン：HOPBOX（福井信明）
■ 本文イラスト：黒はむ
■ 編 集 協 力：knowm

頻出度順 漢字検定４級問題集

編　著　成美堂出版編集部
発行者　深見公子
発行所　成美堂出版
〒162-8445　東京都新宿区新小川町1-7
電話(03)5206-8151 FAX(03)5206-8159
印　刷　大盛印刷株式会社

ISBN978-4-415-23205-8
落丁·乱丁などの不良本はお取り替えします
定価はカバーに表示してあります

頻 出 度 順 漢字検定４級問題集 別冊

漢字検定 4級

合格ブック

暗記に役立つ！

- 絶対覚える **4級配当漢字表**
- 資料❶ 重要な **熟字訓・当て字**
- 資料❷ 重要な **特別な読み**
- 資料❸ よく出る **部首**の問題
- 資料❹ 重要な **中学で習う読み**の問題
- 資料❺ 試験に出る **四字熟語**の問題
- 資料❻ よく出る **同音・同訓異字**の問題
- 資料❼ よく出る **対義語**の問題
- 資料❽ よく出る **類義語**の問題
- 資料❾ よく出る **熟語の構成**の問題
- 資料❿ よく出る **送りがな**の問題

成美堂出版

← 矢印の方向に引くと、取り外せます。

絶対覚える 4級配当漢字表

313字

漢字検定４級では、この「４級配当漢字」が非常に重要です。「読み」や「部首」の問題では、「４級配当漢字」が中心になります。（　）高の読みは高校で習う読み方で、４級では出題されません。

画数	五十音順	漢字	読み	部首と部首名	用例
11	サ	惨	[サン] (ザン)高 (みじめ)高	忄 りっしんべん	惨状《さんじょう》・惨劇《さんげき》 悲惨《ひさん》・陰惨《いんさん》

- 画数
- 五十音順です
- ◀漢字
- ◀読み　カタカナは音読み　ひらがなは訓読み　黒字は送りがな　（　）高は高校で習う読み
- ◀部首と部首名
- ◀用例　上級の漢字は色がついています

五十音	漢字	画数	読み	部首	部首名	用例
ア	握	12	[アク] [にぎる]	扌	てへん	握手《あくしゅ》・握力《あくりょく》 握《にぎ》り飯《めし》
	扱	6	[あつかう]	扌	てへん	取《と》り扱《あつか》い 扱《あつか》い方《かた》
イ	依	8	[イ] (エ)高	亻	にんべん	依頼《いらい》・依然《いぜん》 依願《いがん》
	威	9	[イ]	女	おんな	威厳《いげん》・威圧《いあつ》 権威《けんい》・脅威《きょうい》
	為	9	[イ]	灬	れんが れっか	作為《さくい》・人為《じんい》 行為《こうい》・為替《かわせ》
	偉	12	[イ] [えらい]	亻	にんべん	偉人《いじん》・偉大《いだい》 偉業《いぎょう》・偉《えら》い
	違	13	[イ] [ちがう] [ちがえる]	辶	しんにょう しんにゅう	違法《いほう》・間違《まちが》い 筋違《すじちが》い
	維	14	[イ]	糸	いとへん	維持《いじ》 維新《いしん》
	緯	16	[イ]	糸	いとへん	緯度《いど》・経緯《けいい》 北緯《ほくい》
	壱	7	[イチ]	士	さむらい	壱万円《いちまんえん》
	芋	6	[いも]	艹	くさかんむり	芋版《いもばん》・里芋《さといも》 焼《や》き芋《いも》
	陰	11	[イン] [かげ] [かげる]	阝	こざとへん	陰気《いんき》・光陰《こういん》 木陰《こかげ》・陰《かげ》り

画数	漢字	読み	部首	用例
14	隠	[イン] [かくす] [かくれる]	阝 こざとへん	隠居《いんきょ》・隠然《いんぜん》 隠《かく》す・隠《かく》れる
15 エ	影	[エイ] [かげ]	彡 さんづくり	影響《えいきょう》・投影《とうえい》 人影《ひとかげ》
15	鋭	[エイ] [するどい]	金 かねへん	鋭利《えいり》・鋭角《えいかく》 精鋭《せいえい》・鋭《するど》い
12	越	[エツ] [こす] [こえる]	走 そうにょう	優越《ゆうえつ》・越境《えっきょう》 越冬《えっとう》・越《こ》す
12	援	[エン]	扌 てへん	応援《おうえん》・援護《えんご》 支援《しえん》・援軍《えんぐん》
13	煙	[エン] [けむる] [けむり] [けむい]	火 ひへん	煙害《えんがい》・煙突《えんとつ》 土煙《つちけむり》・煙《けむ》い
13	鉛	[エン] [なまり]	金 かねへん	鉛直《えんちょく》・鉛筆《えんぴつ》 鉛《なまり》・鉛色《なまりいろ》
15	縁	[エン] [ふち]	糸 いとへん	縁《えん》の下《した》・縁日《えんにち》 縁《ふち》・縁取《ふちど》り
6 オ	汚	[オ] (けがす)高 (けがれる)高 (けがらわしい)高 [よごす] [よごれる] [きたない]	氵 さんずい	汚職《おしょく》・汚点《おてん》 汚濁《おだく》・汚水《おすい》 汚名《おめい》 汚《きたな》い 汚《よご》す
8	押	(オウ)高 [おす] [おさえる]	扌 てへん	判《はん》を押《お》す 首《くび》を押《お》さえる
12	奥	(オウ)高 [おく]	大 だい	奥《おく》・奥歯《おくば》 山奥《やまおく》・奥底《おくそこ》
16	憶	[オク]	忄 りっしんべん	追憶《ついおく》・記憶《きおく》 憶測《おくそく》
11 カ	菓	[カ]	艹 くさかんむり	製菓《せいか》・菓子《かし》 和菓子《わがし》
13	暇	[カ] [ひま]	日 ひへん	休暇《きゅうか》・余暇《よか》 寸暇《すんか》・暇《ひま》
14	箇	[カ]	⺮ たけかんむり	箇所《かしょ》 箇条書《かじょうが》き
13	雅	[ガ]	隹 ふるとり	優雅《ゆうが》・風雅《ふうが》 雅楽《ががく》・雅趣《がしゅ》
4	介	[カイ]	人 ひとやね	紹介《しょうかい》・介護《かいご》 介抱《かいほう》・介入《かいにゅう》
7	戒	[カイ] [いましめる]	戈 ほこづくり ほこがまえ	戒律《かいりつ》・警戒《けいかい》 親《おや》の戒《いまし》め
9	皆	[カイ] [みな]	白 しろ	皆無《かいむ》・皆勤《かいきん》 皆様《みなさま》
16	壊	[カイ] [こわす] [こわれる]	土 つちへん	破壊《はかい》・倒壊《とうかい》 全壊《ぜんかい》・壊《こわ》す
13	較	[カク]	車 くるまへん	較差《かくさ》 比較《ひかく》
16	獲	[カク] [える]	犭 けものへん	獲得《かくとく》・漁獲《ぎょかく》 捕獲《ほかく》・獲物《えもの》
4	刈	[かる]	刂 りっとう	稲《いね》を刈《か》る 丸刈《まるが》り

画数	漢字	読み	部首	用例
5	甘	[カン] [あまい] [あまえる] [あまやかす]	甘 かん あまい	甘受《かんじゅ》・甘言《かんげん》 甘《あま》んじる
6	汗	[カン] [あせ]	氵 さんずい	汗顔《かんがん》・発汗《はっかん》 汗水《あせみず》・寝汗《ねあせ》
11	乾	[カン] [かわく] [かわかす]	乙 おつ	乾杯《かんぱい》・乾物《かんぶつ》 乾《かわ》く・乾《かわ》かす
13	勧	[カン] [すすめる]	力 ちから	勧告《かんこく》・勧進《かんじん》 入会《にゅうかい》を勧《すす》める
15	歓	[カン]	欠 あくび かける	歓待《かんたい》・歓談《かんだん》 歓迎《かんげい》・歓呼《かんこ》
15	監	[カン]	皿 さら	監視《かんし》・監禁《かんきん》 監修《かんしゅう》
17	環	[カン]	王 おうへん たまへん	環境《かんきょう》・一環《いっかん》 環状《かんじょう》
23	鑑	[カン] (かんがみる)㊫	金 かねへん	鑑定《かんてい》 印鑑《いんかん》

キ

画数	漢字	読み	部首	用例
7	含	[ガン] [ふくむ] [ふくめる]	口 くち	含有《がんゆう》・含蓄《がんちく》 含《ふく》む・含《ふく》める
8	奇	[キ]	大 だい	奇異《きい》・奇妙《きみょう》 好奇心《こうきしん》・奇襲《きしゅう》
8	祈	[キ] [いのる]	礻 しめすへん	祈願《きがん》・祈念《きねん》 神《かみ》に祈《いの》る
10	鬼	[キ] [おに]	鬼 おに	鬼門《きもん》・鬼才《きさい》 赤鬼《あかおに》・青鬼《あおおに》
12	幾	[キ] [いく]	幺 よう いとがしら	幾何学《きかがく》 幾多《いくた》・幾日《いくにち》
15	輝	[キ] [かがやく]	車 くるま	光輝《こうき》 目《め》が輝《かがや》く
15	儀	[ギ]	亻 にんべん	威儀《いぎ》・行儀《ぎょうぎ》 流儀《りゅうぎ》・儀式《ぎしき》
15	戯	[ギ] (たわむれる)㊫	戈 ほこづくり ほこがまえ	戯曲《ぎきょく》・児戯《じぎ》 遊戯《ゆうぎ》

画数	漢字	読み	部首	用例
13	詰	(キツ)㊫ [つめる] [つまる] [つむ]	言 ごんべん	大詰《おおづ》め 詰《つ》める
7	却	[キャク]	卩 わりふ ふしづくり	却下《きゃっか》・退却《たいきゃく》 売却《ばいきゃく》・冷却《れいきゃく》
11	脚	[キャク] (キャ)㊫ [あし]	月 にくづき	脚色《きゃくしょく》・失脚《しっきゃく》 脚本《きゃくほん》・健脚《けんきゃく》
3	及	[キュウ] [およぶ] [および] [およぼす]	又 また	追及《ついきゅう》・普及《ふきゅう》 波及《はきゅう》・及《およ》ぶ
5	丘	[キュウ] [おか]	一 いち	砂丘《さきゅう》 丘《おか》の上《うえ》
6	朽	[キュウ] [くちる]	木 きへん	不朽《ふきゅう》・老朽《ろうきゅう》 朽《く》ちる
5	巨	[キョ]	工 え たくみ	巨大《きょだい》・巨木《きょぼく》 巨額《きょがく》・巨漢《きょかん》
8	拠	[キョ] [コ]	扌 てへん	準拠《じゅんきょ》・占拠《せんきょ》 拠点《きょてん》・根拠《こんきょ》

画数	漢字	読み	部首	用例
12	距	[キョ]	𧾷 あしへん	距離《きょり》
12	御	[ギョ] [ゴ] [おん]	彳 ぎょうにんべん	制御《せいぎょ》・防御《ぼうぎょ》 御殿《ごてん》・御中《おんちゅう》
4	凶	[キョウ]	凵 うけばこ	凶《きょう》・凶作《きょうさく》 凶器《きょうき》・凶悪《きょうあく》
6	叫	[キョウ] [さけぶ]	口 くちへん	絶叫《ぜっきょう》 無実《むじつ》を叫《さけ》ぶ
7	狂	[キョウ] [くるう] [くるおしい]	犭 けものへん	狂気《きょうき》・熱狂《ねっきょう》 気《き》が狂《くる》う
8	況	[キョウ]	氵 さんずい	盛況《せいきょう》・実況《じっきょう》 近況《きんきょう》・不況《ふきょう》
9	狭	(キョウ)高 [せまい] [せばめる] [せばまる]	犭 けものへん	心《こころ》が狭《せま》い 道《みち》が狭《せば》まる
10	恐	[キョウ] [おそれる] [おそろしい]	心 こころ	恐怖《きょうふ》・恐縮《きょうしゅく》 恐《おそ》れる

画数	漢字	読み	部首	用例
20	響	[キョウ] [ひびく]	音 おと	反響《はんきょう》・音響《おんきょう》 影響《えいきょう》・響《ひび》く
22	驚	[キョウ] [おどろく] [おどろかす]	馬 うま	驚異《きょうい》・驚嘆《きょうたん》 人《ひと》を驚《おどろ》かす
6	仰	[ギョウ] [コウ] [あおぐ] (おおせ)高	亻 にんべん	仰天《ぎょうてん》・信仰《しんこう》 天《てん》を仰《あお》ぐ
14 ク	駆	[ク] [かける] [かる]	馬 うまへん	駆使《くし》・駆動《くどう》 駆《か》ける
8	屈	[クツ]	尸 かばね しかばね	屈指《くっし》・屈折《くっせつ》 理屈《りくつ》・退屈《たいくつ》
11	掘	[クツ] [ほる]	扌 てへん	発掘《はっくつ》・採掘《さいくつ》 穴《あな》を掘《ほ》る
19	繰	[くる]	糸 いとへん	糸《いと》を繰《く》る 繰《く》り上《あ》げ
10 ケ	恵	[ケイ] [エ] [めぐむ]	心 こころ	恩恵《おんけい》・知恵《ちえ》 恵《めぐ》みの雨《あめ》

画数	漢字	読み	部首	用例
13	傾	[ケイ] [かたむく] [かたむける]	亻 にんべん	傾斜《けいしゃ》・傾向《けいこう》 傾斜地《けいしゃち》・傾《かたむ》く
13	継	[ケイ] [つぐ]	糸 いとへん	中継《ちゅうけい》・継続《けいぞく》 継承《けいしょう》・継《つ》ぐ
7	迎	[ゲイ] [むかえる]	辶 しんにょう しんにゅう	送迎《そうげい》・迎合《げいごう》 迎《むか》える
15	撃	[ゲキ] [うつ]	手 て	襲撃《しゅうげき》・一撃《いちげき》 撃退《げきたい》・撃《う》つ
8	肩	(ケン)高 [かた]	肉 にく	肩車《かたぐるま》 肩幅《かたはば》
10	兼	[ケン] [かねる]	八 はち	兼任《けんにん》・兼用《けんよう》 兼《か》ねる
10	剣	[ケン] [つるぎ]	刂 りっとう	剣豪《けんごう》・真剣《しんけん》 剣道《けんどう》・剣《つるぎ》
10	軒	[ケン] [のき]	車 くるまへん	軒灯《けんとう》・数軒《すうけん》 軒先《のきさき》・軒下《のきした》

12	12	13	5	9 コ	13	13	4
圏	堅	遣	玄	枯	誇	鼓	互
[ケン]	[ケン] [かたい]	[ケン] [つかう] [つかわす]	[ゲン]	[コ] [かれる] [からす]	[コ] [ほこる]	[コ] (つづみ)㊫	[ゴ] [たがい]
口 くにがまえ	土 つち	辶 しんにょう しんにゅう	玄 げん	木 きへん	言 ごんべん	鼓 つづみ	二 に
圏内《けんない》・圏外《けんがい》 大気圏《たいきけん》	堅持《けんじ》・堅実《けんじつ》 中堅《ちゅうけん》・堅《かた》い	派遣《はけん》・気遣《きづか》い 遣《つか》わす	玄関《げんかん》・玄米《げんまい》 玄武岩《げんぶがん》	枯死《こし》・枯《か》れる 木枯《こが》らし	誇示《こじ》・誇大《こだい》 誇張《こちょう》・誇《ほこ》る	鼓舞《こぶ》・鼓動《こどう》 鼓笛隊《こてきたい》	交互《こうご》・相互《そうご》 互角《ごかく》・互《たが》い

7	7	7	9	9	12	15	14
抗	攻	更	恒	荒	項	稿	豪
[コウ]	[コウ] [せめる]	[コウ] [さら] (ふける)㊫ (ふかす)㊫	[コウ]	[コウ] [あらい] [あれる] [あらす]	[コウ]	[コウ]	[ゴウ]
扌 てへん	攵 のぶん ぼくづくり	曰 ひらび いわく	忄 りっしんべん	艹 くさかんむり	頁 おおがい	禾 のぎへん	豕 ぶた いのこ
抵抗《ていこう》・対抗《たいこう》 抗体《こうたい》・抗争《こうそう》	攻略《こうりゃく》・専攻《せんこう》 攻《せ》め・攻《せ》める	更新《こうしん》・更衣室《こういしつ》 更《さら》に	恒久《こうきゅう》・恒常《こうじょう》 恒例《こうれい》・恒星《こうせい》	荒野《こうや》・荒天《こうてん》 荒《あら》い・荒波《あらなみ》	項目《こうもく》・事項《じこう》 条項《じょうこう》・要項《ようこう》	寄稿《きこう》・原稿《げんこう》 草稿《そうこう》・投稿《とうこう》	豪快《ごうかい》・豪雨《ごうう》 強豪《きょうごう》・文豪《ぶんごう》

5	11	18 サ	11	13	13	10	9
込	婚	鎖	彩	歳	載	剤	咲
[こむ] [こめる]	[コン]	[サ] [くさり]	[サイ] (いろどる)㊫	[サイ] [セイ]	[サイ] [のせる] [のる]	[ザイ]	[さく]
辶 しんにょう しんにゅう	女 おんなへん	金 かねへん	彡 さんづくり	止 とめる	車 くるま	刂 りっとう	口 くちへん
見込《みこ》み 込《こ》む・込《こ》める	婚礼《こんれい》・婚約《こんやく》 結婚《けっこん》・求婚《きゅうこん》	閉鎖《へいさ》・連鎖《れんさ》 鎖骨《さこつ》・鎖《くさり》	彩光《さいこう》・水彩《すいさい》 彩色《さいしき(さいしょく)》	歳月《さいげつ》・歳入《さいにゅう》 歳末《さいまつ》・歳暮《せいぼ》	記載《きさい》・連載《れんさい》 積載《せきさい》・載《の》る	薬剤《やくざい》・洗剤《せんざい》 下剤《げざい》・調剤《ちょうざい》	早咲《はやざ》き 桜《さくら》が咲《さ》く

画数	漢字	読み	部首	用例
11	惨	[サン] (ザン)高 (みじめ)高	忄 りっしんべん	悲惨《ひさん》・惨状《さんじょう》 惨事《さんじ》・惨劇《さんげき》
6	旨	[シ] (むね)高	日 ひ	主旨《しゅし》・要旨《ようし》 趣旨《しゅし》・論旨《ろんし》
7	伺	(シ)高 [うかがう]	亻 にんべん	進退《しんたい》を伺《うかが》う
8	刺	[シ] [さす] [ささる]	刂 りっとう	名刺《めいし》・刺激《しげき》 風刺《ふうし》・刺《さ》す
10	脂	[シ] [あぶら]	月 にくづき	脂肪《しぼう》・油脂《ゆし》 脂《あぶら》・脂汗《あぶらあせ》
12	紫	[シ] [むらさき]	糸 いと	紫煙《しえん》・紫外線《しがいせん》 紫色《むらさきいろ》の着物《きもの》
14	雌	[シ] [め] [めす]	隹 ふるとり	雌雄《しゆう》 雌花《めばな》・雌犬《めすいぬ》
11	執	[シツ] [シュウ] [とる]	土 つち	執筆《しっぴつ》・執刀《しっとう》 執念《しゅうねん》・執《と》る
6	芝	[しば]	艹 くさかんむり	芝草《しばくさ》・芝刈《しばか》り 芝居《しばい》・芝生《しばふ》
11	斜	[シャ] [ななめ]	斗 とます	斜面《しゃめん》・傾斜《けいしゃ》 斜線《しゃせん》・斜《なな》め
12	煮	(シャ)高 [にる] [にえる] [にやす]	灬 れんが れっか	煮物《にもの》・甘露煮《かんろに》 煮豆《にまめ》・煮《に》る
11	釈	[シャク]	釆 のごめへん	釈明《しゃくめい》・釈放《しゃくほう》 釈然《しゃくぜん》・解釈《かいしゃく》
11	寂	[ジャク] (セキ)高 [さび] [さびしい] [さびれる]	宀 うかんむり	静寂《せいじゃく》・寂《さび》しい 寂《さび》れる
6	朱	[シュ]	木 き	朱色《しゅいろ》・朱肉《しゅにく》 朱筆《しゅひつ》
9	狩	[シュ] [かる] [かり]	犭 けものへん	狩猟《しゅりょう》 狩《か》り・狩《か》る
15	趣	[シュ] [おもむき]	走 そうにょう	趣味《しゅみ》・雅趣《がしゅ》 趣意《しゅい》・趣《おもむき》
14	需	[ジュ]	雨 あめかんむり	需要《じゅよう》・需給《じゅきゅう》 内需《ないじゅ》・必需品《ひつじゅひん》
6	舟	[シュウ] [ふね] [ふな]	舟 ふね	舟航《しゅうこう》・舟運《しゅううん》 小舟《こぶね》・舟歌《ふなうた》
7	秀	[シュウ] (ひいでる)高	禾 のぎ	秀作《しゅうさく》・秀才《しゅうさい》 優秀《ゆうしゅう》・秀麗《しゅうれい》
22	襲	[シュウ] [おそう]	衣 ころも	襲撃《しゅうげき》・踏襲《とうしゅう》 襲名《しゅうめい》・襲《おそ》う
9	柔	[ジュウ] [ニュウ] [やわらか] [やわらかい]	木 き	柔順《じゅうじゅん》・柔和《にゅうわ》 柔《やわ》らかい感触《かんしょく》
16	獣	[ジュウ] [けもの]	犬 いぬ	獣医《じゅうい》・珍獣《ちんじゅう》 猛獣《もうじゅう》・獣道《けものみち》
18	瞬	[シュン] (またたく)高	目 めへん	瞬間《しゅんかん》・瞬時《しゅんじ》 一瞬《いっしゅん》
6	旬	[ジュン] [シュン]	日 ひ	上旬《じょうじゅん》・初旬《しょじゅん》 旬《しゅん》の野菜《やさい》

漢字	画数	読み	部首	部首名	用例
巡	6	[ジュン] [めぐる]	巛	かわ	巡回《じゅんかい》・巡業《じゅんぎょう》 島《しま》を巡《めぐ》る
盾	9	[ジュン] [たて]	目	め	矛盾《むじゅん》 後《うし》ろ盾《だて》
召	5	[ショウ] [めす]	口	くち	召集《しょうしゅう》・召致《しょうち》 お気《き》に召《め》す
床	7	[ショウ] [とこ] [ゆか]	广	まだれ	病床《びょうしょう》・起床《きしょう》 床下《ゆかした》・寝床《ねどこ》
沼	8	(ショウ)高 [ぬま]	氵	さんずい	沼地《ぬまち》
称	10	[ショウ]	禾	のぎへん	通称《つうしょう》・敬称《けいしょう》 称《しょう》される
紹	11	[ショウ]	糸	いとへん	紹介《しょうかい》
詳	13	[ショウ] [くわしい]	言	ごんべん	詳細《しょうさい》・不詳《ふしょう》 詳報《しょうほう》・詳《くわ》しい
丈	3	[ジョウ] [たけ]	一	いち	気丈《きじょう》・丈夫《じょうぶ》 丈《たけ》・背丈《せたけ》
畳	12	[ジョウ] [たたむ] [たたみ]	田	た	半畳《はんじょう》・重畳《ちょうじょう》 畳《たたみ》
殖	12	[ショク] [ふえる] [ふやす]	歹	かばねへん いちたへん がつへん	増殖《ぞうしょく》・殖産《しょくさん》 繁殖《はんしょく》・殖《ふ》える
飾	13	[ショク] [かざる]	飠	しょくへん	服飾《ふくしょく》・装飾《そうしょく》 髪飾《かみかざ》り
触	13	[ショク] [ふれる] [さわる]	角	つのへん	感触《かんしょく》・触覚《しょっかく》 抵触《ていしょく》・触《ふ》れる
侵	9	[シン] [おかす]	亻	にんべん	侵入《しんにゅう》・侵害《しんがい》 権利《けんり》を侵《おか》す
振	10	[シン] [ふる] [ふるう] [ふれる]	扌	てへん	不振《ふしん》・振幅《しんぷく》 振《ふ》る・羽振《はぶ》り
浸	10	[シン] [ひたす] [ひたる]	氵	さんずい	浸透《しんとう》・浸《ひた》す 浸《ひた》る・水浸《みずびた》し
寝	13	[シン] [ねる] [ねかす]	宀	うかんむり	就寝《しゅうしん》・寝室《しんしつ》 寝坊《ねぼう》・寝汗《ねあせ》
慎	13	[シン] [つつしむ]	忄	りっしんべん	慎重《しんちょう》 行《おこな》いを慎《つつし》む
震	15	[シン] [ふるう] [ふるえる]	雨	あめかんむり	余震《よしん》・震災《しんさい》 震《ふる》える
薪	16	[シン] [たきぎ]	艹	くさかんむり	薪炭《しんたん》 薪能《たきぎのう》
尽	6	[ジン] [つくす] [つきる] [つかす]	尸	かばね しかばね	尽力《じんりょく》・無尽《むじん》 力《ちから》が尽《つ》きる
陣	10	[ジン]	阝	こざとへん	円陣《えんじん》・陣営《じんえい》 出陣《しゅつじん》・敵陣《てきじん》
尋	12	[ジン] [たずねる]	寸	すん	尋問《じんもん》・尋常《じんじょう》 道《みち》を尋《たず》ねる
吹	7 ス	[スイ] [ふく]	口	くちへん	吹奏《すいそう》・吹雪《ふぶき》 吹《ふ》く

索引	画数	漢字	読み	部首	用例
セ	9	是	[ゼ]	日 ひ	是正《ぜせい》・是認《ぜにん》 是非《ぜひ》・国是《こくぜ》
	8	姓	[セイ] [ショウ]	女 おんなへん	同姓《どうせい》・別姓《べっせい》 姓《せい》
	8	征	[セイ]	彳 ぎょうにんべん	征服《せいふく》・遠征《えんせい》 出征《しゅっせい》
	13	跡	[セキ] [あと]	𧾷 あしへん	追跡《ついせき》・軌跡《きせき》 奇跡《きせき》・傷跡《きずあと》
	5	占	[セン] [しめる] [うらなう]	ト と うらない	独占《どくせん》・占領《せんりょう》 占《し》める・占《うらな》う
	10	扇	[セン] [おうぎ]	戸 とだれ とかんむり	扇子《せんす》 扇形《おうぎがた》
	17	鮮	[セン] [あざやか]	魚 うおへん	新鮮《しんせん》・鮮明《せんめい》 鮮《あざ》やか
ソ	12	訴	[ソ] [うったえる]	言 ごんべん	提訴《ていそ》・起訴《きそ》 訴《うった》える
	13	僧	[ソウ]	亻 にんべん	僧院《そういん》・僧職《そうしょく》 高僧《こうそう》・名僧《めいそう》
	17	燥	[ソウ]	火 ひへん	乾燥《かんそう》・高燥《こうそう》
	18	騒	[ソウ] [さわぐ]	馬 うまへん	騒音《そうおん》・騒然《そうぜん》 騒《さわ》ぐ・胸騒《むなさわ》ぎ
	18	贈	[ゾウ] [ソウ] [おくる]	貝 かいへん	贈与《ぞうよ》・贈答《ぞうとう》 贈《おく》る
	7	即	[ソク]	卩 わりふ ふしづくり	即座《そくざ》・即決《そっけつ》 即答《そくとう》・即席《そくせき》
	9	俗	[ゾク]	亻 にんべん	民俗《みんぞく》・風俗《ふうぞく》 通俗《つうぞく》・俗悪《ぞくあく》
タ	9	耐	[タイ] [たえる]	而 しかして しこうして	耐久《たいきゅう》・耐震《たいしん》 耐《た》える
	12	替	[タイ] [かえる] [かわる]	曰 ひらび いわく	交替《こうたい》・代替《だいたい》 日替《ひが》わり
	7	沢	[タク] [さわ]	氵 さんずい	沢山《たくさん》・光沢《こうたく》 沢登《さわのぼ》り
	8	拓	[タク]	扌 てへん	開拓《かいたく》・干拓《かんたく》 拓殖《たくしょく》・魚拓《ぎょたく》
	16	濁	[ダク] [にごる] [にごす]	氵 さんずい	汚濁《おだく》・濁音《だくおん》 濁《にご》る・濁《にご》す
	11	脱	[ダツ] [ぬぐ] [ぬげる]	月 にくづき	脱皮《だっぴ》・脱落《だつらく》 脱却《だっきゃく》・脱《ぬ》ぐ
	4	丹	[タン]	丶 てん	丹念《たんねん》・丹精《たんせい》 丹頂《たんちょう》
	11	淡	[タン] [あわい]	氵 さんずい	濃淡《のうたん》・淡水《たんすい》 枯淡《こたん》・淡《あわ》い
	13	嘆	[タン] [なげく] [なげかわしい]	口 くちへん	悲嘆《ひたん》・驚嘆《きょうたん》 嘆《なげ》かわしい
	14	端	[タン] [はし] [(は)(高)] [はた]	立 たつへん	端正《たんせい》・先端《せんたん》 端末《たんまつ》・端《はし》

12	弾	[ダン][ひく][はずむ][たま]	弓 ゆみへん	弾圧《だんあつ》・弾力《だんりょく》 弾《はず》む
チ 10	恥	[チ][はじる][はじ][はじらう][はずかしい]	心 こころ	恥《はじ》・恥《は》じる 恥《は》ずかしい
10	致	[チ][いたす]	至 いたる	一致《いっち》・合致《がっち》 招致《しょうち》・致《いた》す
12	遅	[チ][おくれる][おくらす][おそい]	辶 しんにょう しんにゅう	遅延《ちえん》・遅刻《ちこく》 遅咲《おそざ》き・遅《おそ》い
13	蓄	[チク][たくわえる]	艹 くさかんむり	含蓄《がんちく》・備蓄《びちく》 蓄積《ちくせき》・蓄《たくわ》える
13	跳	[チョウ][はねる][とぶ]	𧾷 あしへん	跳躍《ちょうやく》・跳馬《ちょうば》 跳《は》ねる・跳《と》ぶ
14	徴	[チョウ]	彳 ぎょうにんべん	象徴《しょうちょう》・徴収《ちょうしゅう》 特徴《とくちょう》・徴候《ちょうこう》
15	澄	(チョウ)高 [すむ][すます]	氵 さんずい	空《そら》が澄《す》む 澄《す》まし顔《がお》
7	沈	[チン][しずむ][しずめる]	氵 さんずい	沈着《ちんちゃく》・沈黙《ちんもく》 沈殿《ちんでん》・沈《しず》む
9	珍	[チン][めずらしい]	王 おうへん たまへん	珍妙《ちんみょう》・珍獣《ちんじゅう》 珍《めずら》しい
テ 8	抵	[テイ]	扌 てへん	抵触《ていしょく》・抵抗《ていこう》 抵当《ていとう》・大抵《たいてい》
12	堤	[テイ][つつみ]	土 つちへん	堤防《ていぼう》・防波堤《ぼうはてい》 堤《つつみ》が切《き》れた
14	摘	[テキ][つむ]	扌 てへん	摘出《てきしゅつ》・摘発《てきはつ》 花《はな》を摘《つ》む
14	滴	[テキ][しずく](したたる)高	氵 さんずい	一滴《いってき》・水滴《すいてき》 雨《あめ》の滴《しずく》
11	添	[テン][そえる][そう]	氵 さんずい	添乗《てんじょう》・添加物《てんかぶつ》 添《そ》える
13	殿	[デン][テン][との][どの]	殳 るまた ほこづくり	殿堂《でんどう》・沈殿《ちんでん》 御殿《ごてん》・殿様《とのさま》
ト 6	吐	[ト][はく]	口 くちへん	吐露《とろ》・吐息《といき》 吐《は》く
10	途	[ト]	辶 しんにょう しんにゅう	途上《とじょう》・途中《とちゅう》 帰途《きと》・別途《べっと》
12	渡	[ト][わたる][わたす]	氵 さんずい	渡航《とこう》・渡《わた》す 渡《わた》し船《ぶね》
5	奴	[ド]	女 おんなへん	奴隷《どれい》・農奴《のうど》 売国奴《ばいこくど》
9	怒	[ド][いかる][おこる]	心 こころ	怒号《どごう》・激怒《げきど》 怒《いか》り
8	到	[トウ]	刂 りっとう	到着《とうちゃく》・到達《とうたつ》 殺到《さっとう》・周到《しゅうとう》
9	逃	[トウ][にげる][にがす][のがす][のがれる]	辶 しんにょう しんにゅう	逃避《とうひ》・逃走《とうそう》 逃亡《とうぼう》 逃《に》げる 逃《に》げ去《さ》る

画数	漢字	読み	部首	用例
10	倒	[トウ] [たおれる] [たおす]	イ にんべん	倒壊《とうかい》・倒産《とうさん》 打倒《だとう》・倒《たお》れる
10	唐	[トウ] [から]	口 くち	唐突《とうとつ》・遣唐使《けんとうし》 唐紙《からかみ》・唐草《からくさ》
10	桃	[トウ] [もも]	木 きへん	白桃《はくとう》・桃源郷《とうげんきょう》 桃《もも》の節句《せっく》
10	透	[トウ] [すく] [すかす] [すける]	辶 しんにょう しんにゅう	透明《とうめい》・透写《とうしゃ》 透《す》き間《ま》
11	盗	[トウ] [ぬすむ]	皿 さら	盗難《とうなん》・盗掘《とうくつ》 盗《ぬす》む
12	塔	[トウ]	土 つちへん	塔《とう》・金字塔《きんじとう》 五重塔《ごじゅうのとう》
14	稲	[トウ] [いね] [いな]	禾 のぎへん	水稲《すいとう》・稲作《いなさく》 稲刈《いねか》り
15	踏	[トウ] [ふむ] [ふまえる]	足 あしへん	踏襲《とうしゅう》・未踏《みとう》 踏《ふ》む・足踏《あしぶ》み
18	闘	[トウ] [たたかう]	門 もんがまえ	戦闘《せんとう》・闘志《とうし》 闘《たたか》う・闘《たたか》い
10	胴	[ドウ]	月 にくづき	胴《どう》・胴上《どうあ》げ 胴回《どうまわ》り
9	峠	[とうげ]	山 やまへん	峠道《とうげみち》 峠《とうげ》を越《こ》す
8	突	[トツ] [つく]	穴 あなかんむり	突入《とつにゅう》・突進《とっしん》 突拍子《とっぴょうし》・突《つ》く
12	鈍	[ドン] [にぶい] [にぶる]	金 かねへん	鈍角《どんかく》・鈍痛《どんつう》 決意《けつい》が鈍《にぶ》る
16	曇	[ドン] [くもる]	日 ひ	曇天《どんてん》 薄曇《うすぐも》り
6 ニ	弐	[ニ]	弋 しきがまえ	弐円《にえん》 弐千円《にせんえん》
10 ノ	悩	[ノウ] [なやむ] [なやます]	忄 りっしんべん	苦悩《くのう》・悩《なや》み 悩《なや》ましい
16	濃	[ノウ] [こい]	氵 さんずい	濃度《のうど》・濃縮《のうしゅく》 濃霧《のうむ》・濃《こ》い
8 ハ	杯	[ハイ] [さかずき]	木 きへん	一杯《いっぱい》・金杯《きんぱい》 杯《さかずき》を交《か》わす
15	輩	[ハイ]	車 くるま	輩出《はいしゅつ》・先輩《せんぱい》 同輩《どうはい》
8	拍	[ハク] [ヒョウ]	扌 てへん	脈拍《みゃくはく》・拍手《はくしゅ》 三拍子《さんびょうし》
8	泊	[ハク] [とまる] [とめる]	氵 さんずい	宿泊《しゅくはく》・外泊《がいはく》 宿《やど》に泊《と》まる
8	迫	[ハク] [せまる]	辶 しんにょう しんにゅう	迫力《はくりょく》・圧迫《あっぱく》 出発《しゅっぱつ》が迫《せま》る
16	薄	[ハク] [うすい] [うすめる] [うすまる] [うすらぐ] [うすれる]	艹 くさかんむり	薄情《はくじょう》・薄利《はくり》 軽薄《けいはく》・希薄《きはく》 薄《うす》い・薄味《うすあじ》

画数	漢字	読み	部首	部首名	用例
19	爆	[バク]	火	ひへん	爆発《ばくはつ》・爆音《ばくおん》 爆薬《ばくやく》・自爆《じばく》
14	髪	[ハツ] [かみ]	髟	かみがしら	散髪《さんぱつ》・頭髪《とうはつ》 間一髪《かんいっぱつ》・髪《かみ》
7	抜	[バツ] [ぬく] [ぬける] [ぬかす] [ぬかる]	扌	てへん	選抜《せんばつ》・奇抜《きばつ》 抜《ぬ》く・腰抜《こしぬ》け
14	罰	[バツ] [バチ]	罒	あみがしら あみめ よこめ	罰金《ばっきん》・体罰《たいばつ》 罰当《ばちあ》たり
10	般	[ハン]	舟	ふねへん	一般《いっぱん》・全般《ぜんぱん》 今般《こんぱん》・先般《せんぱん》
11	販	[ハン]	貝	かいへん	販売《はんばい》・販路《はんろ》 市販《しはん》
13	搬	[ハン]	扌	てへん	搬入《はんにゅう》・搬送《はんそう》 運搬《うんぱん》
15	範	[ハン]	⺮	たけかんむり	範囲《はんい》・広範《こうはん》 師範《しはん》・規範《きはん》
16	繁	[ハン]	糸	いと	繁栄《はんえい》・繁雑《はんざつ》 繁忙《はんぼう》・繁茂《はんも》
15	盤	[バン]	皿	さら	序盤《じょばん》・円盤《えんばん》 終盤《しゅうばん》・盤石《ばんじゃく》
8 ヒ	彼	[ヒ] [かれ] [かの]	彳	ぎょうにんべん	彼岸《ひがん》 彼《かれ》ら・彼女《かのじょ》
10	疲	[ヒ] [つかれる]	疒	やまいだれ	疲労《ひろう》・気疲《きづか》れ 疲《つか》れた顔《かお》
10	被	[ヒ] [こうむる]	衤	ころもへん	被害《ひがい》・被告《ひこく》 損害《そんがい》を被《こうむ》る
16	避	[ヒ] [さける]	辶	しんにょう しんにゅう	避難《ひなん》・回避《かいひ》 暑《あつ》さを避《さ》ける
7	尾	[ビ] [お]	尸	かばね しかばね	尾翼《びよく》・首尾《しゅび》 尾根《おね》
13	微	[ビ]	彳	ぎょうにんべん	微妙《びみょう》・微力《びりょく》 微細《びさい》・微風《びふう》
4	匹	[ヒツ] [ひき]	匚	かくしがまえ	匹敵《ひってき》 一匹《いっぴき》
11	描	[ビョウ] [えがく] [かく]	扌	てへん	描写《びょうしゃ》・素描《そびょう》 花《はな》を描《えが(か)》く
10	浜	[ヒン] [はま]	氵	さんずい	海浜《かいひん》・京浜《けいひん》 浜辺《はまべ》・砂浜《すなはま》
10	敏	[ビン]	攵	のぶん ぼくづくり	過敏《かびん》・敏速《びんそく》 機敏《きびん》・鋭敏《えいびん》
8 フ	怖	[フ] [こわい]	忄	りっしんべん	恐怖《きょうふ》 怖《こわ》い顔《かお》
10	浮	[フ] [うく] [うかれる] [うかぶ] [うかべる]	氵	さんずい	浮沈《ふちん》・浮力《ふりょく》 水《みず》に浮《う》く
12	普	[フ]	日	ひ	普通《ふつう》・普及《ふきゅう》 普段《ふだん》
14	腐	[フ] [くさる] [くされる] [くさらす]	肉	にく	腐食《ふしょく》・豆腐《とうふ》 腐敗《ふはい》・腐《くさ》る

見出し	画数	漢字	読み	部首	用例
	15	敷	(フ)高 [しく]	攵 のぶん ぼくづくり	敷布《しきふ》・屋敷《やしき》 ふとんを敷《し》く
	15	膚	[フ]	肉 にく	皮膚《ひふ》・完膚《かんぷ》
	15	賦	[フ]	貝 かいへん	賦与《ふよ》 月賦《げっぷ》・天賦《てんぷ》
	15	舞	[ブ] [まう] [まい]	舛 まいあし	舞台《ぶたい》・乱舞《らんぶ》 舞《ま》う・見舞《みま》い
	12	幅	[フク] [はば]	巾 はばへん きんべん	全幅《ぜんぷく》・増幅《ぞうふく》 歩幅《ほはば》・道幅《みちはば》
	5	払	(フツ)高 [はらう]	扌 てへん	前払《まえばら》い 支払《しはら》い
	15	噴	[フン] [ふく]	口 くちへん	噴出《ふんしゅつ》・噴火《ふんか》 火《ひ》を噴《ふ》く
ヘ	9	柄	(ヘイ)高 [がら] [え]	木 きへん	大柄《おおがら》・家柄《いえがら》 柄物《がらもの》・かさの柄《え》
	16	壁	[ヘキ] [かべ]	土 つち	岸壁《がんぺき》・壁画《へきが》 鉄壁《てっぺき》・壁紙《かべがみ》
ホ	10	捕	[ホ] [とらえる] [とらわれる] [とる] [つかまえる] [つかまる]	扌 てへん	捕手《ほしゅ》・捕獲《ほかく》 犯人《はんにん》を捕《と》らえる 捕《つか》まえる
	15	舗	[ホ]	舌 した	舗道《ほどう》・舗装《ほそう》 店舗《てんぽ》・本舗《ほんぽ》
	8	抱	[ホウ] [だく] [いだく] [かかえる]	扌 てへん	抱負《ほうふ》・介抱《かいほう》 抱《いだ》く・抱《かか》える
	10	峰	[ホウ] [みね]	山 やまへん	主峰《しゅほう》・秀峰《しゅうほう》 富士《ふじ》の峰《みね》
	10	砲	[ホウ]	石 いしへん	砲火《ほうか》・砲丸《ほうがん》 大砲《たいほう》・鉄砲《てっぽう》
	6	忙	[ボウ] [いそがしい]	忄 りっしんべん	多忙《たぼう》・忙殺《ぼうさつ》 忙《いそが》しい
	7	坊	[ボウ] [ボッ]	土 つちへん	坊門《ぼうもん》・宿坊《しゅくぼう》 坊《ぼっ》ちゃん
	8	肪	[ボウ]	月 にくづき	脂肪《しぼう》
	9	冒	[ボウ] [おかす]	曰 ひらび いわく	冒険《ぼうけん》・感冒《かんぼう》 肺《はい》が冒《おか》される
	12	傍	[ボウ] (かたわら)高	亻 にんべん	傍観《ぼうかん》・路傍《ろぼう》 傍受《ぼうじゅ》・傍証《ぼうしょう》
	12	帽	[ボウ]	巾 はばへん きんべん	帽子《ぼうし》・帽章《ぼうしょう》 学帽《がくぼう》・脱帽《だつぼう》
	3	凡	[ボン] (ハン)高	几 つくえ	凡才《ぼんさい》・凡人《ぼんじん》 平凡《へいぼん》・非凡《ひぼん》
	9	盆	[ボン]	皿 さら	盆地《ぼんち》・盆石《ぼんせき》 盆踊《ぼんおど》り
マ	14	慢	[マン]	忄 りっしんべん	慢心《まんしん》・慢性《まんせい》 我慢《がまん》・高慢《こうまん》

画数	漢字	読み	部首	部首名	用例
14	漫	[マン]	氵	さんずい	散漫《さんまん》・漫然《まんぜん》 漫画《まんが》・漫才《まんざい》
7 ミ	妙	[ミョウ]	女	おんなへん	妙案《みょうあん》・妙技《みょうぎ》 奇妙《きみょう》・巧妙《こうみょう》
10	眠	[ミン] [ねむる] [ねむい]	目	めへん	安眠《あんみん》・冬眠《とうみん》 眠気《ねむけ》・眠《ねむ》り薬《ぐすり》
5 ム	矛	[ム] [ほこ]	矛	ほこ	矛盾《むじゅん》 矛先《ほこさき》
19	霧	[ム] [きり]	雨	あめかんむり	霧散《むさん》・霧氷《むひょう》 濃霧《のうむ》・夜霧《よぎり》
10	娘	[むすめ]	女	おんなへん	娘心《むすめごころ》 箱《はこ》入《い》り娘《むすめ》
8 モ	茂	[モ] [しげる]	艹	くさかんむり	繁茂《はんも》 茂《しげ》る・茂《しげ》み
11	猛	[モウ]	犭	けものへん	猛威《もうい》・猛烈《もうれつ》 猛獣《もうじゅう》・勇猛《ゆうもう》
14	網	[モウ] [あみ]	糸	いとへん	連絡網《れんらくもう》 網目《あみめ》・網元《あみもと》
15	黙	[モク] [だまる]	黒	くろ	暗黙《あんもく》・沈黙《ちんもく》 黙読《もくどく》・黙《だま》る
10	紋	[モン]	糸	いとへん	紋章《もんしょう》・紋付《もんつ》き 家紋《かもん》・指紋《しもん》
21 ヤ	躍	[ヤク] [おどる]	足	あしへん	躍進《やくしん》・活躍《かつやく》 胸《むね》が躍《おど》る
12 ユ	雄	[ユウ] [お] [おす]	隹	ふるとり	雄大《ゆうだい》・英雄《えいゆう》 雄花《おばな》・雄犬《おすいぬ》
3 ヨ	与	[ヨ] [あたえる]	一	いち	贈与《ぞうよ》・寄与《きよ》 与《あた》える
13	誉	[ヨ] [ほまれ]	言	げん	名誉《めいよ》・栄誉《えいよ》 誉《ほま》れが高《たか》い
13	溶	[ヨウ] [とける] [とかす] [とく]	氵	さんずい	溶液《ようえき》・溶解《ようかい》 溶《と》く・溶《と》ける
13	腰	(ヨウ)高 [こし]	月	にくづき	本腰《ほんごし》 弱腰《よわごし》
14	踊	[ヨウ] [おどる] [おどり]	足	あしへん	舞踊《ぶよう》・踊《おど》り子《こ》 盆踊《ぼんおど》り
16	謡	[ヨウ] (うたい)高 (うたう)高	言	ごんべん	謡曲《ようきょく》・民謡《みんよう》 歌謡《かよう》・童謡《どうよう》
17	翼	[ヨク] [つばさ]	羽	はね	尾翼《びよく》・主翼《しゅよく》 翼《つばさ》を広《ひろ》げる
13 ラ	雷	[ライ] [かみなり]	雨	あめかんむり	落雷《らくらい》・雷雨《らいう》 春雷《しゅんらい》・雷《かみなり》
16	頼	[ライ] [たのむ] [たのもしい] [たよる]	頁	おおがい	信頼《しんらい》・依頼《いらい》 頼《たの》む・頼《たよ》り
12	絡	[ラク] (からむ)高 (からまる)高 (からめる)高	糸	いとへん	脈絡《みゃくらく》・連絡《れんらく》 指《ゆび》を絡《から》める
20	欄	[ラン]	木	きへん	欄外《らんがい》・欄干《らんかん》 空欄《くうらん》・投書欄《とうしょらん》

行	画数	漢字	読み	部首	部首名	用例
リ	18	離	[リ] [はなれる] [はなす]	隹	ふるとり	離陸《りりく》・分離《ぶんり》 離脱《りだつ》・離《はな》す
	11	粒	[リュウ] [つぶ]	米	こめへん	粒子《りゅうし》・粒状《りゅうじょう》 米粒《こめつぶ》・豆粒《まめつぶ》
	15	慮	[リョ]	心	こころ	遠慮《えんりょ》・配慮《はいりょ》 考慮《こうりょ》・熟慮《じゅくりょ》
	17	療	[リョウ]	疒	やまいだれ	療法《りょうほう》・療養《りょうよう》 医療《いりょう》・治療《ちりょう》
	16	隣	[リン] [となる] [となり]	阝	こざとへん	隣人《りんじん》・隣接《りんせつ》 隣《となり》の家《いえ》
ル	10	涙	[ルイ] [なみだ]	氵	さんずい	感涙《かんるい》・落涙《らくるい》 涙声《なみだごえ》
レ	16	隷	[レイ]	隶	れいづくり	奴隷《どれい》・隷属《れいぞく》
	17	齢	[レイ]	歯	はへん	年齢《ねんれい》・高齢《こうれい》 老齢《ろうれい》・妙齢《みょうれい》
	19	麗	[レイ] (うるわしい)㊫	鹿	しか	麗人《れいじん》・麗筆《れいひつ》 秀麗《しゅうれい》・美麗《びれい》
	14	暦	[レキ] [こよみ]	日	ひ	旧暦《きゅうれき》・西暦《せいれき》 暦《こよみ》をめくる
	6	劣	[レツ] [おとる]	力	ちから	優劣《ゆうれつ》・劣等感《れっとうかん》 劣《おと》る・見劣《みおと》り
	10	烈	[レツ]	灬	れんが れっか	強烈《きょうれつ》・熱烈《ねつれつ》 烈火《れっか》・鮮烈《せんれつ》
	10	恋	[レン] [こう] [こい] [こいしい]	心	こころ	悲恋《ひれん》・恋愛《れんあい》 恋人《こいびと》・恋《こい》しい
ロ	21	露	[ロ] [ロウ] [つゆ]	雨	あめかんむり	露出《ろしゅつ》・露骨《ろこつ》 甘露煮《かんろに》・朝露《あさつゆ》
	9	郎	[ロウ]	阝	おおざと	新郎《しんろう》・郎党《ろうとう》 野郎《やろう》
ワ	12	惑	[ワク] [まどう]	心	こころ	惑星《わくせい》・迷惑《めいわく》 戸惑《とまど》う
	12	腕	[ワン] [うで]	月	にくづき	手腕《しゅわん》・腕力《わんりょく》 腕《うで》・腕前《うでまえ》

資料1

重要な熟字訓・当て字

「読み」や「書き取り」などでは、熟字訓・当て字の問題もよく出題されます。

使い方▶赤シートをあてて、読みのテストをしましょう。漢字の上に＊のついたものは、主に中学校で学ぶものです。とくにしっかり覚えましょう。

漢字	読み
明日	あす
＊小豆	あずき
＊意気地	いくじ
＊田舎	いなか
＊海原	うなばら
＊乳母	うば
＊浮つく	うわつく
＊笑顔	えがお
大人	おとな
＊お巡りさん	おまわりさん
母さん	かあさん
＊仮名	かな
＊為替	かわせ
河原・川原	かわら
昨日	きのう
今日	きょう
果物	くだもの
今朝	けさ
景色	けしき
＊心地	ここち
今年	ことし
＊差し支える	さしつかえる
＊五月	さつき
＊五月雨	さみだれ
＊時雨	しぐれ
＊竹刀	しない
＊老舗	しにせ
＊芝生	しばふ
清水	しみず
＊三味線	しゃみせん
＊砂利	じゃり
上手	じょうず
＊白髪	しらが
＊太刀	たち
＊立ち退く	たちのく
七夕	たなばた
一日	ついたち
＊梅雨	つゆ
手伝う	てつだう
父さん	とうさん
時計	とけい
友達	ともだち
＊名残	なごり
兄さん	にいさん
姉さん	ねえさん
博士	はかせ
＊二十・二十歳	はたち
二十日	はつか
＊波止場	はとば
一人	ひとり
＊日和	ひより
二人	ふたり
二日	ふつか
＊吹雪	ふぶき
下手	へた
部屋	へや
迷子	まいご
真面目	まじめ
真っ赤	まっか
真っ青	まっさお
＊土産	みやげ
＊息子	むすこ
眼鏡	めがね
＊紅葉	もみじ
＊木綿	もめん
＊最寄り	もより
八百屋	やおや
＊大和	やまと
＊行方	ゆくえ
＊若人	わこうど

資料2

重要な 特別な読み

4級以上で出題される特別な音読み・訓読みを集めました。

使い方▼文章に赤シートをあてて、大きくなっている部分の漢字の読みを覚えましょう。

- ☐父の**遺言**《ゆいごん》を実行する。
- ☐**仮病**《けびょう》で学校を休む。
- ☐**夏至**《げし》は最も日中が長い。
- ☐**街道**《かいどう》沿いの店に行く。
- ☐何となく**胸騒**《むなさわ》ぎがする。
- ☐**境内**《けいだい》にハトが集まる。
- ☐新興宗教を**信仰**《しんこう》する。
- ☐**真紅**《しんく》の服がよく似合う。

- ☐街が**黄金**《こがね》色に輝く。
- ☐恩師にお**歳暮**《せいぼ》を贈る。
- ☐**財布**《さいふ》を家に忘れる。
- ☐父は**小児科**《しょうにか》医だ。
- ☐実家は**舟宿**《ふなやど》を経営している。
- ☐夏休みは寺で**修行**《しゅぎょう》する。
- ☐**出納**《すいとう》係に選出される。
- ☐**旬**《しゅん》の野菜を選んで食べる。

- ☐**神主**《かんぬし》に神社の話を聞く。
- ☐**仁王**《におう》立ちで見守る。
- ☐わが家は**天井**《てんじょう》が高い。
- ☐**声色**《こわいろ》を変えて話す。
- ☐明けの**明星**《みょうじょう》は東の空に輝く。
- ☐歌手を目ざして**精進**《しょうじん》する。
- ☐**静脈**《じょうみゃく》は血液を心臓にもどす。
- ☐**石高**《こくだか》は土地を評価する単位。
- ☐**今昔**《こんじゃく》物語は平安時代の説話集だ。
- ☐隠し事は**一切**《いっさい》ない。
- ☐新作ソフトを**早速**《さっそく》試す。
- ☐新刊を**寄贈**《きぞう》する。
- ☐有名画家の**弟子**《でし》になる。

- ☐夕食の**支度**《したく》をする。
- ☐この地域は**稲作**《いなさく》が盛んだ。
- ☐**内裏**《だいり》は天皇のいる御殿だ。
- ☐朝食に**納豆**《なっとう》は欠かせない。
- ☐**拍子**《ひょうし》記号を覚える。
- ☐**呉**《ご》服店で**反物**《たんもの》を選ぶ。
- ☐**彼女**《かのじょ》は時間に正確だ。
- ☐収納スペースを**工夫**《くふう》する。
- ☐**坊**《ぼっ》ちゃんは呼び名だ。
- ☐隠された秘密を**暴露**《ばくろ》する。
- ☐このままでは**面目**《めんぼく》が立たない。※「めんもく」とも読む
- ☐新作を**披露**《ひろう》する。

資料3 よく出る 部首の問題

漢字検定4級に出題される可能性が高い、要注意の漢字です。

使い方▼部首と部首名に赤シートをあてながら覚えましょう。

漢字	部首	部首名
壱	士	さむらい
影	彡	さんづくり
奥	大	だい
彩	彡	さんづくり
殿	殳	るまた ほこづくり
誉	言	げん
扇	戸	とだれ とかんむり
罰	罒	あみがしら あみめ よこめ
戯	戈	ほこづくり ほこがまえ
載	車	くるま
趣	走	そうにょう
盾	目	め
畳	田	た
突	穴	あなかんむり
尾	尸	かばね しかばね
翼	羽	はね
威	女	おんな
鬼	鬼	おに
豪	豕	ぶた いのこ
朱	木	き
療	疒	やまいだれ
釈	釆	のごめへん
衛	行	ぎょうがまえ ゆきがまえ
脚	月	にくづき
項	頁	おおがい
歳	止	とめる
煮	灬	れんが れっか
是	日	ひ
窓	穴	あなかんむり
曇	日	ひ
疲	疒	やまいだれ
烈	灬	れんが れっか
戒	戈	ほこづくり ほこがまえ
剤	刂	りっとう
秀	禾	のぎ
隷	隶	れいづくり
驚	馬	うま
雌	隹	ふるとり
蓄	艹	くさかんむり
輩	車	くるま
盆	皿	さら
慮	心	こころ
幾	幺	よう いとがしら
傾	亻	にんべん
圏	囗	くにがまえ
斜	斗	とます
床	广	まだれ
越	走	そうにょう
箇	⺮	たけかんむり
含	口	くち
更	曰	ひらび いわく
再	冂	どうがまえ けいがまえ まきがまえ
裁	衣	ころも
珍	王	おうへん たまへん
惑	心	こころ
盗	皿	さら
舞	舛	まいあし

堅	薪	劣	麗	離	裏	壁	賦	敏	微	術	舟	玄	却	勧
土	艹	力	鹿	隹	衣	土	貝	攵	彳	行	舟	玄	卩	力
つち	くさかんむり	ちから	しか	ふるとり	ころも	つち	かいへん	のぶん ぼくづくり	ぎょうにんべん	ぎょうがまえ ゆきがまえ	ふね	げん	わりふ ふしづくり	ちから

井	環	敷	倒	響	帽	需	紫	御	屈	奇	監	歓	街	盤
二	王	攵	亻	音	巾	⻗	糸	彳	尸	大	皿	欠	行	皿
に	おうへん たまへん	のぶん ぼくづくり	にんべん	おと	はばへん きんべん	あめかんむり	いと	ぎょうにんべん	かばね しかばね	だい	さら	あくび かける	ぎょうがまえ ゆきがまえ	さら

震	壊	菓	雅	範	翌	噴	殖	露	雄	競	甘	獲	我	隠
⻗	土	艹	隹	⺮	羽	口	歹	⻗	隹	立	甘	犭	戈	阝
あめかんむり	つちへん	くさかんむり	ふるとり	たけかんむり	はね	くちへん	かばねへん いちたへん がつへん	あめかんむり	ふるとり	たつ	かん あまい	けものへん	ほこづくり ほこがまえ	こざとへん

敬	執	痛	屋	隣	塔	鮮	吹	柔	劇	瞬	暦	軒	粒	即
攵	土	疒	尸	阝	土	魚	口	木	刂	目	日	車	米	卩
のぶん ぼくづくり	つち	やまいだれ	かばね しかばね	こざとへん	つちへん	うおへん	くちへん	き	りっとう	めへん	ひ	くるまへん	こめへん	わりふ ふしづくり

撃	髪	繁	暴	搬	刺	厚	延	恋	覧	避	騒	蒸	辞	至
手	髟	糸	日	扌	刂	厂	廴	心	見	辶	馬	艹	辛	至
て	かみがしら	いと	ひ	てへん	りっとう	がんだれ	えんにょう	こころ	みる	しんにょう しんにゅう	うまへん	くさかんむり	からい	いたる

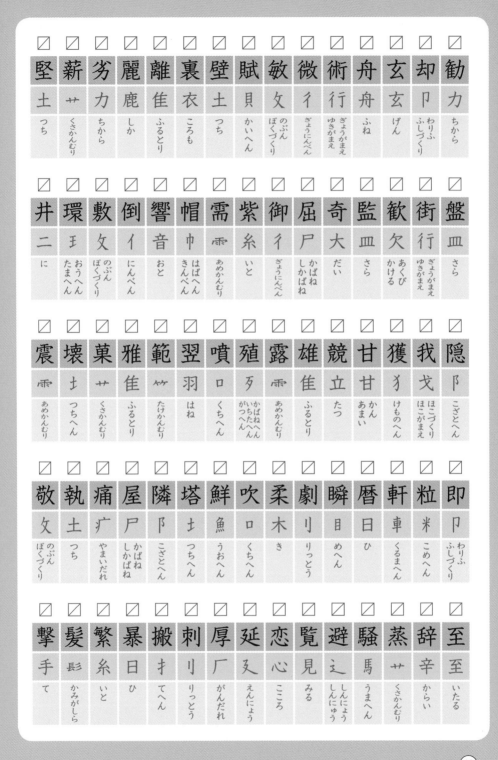

資料4

重要な中学で習う読みの問題

試験ではとめ、はねなどの細かい点に注意して、すべて書けるように勉強しておきましょう。

使い方▼解答部分に赤シートをあてて、問題のカタカナ部分の漢字を書けるようにしておきましょう。

問題	解答
天ぷらの**コロモ**にこだわる。	衣
ウモウ布団は温かい。	羽毛
日の光で美しさが**ハ**える。	映
学びの**ソノ**で教壇《だん》に立つ。	園
英語の**ボイン**について学ぶ。	母音
先生の号令の**モト**あいさつをする。	下
神の**ケシン**の存在を信じる。	化身
キカガク模様を好む。	幾何学
商品の**シュッカ**を手伝う。	出荷
ガリュウの進め方は認められない。	我流
多くの**セッカイガン**を収集する。	石灰岩
父は大学病院の**ゲカイ**だ。	外科医
カワ製品の手入れをする。	革
ブンカツ払いで商品を買う。	分割
好天続きで池が**ヒア**がる。	干上
チマナコになって追いかける。	血眼
アヤういところを助けられた。	危
キジョウの空論は意味がない。	机上
業務内容は**タキ**にわたる。	多岐
仮説を**モト**に実験を行う。	基
神仏を**タット**ぶ心を持つ。	貴
ウツワの大きい人物に出会う。	器
ハタオり教室に通う。	機織
柔道では**ネワザ**が得意だ。	寝技
路線バスは**リョカク**自動車だ。	旅客

姉は**キュウドウ**部に所属する。	弓道
日本史を奥深く**キワ**める。	究
試合に勝って**ゴウキュウ**する。	号泣
コウグウ警察に興味がある。	皇宮
ケイヒン工業地帯にある工場で働く。	京浜
ゴウインに計画を進める。	強引
シラカワゴウは世界的な観光地だ。	白川郷
湖一周で健脚を**キソ**う。	競
野犬の**シワザ**に違いない。	仕業
カンキワまって泣き出す。	感極
チョウケイは十歳年上だ。	長兄

法事でお**キョウ**を唱える。	経
カロやかな足取りで走る。	軽
ケイケツは東洋医学の用語である。	経穴
美容院で髪を**ユ**う。	結
料理人が包丁を**ト**ぐ。	研
スコやかな毎日を過ごす。	健
オゴソかな気持ちで式に臨む。	厳
オノレを知って事を進める。	己
ユエ有りげな表情を浮かべる。	故
キオクれして話しかけることができなかった。	気後
久々に**オオヤケ**の場に姿を見せる。	公

パーティーで言葉を**カ**わす。	交
君に**サチ**あれと願う。	幸
コウセイ労働省から発表がある。	厚生
仏前で**コウ**をたく。	香
ハガネは焼いて強くした鉄をいう。	鋼
深山幽《ゆう》**コク**に立ち入る。	谷
コキン和歌集は有名な歌集だ。	古今
大雨で**ドシャ**災害が起こる。	土砂
長時間体育館に**スワ**る。	座
口は**ワザワ**いの元といわれる。	災
はさみで生地を**タ**つ。	裁

問題	解答
ウジガミ様にお参りする。	氏神
旅先で三**シマイ**に出会う。	姉妹
新製品を**タメ**しに使う。	試
仕組みを簡単に**ズシ**する。	図示
アザとは地名の表記の一種である。	字
天気は**シダイ**に回復する。	次第
チュウジ炎《えん》にかかった。	中耳
デザインが**ルイジ**する。	類似
病院の**ショウニカ**を受診する。	小児科
栄養ドリンクで**ジヨウ**をとる。	滋養
二十年勤めた会社を**ヤ**める。	辞

問題	解答
ムロマチ時代に精通している。	室町
宝石を**シチ**に入れる。	質
先日の無礼を**アヤマ**る。	謝
ジャクネン層をターゲットにする。	若年
赤ん坊の**コモ**りを頼まれる。	子守
母から秘伝の味を**サズ**かる。	授
近くの河口は**サンカクス**だ。	三角州
実家は茶道の**ソウケ**である。	宗家
混乱して**シュウシュウ**がつかない。	収拾
深夜にようやく眠りに**ツ**く。	就
演奏会に多くの若者が**ツド**う。	集

問題	解答
ウれたトマトを丸かじりする。	熟
カキゾめを提出する。	書初
メガミと錯《さっ》覚するほどに美しい。	女神
スケっ人が大活躍する。	助
身に余る大役を**ウケタマワ**る。	承
美女が優しく**ホホエ**む。	微笑
大口の**アキナ**いが舞い込む。	商
投手力は相手よりも**マサ**る。	勝
重要文化財が**ショウシツ**する。	焼失
暑さによって魚が**イタ**む。	傷
タイトル争いが話題に**ノボ**る。	上

過去の議案を**ム**し返す。	蒸
ジョウモン時代の土器が出土する。	縄文
交通費を**シンコク**する。	申告
事態の収拾を**ハカ**る。	図
友人を生徒会長に**オ**す。	推
兄は**キ**真面目な性格だ。	生
中途半端は**ショウブン**に合わない。	性分
もう一度自らを**カエリ**みる。	省
血気**サカ**んな年ごろだ。	盛
マコトを尽くして事に当たる。	誠
一朝**イッセキ**には成功しない。	一夕
ゼッセンの末に敗れた。	舌戦
カセンジキで野球をする。	河川敷
休日は**モッパ**ら寝て過ごす。	専
センガクを恥じる。	浅学
センショクの技術を習う。	染色
前回は完全な負け**イクサ**だ。	戦
コゼニ入れをポケットにしまう。	小銭
スデで魚を捕まえる。	素手
シュショウの所信表明を聞く。	首相
歌手の**イショウ**は派手だ。	衣装
姉は三か国語を**アヤツ**る。	操
オオクラショウは昔の官庁だ。	大蔵省
情報を**スミ**やかに処理する。	速
クラス全員を**インソツ**する。	引率
運動不足で健康を**ソコ**なう。	損
ツイになる漢字を見つける。	対
文書の**テイサイ**を整える。	体裁
チンタイ住宅の工事が始まる。	賃貸
ミノシロキンが奪《うば》われた。	身代金
停電のため**テサグ**りで進む。	手探
日常の悪習慣を**タ**つ。	断
アタイ千金の一打が出た。	値

サドウ教室に通う。	茶道
土地取引を**チュウカイ**する。	仲介
最近の活躍は**イチジル**しい。	著
テイねいな作業と評判だ。	丁
一日かけて準備が**トトノ**う。	調
テサげかばんを作ってもらう。	手提
身の**ホド**をわきまえる。	程
江《え》戸の**カタキ**を長崎でうつ。	敵
旅の**シタク**をする。	支度 仕度
夜明けとともに敵を**ウ**つ。	討
オカシラツきのごちそうだ。	尾頭付
ワラベウタがどこから聞こえる。	童歌
知り**ウ**る限りの情報を出す。	得
チキョウダイとして育つ。	乳兄弟
ギネス記録に**ニンテイ**される。	認定
父に**ソム**いて自己をつらぬく。	背
バクガはビールの原料だ。	麦芽
新政権が**ホッソク**する。	発足
気の迷いから誤りを**オカ**す。	犯
ハンシンは大阪を中心とする地域だ。	阪神
かなりの力を**ヒ**めている。	秘
時間を**ツイ**やして解決する。	費
ジビ科で薬を処方される。	耳鼻
ヤマイは気からといわれる。	病
ヒンプの差が問題になる。	貧富
コイブミを書くのは難しい。	恋文
電池を**ヘイレツ**につなぐ。	並列
幼少時から心を**ト**ざす。	閉
イッペンの肉を味わう。	一片
ブアイ制アルバイトをする。	歩合
ハクボで見通しが悪い。	薄暮
遠方の友人の家を**オトズ**れる。	訪
日ごろの労に**ムク**いる。	報

☐	町内会の**ボウネンカイ**が開かれる。	忘年会
☐	世界進出の**タイモウ**を抱く。	大望
☐	過去の秘密を**バクロ**する。	暴露
☐	**マキバ**は広く晴れ渡る。	牧場
☐	もはや**バンジ**休すだ。	万事
☐	**タミ**は君主に従う。	民
☐	電化製品の寿《じゅ》**ミョウ**がつきる。	命
☐	議論が**メイソウ**して終了《りょう》する。	迷走
☐	**オモシロ**い話に爆笑する。	面白
☐	笑う**カド**には福来たる	門
☐	**ゲンエキ**のプロ野球選手だ。	現役

☐	**ウチョウテン**になる。	有頂天
☐	**ヤサ**しい心で動物に接する。	優
☐	すぐにお金が**イ**る。	要
☐	新しいゲームが**ホ**しい。	欲
☐	**キタ**る三月十日は兄の誕生日だ。	来
☐	**ランパク**でお菓子を作る。	卵白
☐	悪夢が**ノウリ**をよぎる。	脳裏
☐	明日再試合に**ノゾ**む。	臨
☐	**ホガ**らかな性格が好感だ。	朗
☐	会議は**ナゴ**やかに進む。	和

資料5

試験に出る 四字熟語の問題

4級の試験では、四字熟語の意味を問う問題は出題されませんが、意味がわかると四字熟語の漢字も覚えやすくなります。

使い方▼ 四字熟語に赤シートをあてて、漢字を書けるようにしておきましょう。

四字熟語	意味
愛《あい》別《べつ》離《り》苦《く》	親子、兄弟、夫婦など、愛する人との別れのつらさ、悲しさ。
青《あお》息《いき》吐《と》息《いき》	心配や苦労のあまり、心身が弱ったときに吐くため息。また、ため息の出るような状態。
悪《あく》逆《ぎゃく》無《む》道《どう》	人として行う道に、はなはだしくそむいた、悪い行い。「無道」は「ぶどう」「ぶとう」とも読む。類語に「極悪非道」がある。
悪《あく》事《じ》千《せん》里《り》	とかく悪い行いや評判は、すぐに広く知れわたるということ。
悪《あく》戦《せん》苦《く》闘《とう》	強敵に対する非常に苦しい戦い。転じて、困難に打ち勝とうと苦労しながら努力すること。
悪《あっ》口《こう》雑《ぞう》言《ごん》	口にまかせていろいろ悪口を言うこと。また、その言葉。
暗《あん》雲《うん》低《てい》迷《めい》	前途多難な状態が続くこと。また、雲が低くたれこめ、なかなか晴れそうにないこと。
安《あん》全《ぜん》保《ほ》障《しょう》	外国からの攻撃などに対し、国家の安全を保障すること。
依《い》願《がん》退《たい》職《しょく》	社員の都合で会社に退職届を出して退職をすること。
意《い》気《き》消《しょう》沈《ちん》	元気がなくしょげ返っていること。失望してがっかりしていること。
意《い》気《き》投《とう》合《ごう》	心持ちが互いにぴったりと合い、一つになること。
異《い》口《く》同《どう》音《おん》	大勢の人々が口をそろえて同じことを言うこと。多くの人の意見が一致すること。
意《い》志《し》堅《けん》固《ご》	考えや志がしっかりしていること。
意《い》志《し》薄《はく》弱《じゃく》	意志の力が弱くて、がまんや決断ができないこと。類語に「優柔不断」がある。
意《い》思《し》表《ひょう》示《じ》	自らの考えを他者がわかるように示すこと。

以《い》心《しん》伝《でん》心《しん》

考えや思っていることが言葉を使わずに、互いの心から心に伝わること。

一《いち》意《い》専《せん》心《しん》

他に心をうばわれず、そのことだけに目を向けて心を注ぐこと。類語に「一心不乱」がある。

一《いち》言《ごん》一《いっ》句《く》

ひとつひとつの言葉のこと。わずかな言葉。

一《いち》日《じつ》千《せん》秋《しゅう》

「一日」は「いちにち」とも読む。大変待ち遠しい気持ち。「一日千秋の思い」と使う。類語に「一日三秋」「一刻千秋」がある。

一《いち》族《ぞく》郎《ろう》党《とう》

一家や一族など自分たちと血のつながりのあるものとその家来のこと。

一《いち》罰《ばつ》百《ひゃっ》戒《かい》

一人の過失や罪を罰することで、他の人々が同様な罪を犯さないよう戒めること。

一《いち》病《びょう》息《そく》災《さい》

多少気になるくらいの軽い病を持っていたほうが、無理をせず長生きするということ。

一《いち》部《ぶ》始《し》終《じゅう》

はじめから終わりまで。事の詳細すべて。

一《いち》望《ぼう》千《せん》里《り》

非常に見晴らしがよいこと。ひと目で遠くまで見晴らせること。

一《いち》網《もう》打《だ》尽《じん》

網を一打ちしてその周辺にいる魚を残らずとらえること。転じて、一度に悪党の一味や敵対する者すべてをとらえつくすこと。

一《いっ》挙《きょ》一《いち》動《どう》

ちょっとしたしぐさのこと。ひとつひとつのふるまいやしぐさ。

一《いっ》挙《きょ》両《りょう》得《とく》

一つの行為で二つの利益をあげること。「一挙」は一つの動作。類語に「一石二鳥」がある。

一《いっ》件《けん》落《らく》着《ちゃく》

物事が解決すること。「一件」は一つのこと、「落着」は決まりがつくこと。

一《いっ》刻《こく》千《せん》金《きん》

わずかなひとときが、千金の値打ちがあるくらい貴重であること。

一《いっ》視《し》同《どう》仁《じん》

差別することなくすべての人を平等に見て一様に愛すること。

一《いっ》触《しょく》即《そく》発《はつ》

互いににらみあって対立している勢力が、ちょっとふれ合うだけで爆発しそうな、非常に切迫している状態。類語に「危機一髪」がある。

一《いっ》進《しん》一《いっ》退《たい》

進んだり、退いたりすること。状況が良くなったり、悪くなったりすること。

一《いっ》心《しん》不《ふ》乱《らん》

一つのことに集中して心を乱さないこと。類語に「一意専心」がある。

- 一致団結《いっちだんけつ》
  多くの人がひとつの目的のためにまとまり協力しあうこと。
- 一刀両断《いっとうりょうだん》
  一太刀で物を真っ二つに切る。ためらわず、すばやく物事を処理したり、解決したりすること。
- 威風堂々《いふうどうどう》
  威厳に満ちあふれてりっぱなこと。気勢が大いに盛んなこと。
- 意味深長《いみしんちょう》
  人の行動や言葉、詩文などの意味が深く、ふくみがあること。
- 因果応報《いんがおうほう》
  過去における善悪の業に応じて、現在における幸不幸の果報が生じること。
- 有為転変《ういてんぺん》
  世の中は常に移り変わり、少しの間も一定でないこと。「転変」は「てんぺん」とも読む。
- 雲散霧消《うんさんむしょう》
  雲や霧が風や太陽の光にあたって消えうせるように、あとかたもなく消えてなくなること。
- 越権行為《えっけんこうい》
  持っている権限を越えた行為のこと。
- 延命息災《えんめいそくさい》
  命をのばして災いを取り去る。「息災」は災いをとめる。「息」はやむ、終わらせるのいみ。「延命」は「えんみょう」とも読む。類語に「無病息災」「無事息災」がある。
- 応急処置《おうきゅうしょち》
  急病人やけが人に、とりあえずその場でしておく処置。
- 汚名返上《おめいへんじょう》
  悪い評判のある状態から巻き返しを図ること。「汚名」は悪い評判のこと。
- 温故知新《おんこちしん》
  古いものをたずね求めて新たな意味を知ること。「温」はたずねること。
- 温暖前線《おんだんぜんせん》
  暖かい空気が冷たい空気を乗り上げて進むときにできる前線。
- 音吐朗朗《おんとろうろう》
  声が豊かではっきりとしているさま。「音吐」は声の出し方、「朗朗」はほがらかですんでいるさま。
- 外交辞令《がいこうじれい》
  口先だけのお世辞。うわべだけのお愛想のこと。
- 介護保険《かいごほけん》
  高齢者の介護にかかる負担を支援するための保険のこと。
- 花鳥風月《かちょうふうげつ》
  自然の美しい景色や風流な遊び。
- 環境破壊《かんきょうはかい》
  人間によって自然や都市の環境がそこなわれること。
- 環境保護《かんきょうほご》
  自然や都市の環境破壊を未然に防いだり、破壊された環境を改善すること。

環《かん》境《きょう》保《ほ》全《ぜん》

自然の環境を保護し維持すること。

完《かん》全《ぜん》無《む》欠《けつ》

欠点がまったくないこと。完ぺきな様子。

危《き》機《き》一《いっ》髪《ぱつ》

髪の毛一本ほどのわずかなちがいで、非常に危険な状態になりそうな瞬間、状況のこと。

危《き》急《きゅう》存《そん》亡《ぼう》

危険がせまっていて、生き残るかほろびるかのせとぎわであること。

起《き》死《し》回《かい》生《せい》

今にも死にそうな病人を生き返らせること。また、崩《ほう》壊寸前の状態から好転させること。

起《き》承《しょう》転《てん》結《けつ》

文章の組み立て方や、物事の順序のこと。

喜《き》色《しょく》満《まん》面《めん》

顔中に喜びの表情があふれているさま。「色」は表情、「満面」は顔全体のこと。

疑《ぎ》心《しん》暗《あん》鬼《き》

疑う心があると、なんでもないことまであやしく感じられるようになること。

奇《き》想《そう》天《てん》外《がい》

普通の人には思いつかないような、大変変わった考え。

牛《ぎゅう》飲《いん》馬《ば》食《しょく》

牛が水を飲み、馬が草を食べるように、たくさん飲んだり食べたりすること。

旧《きゅう》態《たい》依《い》然《ぜん》

昔からの状態がそのまま続き、少しも変化、進歩しないさま。類語に「十年一日」がある。

急《きゅう》転《てん》直《ちょっ》下《か》

物事の様子、なりゆきが急に変わって、解決に向かうこと。

狂《きょう》喜《き》乱《らん》舞《ぶ》

非常に喜ぶさま。

驚《きょう》天《てん》動《どう》地《ち》

天を驚かし、地を動かす意で、世間を大いに驚かすこと。

興《きょう》味《み》本《ほん》位《い》

判断の基準を、おもしろいかどうかということだけにすること。

玉《ぎょく》石《せき》混《こん》交《こう》

すぐれたものと劣ったものが入り混じっていること。

気《き》力《りょく》集《しゅう》中《ちゅう》

物事をなしとげようとする精神力を集中させること。

議《ぎ》論《ろん》百《ひゃく》出《しゅつ》

議論で多くの意見が出されること。

金《きん》科《か》玉《ぎょく》条《じょう》

金や玉のように大切な法律。一番重要な規則。

金《きん》城《じょう》鉄《てっ》壁《ぺき》

金や鉄のような城壁を持つ堅固な城。転じて、物事が非常に堅固であることのたとえ。

空《くう》前《ぜん》絶《ぜつ》後《ご》

過去に比べられる例がなく、将来にもないと思われるほど、非常にまれなさま。

軽《けい》薄《はく》短《たん》小《しょう》
うすっぺらで中身のないさま。物が軽くて薄く、短く小さいこと。

月《げっ》下《か》氷《ひょう》人《じん》
男女の仲をとりもつ人のこと。

兼《けん》愛《あい》無《む》私《し》
自他の区別なく、広く人を愛すること。

言《げん》行《こう》一《いっ》致《ち》
言葉と行動が食いちがわないこと。類語に「有言実行」がある。

現《げん》状《じょう》維《い》持《じ》
現在の状況がそのまま変化しないこと。類語に「現状保持」がある。

源《げん》泉《せん》徴《ちょう》収《しゅう》
給料などを支払う者が、事前に国に収める税金を差し引いてから支払うこと。

行《こう》雲《うん》流《りゅう》水《すい》
川を流れる水や空を流れる雲のように物事にとらわれず自然のなりゆきにまかせて生きること。

好《こう》機《き》到《とう》来《らい》
ちょうどよい機会がくること。絶好の機会にめぐまれること。

公《こう》序《じょ》良《りょう》俗《ぞく》
公共の秩《ちつ》序と、善良な風俗。

公《こう》平《へい》無《む》私《し》
すべての判断、行動などがかたよらず、個人的な感情、利益などをいっさい加えないさま。類語に「公明正大」「公正平等」がある。

公《こう》明《めい》正《せい》大《だい》
公正でかくしだてをせず、私心がないこと。類語に「公平無私」「大公無私」がある。

極《ごく》悪《あく》非《ひ》道《どう》
このうえなく悪くて、道義にはずれていること。

極《ごく》楽《らく》往《おう》生《じょう》
死んでから極楽に生まれ変わること。また、安らかに死ぬこと。

古《こ》今《こん》東《とう》西《ざい》
いつでも、どこでも。「古今」は昔から今まで（いつでも）、「東西」は東も西も（どこでも）。

後《ご》生《しょう》大《だい》事《じ》
心をこめてはげみ、物を大事にあつかうこと。

故《こ》事《じ》来《らい》歴《れき》
昔から伝えられてきた物事についてのいわれや経過。「古事」とも書く。

五《ご》里《り》霧《む》中《ちゅう》
霧が深く方向がつかめないこと。現状がつかめず、方針を立てる手がかりがない状態。

言《ごん》語《ご》道《どう》断《だん》
あまりのひどさにあきれて言葉も出ないこと。「道断」は言葉にならないという意。

才《さい》色《しょく》兼《けん》備《び》
すぐれた才能を持ち、美ぼうもかね備えている女性。「色」は様子、人間の容ぼうのこと。「才色」は「さいしき」とも読む。

三寒四温《さんかんしおん》

冬の時期、寒い日が三日続き、そのあと暖かい日が四日続くこと。

山紫水明《さんしすいめい》

自然の景観が美しいこと。山が陽光を受けて紫色に映え、流れる川の水は澄んで清らかなこと。

三拝九拝《さんぱいきゅうはい》

何度もおじぎをすること。

支援団体《しえんだんたい》

困難な状態にある他者に何らかの支援をする団体のこと。

自画自賛《じがじさん》

自分のことを自分でほめること。「賛」は絵画に書きそえる詩文で、通常は他人に書いてもらうもの。自分の描いた絵に自分で賛を書く意。

色即是空《しきそくぜくう》

仏教の根本思想の一つで、この世のすべての物には形があるが、形は実在ではなく本質は空である、という意。

自給自足《じきゅうじそく》

必要なものを自分でまかなって、たりるようにすること。

自己暗示《じこあんじ》

自分で自分に強く思いこませること。

自己矛盾《じこむじゅん》

同一人物の考え方や行動が前後でつじつまが合わなくなること。

事実無根《じじつむこん》

根も葉もないこと。事実にもとづいていないこと。根拠のないいつわりであること。でたらめ。

四書五経《ししょごきょう》

儒《じゅ》教の中で重要な書物のこと。四書は「論語」「大学」「中庸《よう》」「孟《もう》子」、五経は「易経」「書経」「詩経」「礼記」「春秋」のことを指す。

時節到来《じせつとうらい》

よい機会がやってくること。

舌先三寸《したさきさんずん》

口先でうまいことを言って誠実さに欠け、中身がないこと。

七転八起《しちてんはっき》

失敗を重ねても、くじけることなく奮起すること。「七転び八起き」の漢語表記。

七転八倒《しちてんばっとう》

苦痛のためにのたうちまわること。

七難八苦《しちなんはっく》

いろいろな困難や多くの苦悩。仏教語で、七つの災いと八つの苦しみのこと。

地《じ》盤《ばん》沈《ちん》下《か》
地下水をくみ上げすぎることなどにより、地面が沈んでしまうこと。

弱《じゃく》肉《にく》強《きょう》食《しょく》
弱いものが強いものに食われること。生存競争の激しさをいう。

社《しゃ》交《こう》辞《じ》令《れい》
他者とうまく付き合うためのあいさつやほめ言葉のこと。

縦《じゅう》横《おう》無《む》尽《じん》
この上なく自由自在にふるまうこと。また、思う存分にふるまうこと。類語に「自由自在」「縦横自在」がある。

衆《しゅう》口《こう》一《いっ》致《ち》
全員の言うことがぴったり合うこと。

衆《しゅう》人《じん》環《かん》視《し》
多くの人が取り巻いて見ていること。物事が白日のもとにさらされることにもいう。

集《しゅう》中《ちゅう》砲《ほう》火《か》
一つの目標に集中的に砲弾を浴びせること。また、ある一点に攻撃や批判を集中して向けること。

熟《じゅく》慮《りょ》断《だん》行《こう》
じっくり考えた上で思い切って実行すること。

需《じゅ》要《よう》供《きょう》給《きゅう》
ある商品を買おうとすることと売ろうとすること。

小《しょう》康《こう》状《じょう》態《たい》
一度悪くなっていたところから少し回復して落ち着いている状態のこと。

小《しょう》心《しん》翼《よく》々《よく》
気が小さくてびくびくしているさま。慎重なさま。

精《しょう》進《じん》料《りょう》理《り》
仏教のきまりに基づいて作られた料理のこと。

賞《しょう》味《み》期《き》限《げん》
食品において、これを過ぎると風味が落ちる期限のこと。

諸《しょ》行《ぎょう》無《む》常《じょう》
この世のすべてのものは常に変化するということ。人生ははかないものだという、仏教の思想。

自《じ》力《りき》更《こう》生《せい》
他人に頼らず、自分の力で生活を改めていくこと。

私《し》利《り》私《し》欲《よく》
自分の利益だけを考えて行動しようと欲すること。

思《し》慮《りょ》分《ふん》別《べつ》
よく考えて判断すること。また、その能力。類語に「熟慮断行」がある。

心《しん》機《き》一《いっ》転《てん》
あることをきっかけとして、気持ちをすっかり入れかえて出直すこと。

真剣勝負《しんけんしょうぶ》
本気で勝負すること。本気で物事にとりくむこと。

真実一路《しんじついちろ》
真実を求めて、ひとすじに進むこと。

人事不省《じんじふせい》
病気やけがなどで意識を失う。こんすい状態におちいる。類語に「前後不覚」がある。

尋常一様《じんじょういちよう》
他と変わりなく、ごくあたりまえなさま。

信賞必罰《しんしょうひつばつ》
ほめることと、罰することのけじめを厳正にすること。

針小棒大《しんしょうぼうだい》
針のように小さなことを、棒ほどもあったように大きくいう。

新進気鋭《しんしんきえい》
新たに参加したばかりで非常に意気込んでおり、勢いが盛んなこと。また、その人。

人跡未踏《じんせきみとう》
いまだかつて、人が足をふみ入れたことのないこと。

深層心理《しんそうしんり》
ふだんは意識されないが、心の奥深くにかくれている心理のこと。

人面獣心《じんめんじゅうしん》
人間らしい心を持たない人のこと。顔は人間であるが、心は獣であるという意から。

侵略行為《しんりゃくこうい》
ある国家が他の国家に対して一方的に主権などを侵害すること。

頭寒足熱《ずかんそくねつ》
頭部を冷やして足を温めること。健康によいとされる。

晴耕雨読《せいこううどく》
晴れた日は田畑を耕し、雨が降れば家にこもって読書し、気の向くままに生活すること。俗世界から離れた生活のさま。

西高東低《せいこうとうてい》
地域の西に高気圧があり、東に低気圧がある気圧配置のこと。日本列島においては主に冬に発生する。

青天白日《せいてんはくじつ》
よく晴れた天気。転じて、心にやましさも後ろめたさもなく、潔白であること。

清風明月《せいふうめいげつ》
夜の静かで清らかなたたずまいの形容。清らかな美しい自然の形容。

絶体絶命《ぜったいぜつめい》
せっぱ詰まってどうにも逃れられない困難な状態。

是非曲直《ぜひきょくちょく》
物事の善悪。正と不正。

是非善悪《ぜひぜんあく》
物事のよしあし。類語に「是非曲直」「理非曲直」がある。

前《ぜん》後《ご》不《ふ》覚《かく》
物事の後先の判断がつかなくなるほど正気を失うこと。

前《ぜん》人《じん》未《み》到《とう》
今までだれも到達していないこと。「未到」は「未踏」とも書く。(足を踏み入れていない意)。

全《ぜん》知《ち》全《ぜん》能《のう》
できないことはなにもなく、知らないことはなにもないこと。

前《ぜん》途《と》多《た》難《なん》
将来に多くの困難が待ち受けていると予想されること。対語に「前途有望」「前途洋洋」がある。

前《ぜん》途《と》有《ゆう》望《ぼう》
将来に大いに見込みがあること。類語に「前途有為」「前途洋洋」がある。

前《ぜん》途《と》洋《よう》々《よう》
将来が明るく希望に満ちていること。

千《せん》慮《りょ》の一《いっ》失《しつ》

知者の考えの中にも一つぐらいは間違いがあるということ。対語に「千慮一得」がある。

善《ぜん》隣《りん》友《ゆう》好《こう》
隣国や隣家などに友情を持つこと。外交上、友好関係を結ぶこと。

創《そう》意《い》工《く》夫《ふう》
ものを新たに考え出したり、いろいろな手段を見つけ出したりすること。

臓《ぞう》器《き》移《い》植《しょく》
胃や肝《かん》臓などの臓器を他者に移植すること。

速《そく》戦《せん》即《そっ》決《けつ》
長期戦をさけ、勝負を一気に決すること。転じて、物事の決着をすみやかにつけること。

即《そく》断《だん》即《そっ》決《けつ》
間をおかずに決断すること。対語に「優柔不断」がある。

率《そっ》先《せん》垂《すい》範《はん》
先頭に立って積極的に行動し模範を示すこと。「垂範」は手本を示す意。

大《たい》器《き》晩《ばん》成《せい》
大きな器や道具は完成に長い年月がかかる。偉大な人物は、若いころは目立たず、ゆっくりと実力を養い、晩年に大成するということ。

大《たい》義《ぎ》名《めい》分《ぶん》
ある行為をするための根拠となる正当な理由。

大《たい》勢《せい》順《じゅん》応《のう》
なりゆきに任せてしまおうとする考え方のこと。

大《だい》同《どう》小《しょう》異《い》
多少の違いはあるが、ほぼ同じであること。似たり寄ったり。

多《た》事《じ》多《た》端《たん》
仕事や事件が多くて忙しいこと。類語に「多事多忙」がある。

多《た》事《じ》多《た》難《なん》
事件が多く、困難なことが多いこと。

他人行儀《たにんぎょうぎ》

親しい間柄なのに、他人と接するように、よそよそしく振る舞うこと。親しくないような行動や態度をとること。

単刀直入《たんとうちょくにゅう》

たった一本の刀で敵の中に切りこむことから、前置きなしにいきなり要点に入ること。

談論風発《だんろんふうはつ》

考えを活発に話し合うこと。議論が続出するさま。

注意散漫《ちゅういさんまん》

あれこれと気が散っているさま。集中していない様子。

昼夜兼行《ちゅうやけんこう》

昼も夜も休まずに進むこと。転じて、仕事などを続けて行うこと。類語に「不眠不休」がある。

直情径行《ちょくじょうけいこう》

感情のおもむくままに行動に移すこと。「直」も「径」もまっすぐの意。

沈思黙考《ちんしもっこう》

静かにじっとして、深く考えこむこと。

適材適所《てきざいてきしょ》

その人の才能、能力に適した仕事を与えること。「材」は「才」と同じで、才能のこと。

適者生存《てきしゃせいぞん》

環境に適した者が生き残り、適さない者はほろびること。

電光石火《でんこうせっか》

稲妻の光や火打ち石から出る火花。非常に短い時間。また、行動がきわめて速いこと。

天災地変《てんさいちへん》

自然界の変化によって起こる災害のこと。

天変地異《てんぺんちい》

雷、暴風、地震など、自然界に起こる異変。類語に「天変地変」がある。

当意即妙《とういそくみょう》

その場にふさわしいタイミングで即座の機転をきかすこと。

同工異曲《どうこういきょく》

見かけは違うようでも内容は似たり寄ったりであること。

闘志満々《とうしまんまん》

戦おうとする意志に満ちあふれていること。

同床異夢《どうしょういむ》

いっしょに暮らしてはいるが、別々のことを考えている状態。また、同じ仕事にたずさわりながら、目標が異なっていること。

独断専行《どくだんせんこう》

他の人に相談しないで自分一人で判断し、自分の思うままに勝手に実行すること。

独立自尊《どくりつじそん》

人に頼ることなく自分の尊厳を保つこと。

難攻不落《なんこうふらく》

守りが堅く攻め落としにくい。転じて、相手がなかなかこちらの思い通りにならないこと。

二《に》束《そく》三《さん》文《もん》
二束でわずか三文の意。多くは、捨て売りの場合の値段をいう。

二《に》人《にん》三《さん》脚《きゃく》
二人が互いに助け合って事に当たること。

波《は》及《きゅう》効《こう》果《か》
波が広がるように伝わっていく物事の影響。

博《はく》学《がく》多《た》才《さい》
広くいろいろな学問に通じ、多方面にすぐれた才能を持っていること。

薄《はく》志《し》弱《じゃっ》行《こう》
意志が弱く実行力が乏しいこと。

博《はく》覧《らん》強《きょう》記《き》
ひろく書物を読み、そのことを記憶していること。「博覧」は物事をよく聞き知ること、「強記」は記憶力が強いこと。

薄《はく》利《り》多《た》売《ばい》
利益を少なくして、多く売ること。

馬《ば》耳《じ》東《とう》風《ふう》
他人からの意見や批判に無関心で、注意を払わないこと。「東風」は心地よい春風。

八《はっ》方《ぽう》美《び》人《じん》
だれからも良く思われようとして愛想《そ》よくふるまうこと。また、そのような人。

半《はん》信《しん》半《はん》疑《ぎ》
真意を疑い、決めかねること。

美《び》辞《じ》麗《れい》句《く》
美しく飾ったたくみな言葉。主にお世辞を言うための言葉や言いまわし。

百《ひゃっ》鬼《き》夜《や》行《こう》
さまざまな化け物が夜になると動き回ること。転じて、悪人どもが自分勝手なふるまいをすること。「夜行」は「やぎょう」とも読む。

品《ひん》行《こう》方《ほう》正《せい》
行い、行状がきちんとして正しいこと。

不《ふ》易《えき》流《りゅう》行《こう》
常に変化をしない本質的なもの(不易)を忘れない中にも、新しい変化のあるもの(流行)を取り入れることが風雅の根幹であること。

不《ふ》可《か》抗《こう》力《りょく》
人の力では防ぎきれない外部からの力。

不《ふ》言《げん》実《じっ》行《こう》
理屈を言わず、だまって実行すること。

不《ふ》即《そく》不《ふ》離《り》
つかず離れずの関係を保つこと。

物《ぶつ》情《じょう》騒《そう》然《ぜん》
世の中の様子が落ち着かず、騒がしいさま。人の心が落ち着かないこと。

不《ふ》眠《みん》不《ふ》休《きゅう》
眠らず、休まないこと。せっぱ詰まった状態のときに必死に努めるさま。

付《ふ》和《わ》雷《らい》同《どう》
自分なりの確固とした考えを持たず、他人の説や判断に軽々しく同調すること。

粉《ふん》飾《しょく》決《けっ》算《さん》
会社が不正な会計処理をして収支などをいつわること。

平《へい》身《しん》低《てい》頭《とう》
ひたすら謝ること。非常に恐縮してへりくだること。

豊《ほう》年《ねん》満《まん》作《さく》
農産物が豊かにみのり、収穫《かく》が多いこと。

抱《ほう》腹《ふく》絶《ぜっ》倒《とう》
腹をかかえて倒れるほど大笑いするさま。

本《ほん》末《まっ》転《てん》倒《とう》
根本の大切なことと枝葉のつまらないことを取り違えること。類語に「主客転倒」がある。

漫《まん》言《げん》放《ほう》語《ご》
深く考えず、いい加減なことを言いたい放題にしゃべりまくること。

満《まん》場《じょう》一《いっ》致《ち》
その場にいるすべての人の意見が一つにまとまること。だれも異議がないこと。

妙《みょう》計《けい》奇《き》策《さく》
人の意表をついた奇抜ですぐれたはかりごと。

無《む》為《い》無《む》策《さく》
有効な手立てが何もないまま、何もできずに手をこまぬいていること。

無《む》実《じつ》無《む》根《こん》
事実だという根拠が全くないこと。

無《む》念《ねん》無《む》想《そう》
あらゆる雑念がなくなり、心がすみわたっている様子。

無《む》病《びょう》息《そく》災《さい》
病気をせず、健康であること。

無《む》味《み》乾《かん》燥《そう》
少しもおもしろみや味わいのないこと。「無味」は内容がない、「乾燥」はうるおいがない。

無《む》理《り》算《さん》段《だん》
苦しい状況下でなんとかやりくりすること。

無《む》理《り》難《なん》題《だい》
解決できない問題。度を越して困難な問題。

明《めい》鏡《きょう》止《し》水《すい》
くもりのない鏡と静かな水面。転じて、心にくもりがなく静かに落ち着いているさま。

名《めい》実《じつ》一《いっ》体《たい》
表向きの評判と内容が一致していること。

名《めい》所《しょ》旧《きゅう》跡《せき》
美しい景色で名高い場所と、歴史のおもかげをとどめる場所。

明《めい》朗《ろう》快《かい》活《かつ》
明るく元気で、ほがらかであるさま。

- ☐ **面《めん》従《じゅう》腹《ふく》背《はい》**　表面上は従うふりをして、内心では反抗していること。
- ☐ **門《もん》外《がい》不《ふ》出《しゅつ》**　秘蔵して、人に見せたり持ち出したりしないこと。貴重なものを、家の門から外へは出さない意。
- ☐ **門《もん》戸《こ》開《かい》放《ほう》**　制限をなくし、自由にすること。
- ☐ **問《もん》答《どう》無《む》用《よう》**　議論をしても、なんの利益もないこと。
- ☐ **優《ゆう》柔《じゅう》不《ふ》断《だん》**　決断力に欠け、いつまでもぐずぐずしていること。
- ☐ **優《ゆう》勝《しょう》劣《れっ》敗《ぱい》**　まさっている者が勝ち、劣っている者が負けること。強者が栄え、弱者がほろびること。
- ☐ **有《ゆう》名《めい》無《む》実《じつ》**　名ばかりで、実質がともなわないこと。評判と実際とが違っていること。
- ☐ **油《ゆ》断《だん》大《たい》敵《てき》**　注意をおこたれば、必ず失敗を招くから警戒せよというといましめ。
- ☐ **用《よう》意《い》周《しゅう》到《とう》**　用意がととのって抜かりのないこと。「用意」は心配り、「周到」は手落ちのないこと。
- ☐ **容《よう》姿《し》端《たん》麗《れい》**　姿、形がきちんととのっていて美しいこと。
- ☐ **利《り》害《がい》得《とく》失《しつ》**　自分の利益になることと、そうでないこと。
- ☐ **力《りき》戦《せん》奮《ふん》闘《とう》**　力いっぱい努力すること。
- ☐ **離《り》合《ごう》集《しゅう》散《さん》**　離れたり集まったりすること。また、そのくり返し。
- ☐ **流《りゅう》言《げん》飛《ひ》語《ご》**　確かな根拠のないいいかげんなうわさ。
- ☐ **理《り》路《ろ》整《せい》然《ぜん》**　話や物事の筋道が、きちんと整っている様子。
- ☐ **臨《りん》機《き》応《おう》変《へん》**　その場に臨み、変化に応じて最も適当な手段をとること。また、そのさま。
- ☐ **冷《れい》静《せい》沈《ちん》着《ちゃく》**　物事に動じずに、落ち着いていること。あわてることのないさま。
- ☐ **連《れん》鎖《さ》反《はん》応《のう》**　ひとつの反応が起こったことをきっかけに、次々と反応が連続して起こる様子のこと。
- ☐ **老《ろう》成《せい》円《えん》熟《じゅく》**　経験が豊富で、人格、知識、技能などが十分に熟練して、豊かな内容をもっていること。
- ☐ **論《ろん》旨《し》明《めい》快《かい》**　議論の主旨や筋道が、はっきりしていてわかりやすいこと。対語に「論旨不明」がある。

資料6

よく出る 同音・同訓異字の問題

同音・同訓異字はたくさんあります。しっかり勉強しておきましょう。

使い方▼解答を赤シートで隠して、同音・同訓異字の漢字を覚えましょう。

問題	解答
仕事をイ頼された。	依
体重をイ持する。	維
事の経イを説明する。	緯
エン側でくつろぐ。	縁
応エン団長は彼だ。	援
山頂から噴エンが昇る。	煙
オしボタン式の信号を渡る。	押
知人を議員にオす。	推
丸みをオびる。	帯
野原をカけめぐる。	駆
緊張感にカける試合だった。	欠
雑草をカる。	刈
カイ勤賞をもらった。	皆
台風を警カイする。	戒
友人を紹カイする。	介
図カンで虫を調べる。	鑑
プールのカン視員をしている。	監
空気がカン燥している。	乾
合格をキ願する。	祈
好キ心がおう盛だ。	奇
キ上の空論だと笑われた。	机

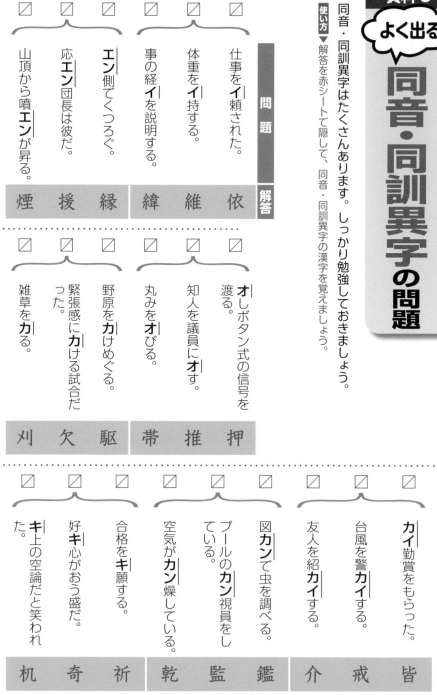

不キュウの名作。 ☐ 朽
パソコンが普キュウする。 ☐ 及
鳥取県に砂キュウがある。 ☐ 丘

状キョウから判断する。 ☐ 況
大きな反キョウがあった。 ☐ 響
ご返信いただきまことにキョウ縮です。 ☐ 恐

会議をケイ続する。 ☐ 継
ケイ斜のきつい山。 ☐ 傾
雨が大地に恩ケイをもたらす。 ☐ 恵

2つの役職をケン務する。 ☐ 兼
首都ケンで大雪が降った。 ☐ 圏
社員を派ケンする。 ☐ 遣

証コは何もない。 ☐ 拠
コ笛隊のパレード。 ☐ 鼓
コ張して話す。 ☐ 誇

あっという間に雲が立ちコめた。 ☐ 込
舌がコえている。 ☐ 肥
コい色の服を好む。 ☐ 濃

コウ衣室で着替える。 ☐ 更
紅白対コウの綱引き。 ☐ 抗
毎年コウ例の運動会。 ☐ 恒

連サイ小説を読む。 ☐ 載
サイ月人を待たず。 ☐ 歳
色サイ豊かな絵画。 ☐ 彩

ライバルとシ雄を決する。 ☐ 雌
名シを交換する。 ☐ 刺
計画の趣シを説明する。 ☐ 旨

- **ショウ**賛をあびる。
- 事件の**ショウ**細を調べる。
- 友人を**ショウ**介する。

称　詳　紹

- **シン**重な姿勢で臨む。
- **シン**室は2階にある。
- あやしい人が**シン**入した。

慎　寝　侵

- **ス**けるような白い肌《はだ》。
- 用事を**ス**ませる。
- 川の水が**ス**んでいる。

透　済　澄

- 母の旧**セイ**は鈴木だ。
- 部活の遠**セイ**で他県に向かう。
- お祭りは**セイ**況だった。

姓　征　盛

- 空気が乾**ソウ**している。
- 場内は**ソウ**然となった。
- 老**ソウ**の念仏を聴く。

燥　騒　僧

- **タン**念に調べる。
- **タン**整な顔立ち。
- **タン**泊な味つけだ。

丹　端　淡

- 家業を**ツ**ぐ。
- 誠意を**ツ**くす。
- 箱に仕事道具を**ツ**め込んだ。

継　尽　詰

- 終わりが見えず**ト**方に暮れた。
- **ト**航経験の有無を聞かれた。
- 親友に胸中を**ト**露する。

途　渡　吐

- 制服のボタンを**ト**める。
- 公衆衛生の重要さを**ト**く。
- 指揮を**ト**る。

留　説　執

トウ明のかさを買う。
冬山をトウ破する。
道路で転トウした。
（透　踏　倒）

船が港に停ハクしている。
ハク力あるアクション映画。
勢いにハク車がかかる。
（泊　迫　拍）

機材を前日にハン入した。
市ハンされている薬を飲む。
後輩の模ハンとなる行動を心掛ける。
（搬　販　範）

ヒ難訓練に参加する。
大雨でヒ害が出た。
ヒ岸にお墓参りをする。
（避　被　彼）

塩につけてフ敗を防ぐ。
新たな問題がフ上した。
スマートフォンは広くフ及している。
（腐　浮　普）

人の足をフんでしまった。
花火をフり回してはいけない。
肩がフれた。
（踏　振　触）

日常の業務にボウ殺されている。
ボウ観者の立場から意見する。
小説のボウ頭から引き込まれた。
（忙　傍　冒）

弟と一緒に童ヨウを歌う。
ヨウ岩が流れる様子を観察した。
幼い頃から日本舞ヨウを学んでいる。
（謡　溶　踊）

小作人は地主にレイ属していた。
秀レイな顔立ちの役者だ。
衣食足りてレイ節を知ると言う。
（隷　麗　礼）

資料7

よく出る対義語の問題

対義語の組み合わせは一つではないので、熟語の意味も考えて覚えましょう。

使い方▼下の対義語の部分に赤シートをあてて、隠れた熟語を考えてみましょう。

- 繁雑《はんざつ》・詳細《しょうさい》 ⇔ 簡略《かんりゃく》
- 返却《へんきゃく》・返済《へんさい》 ⇔ 借用《しゃくよう》
- 反抗《はんこう》・抵抗《ていこう》 ⇔ 服従《ふくじゅう》
- 高雅《こうが》・優雅《ゆうが》 ⇔ 低俗《ていぞく》

- 希薄《きはく》・淡泊《たんぱく》 ⇔ 濃密《のうみつ》
- 徴収《ちょうしゅう》 ⇔ 納入《のうにゅう》
- 定期《ていき》・定例《ていれい》 ⇔ 臨時《りんじ》
- 保守《ほしゅ》 ⇔ 革新《かくしん》
- 需要《じゅよう》 ⇔ 供給《きょうきゅう》
- 親切《しんせつ》 ⇔ 冷淡《れいたん》

- 破壊《はかい》 ⇔ 建設《けんせつ》
- 大要《たいよう》・簡略《かんりゃく》・大略《たいりゃく》 ⇔ 詳細《しょうさい》
- 軽率《けいそつ》 ⇔ 慎重《しんちょう》
- 消費《しょうひ》 ⇔ 貯蓄《ちょちく》
- 回避《かいひ》・逃避《とうひ》 ⇔ 直面《ちょくめん》
- 脱退《だったい》・離脱《りだつ》 ⇔ 加盟《かめい》
- 離脱《りだつ》 ⇔ 参加《さんか》
- 起床《きしょう》 ⇔ 就寝《しゅうしん》
- 濁流《だくりゅう》 ⇔ 清流《せいりゅう》

- 加熱《かねつ》 ⇔ 冷却《れいきゃく》
- 誕生《たんじょう》・生誕《せいたん》 ⇔ 永眠《えいみん》
- 柔和《にゅうわ》・温和《おんわ》 ⇔ 凶暴《きょうぼう》
- 中止《ちゅうし》・中断《ちゅうだん》 ⇔ 継続《けいぞく》
- 不振《ふしん》 ⇔ 好調《こうちょう》
- 却下《きゃっか》 ⇔ 受理《じゅり》
- 一致《いっち》 ⇔ 相違《そうい》
- 航行《こうこう》 ⇔ 停泊《ていはく》
- 歓声《かんせい》 ⇔ 悲鳴《ひめい》
- 攻撃《こうげき》 ⇔ 防御《ぼうぎょ》

☐ 警戒《けいかい》 ⇕ 油断《ゆだん》
☐ 閉鎖《へいさ》 ⇕ 開放《かいほう》
☐ 悲嘆《ひたん》 ⇕ 歓喜《かんき》
☐ 逃走《とうそう》
☐ 逃亡《とうぼう》
⇕ 追跡《ついせき》
☐ 追跡《ついせき》 ⇕ 逃亡《とうぼう》
☐ 巨大《きょだい》 ⇕ 微細《びさい》
☐ 沈殿《ちんでん》 ⇕ 浮遊《ふゆう》
☐ 冒頭《ぼうとう》 ⇕ 末尾《まつび》
☐ 劣悪《れつあく》 ⇕ 優良《ゆうりょう》
☐ 兼業《けんぎょう》 ⇕ 専業《せんぎょう》
☐ 利益《りえき》 ⇕ 損失《そんしつ》
☐ 複雑《ふくざつ》 ⇕ 単純《たんじゅん》

☐ 凶作《きょうさく》 ⇕ 豊作《ほうさく》
☐ 短縮《たんしゅく》 ⇕ 延長《えんちょう》
☐ 病弱《びょうじゃく》 ⇕ 丈夫《じょうぶ》
☐ 進撃《しんげき》 ⇕ 退却《たいきゃく》
☐ 加盟《かめい》
☐ 加入《かにゅう》
⇕ 脱退《だったい》
☐ 建設《けんせつ》 ⇕ 破壊《はかい》
☐ 強固《きょうこ》
☐ 強国《きょうこく》
⇕ 薄弱《はくじゃく》
☐ 開放《かいほう》
☐ 開設《かいせつ》
⇕ 閉鎖《へいさ》
☐ 損失《そんしつ》
☐ 損害《そんがい》
⇕ 利益《りえき》

☐ 陰性《いんせい》 ⇕ 陽性《ようせい》
☐ 在宅《ざいたく》 ⇕ 留守《るす》
☐ 近海《きんかい》 ⇕ 遠洋《えんよう》
☐ 甘言《かんげん》 ⇕ 苦言《くげん》
☐ 慎重《しんちょう》 ⇕ 軽率《けいそつ》
☐ 被告《ひこく》 ⇕ 原告《げんこく》
☐ 年頭《ねんとう》
☐ 年始《ねんし》
⇕ 歳末《さいまつ》
☐ 先祖《せんぞ》
☐ 祖先《そせん》
⇕ 子孫《しそん》
☐ 終盤《しゅうばん》 ⇕ 序盤《じょばん》
☐ 決定《けってい》 ⇕ 保留《ほりゅう》
☐ 厳寒《げんかん》 ⇕ 猛暑《もうしょ》

☐ 正統《せいとう》 ⇕ 異端《いたん》
☐ 不和《ふわ》 ⇕ 円満《えんまん》
☐ 確信《かくしん》 ⇕ 憶測《おくそく》
☐ 故意《こい》 ⇕ 過失《かしつ》
☐ 薄弱《はくじゃく》
☐ 柔弱《にゅうじゃく》
⇕ 強固《きょうこ》
☐ 遠方《えんぽう》 ⇕ 近隣《きんりん》
☐ 油断《ゆだん》 ⇕ 警戒《けいかい》
☐ 例外《れいがい》 ⇕ 原則《げんそく》
☐ 攻撃《こうげき》 ⇕ 守備《しゅび》
☐ 凶暴《きょうぼう》
☐ 険悪《けんあく》
⇕ 柔和《にゅうわ》
☐ 隷属《れいぞく》 ⇕ 独立《どくりつ》

資料8

よく出る 類義語の問題

類義語の組み合わせは一つではないので、熟語の意味も考えて覚えましょう。

使い方▼下の類義語の部分に赤シートをあてて、隠れた熟語を考えてみましょう。

- ☑用心《ようじん》・☑注意《ちゅうい》＝警戒《けいかい》
- ☑釈明《しゃくめい》＝弁解《べんかい》
- ☑屈指《くっし》・☑非凡《ひぼん》・☑出色《しゅっしょく》＝抜群《ばつぐん》
- ☑不朽《ふきゅう》・☑恒久《こうきゅう》＝永遠《えいえん》

- ☑対等《たいとう》＝互角《ごかく》
- ☑前途《ぜんと》・☑未来《みらい》＝将来《しょうらい》
- ☑備蓄《びちく》・☑蓄積《ちくせき》＝貯蔵《ちょぞう》
- ☑長者《ちょうじゃ》＝富豪《ふごう》
- ☑反撃《はんげき》＝逆襲《ぎゃくしゅう》
- ☑近隣《きんりん》＝周辺《しゅうへん》

- ☑本気《ほんき》＝真剣《しんけん》
- ☑縁者《えんじゃ》＝親類《しんるい》
- ☑専有《せんゆう》＝独占《どくせん》
- ☑風刺《ふうし》＝皮肉《ひにく》
- ☑手本《てほん》＝模範《もはん》
- ☑根底《こんてい》・☑土台《どだい》＝基盤《きばん》
- ☑腕前《うでまえ》・☑手腕《しゅわん》＝技量《ぎりょう》
- ☑熱狂《ねっきょう》＝興奮《こうふん》
- ☑及第《きゅうだい》＝合格《ごうかく》
- ☑考慮《こうりょ》＝思案《しあん》
- ☑健康《けんこう》＝丈夫《じょうぶ》

- ☑周到《しゅうとう》・☑詳細《しょうさい》＝綿密《めんみつ》
- ☑地道《じみち》＝堅実《けんじつ》
- ☑閉口《へいこう》＝困惑《こんわく》
- ☑即刻《そっこく》・☑即座《そくざ》＝早速《さっそく》
- ☑対照《たいしょう》＝比較《ひかく》
- ☑名誉《めいよ》＝栄光《えいこう》
- ☑脈絡《みゃくらく》＝筋道《すじみち》
- ☑手柄《てがら》・☑功労《こうろう》＝功績《こうせき》
- ☑支度《したく》・☑用意《ようい》＝準備《じゅんび》

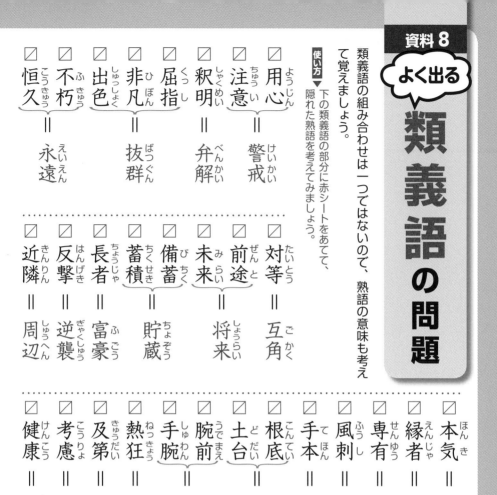

- 冒頭《ぼうとう》＝最初《さいしょ》
- 使命《しめい》＝責務《せきむ》
- 巨木《きょぼく》＝大樹《たいじゅ》
- 精進《しょうじん》＝努力《どりょく》
- 同等《どうとう》＝匹敵《ひってき》
- 守備《しゅび》＝防御《ぼうぎょ》
- 運搬《うんぱん》＝輸送《ゆそう》
- 沈着《ちんちゃく》＝冷静《れいせい》
- 道端《みちばた》＝路傍《ろぼう》
- 追憶《ついおく》＝回想《かいそう》
- 変更《へんこう》＝改定《かいてい》
- 容認《ようにん》・承認《しょうにん》＝許可《きょか》

- 介抱《かいほう》＝看護《かんご》
- 理由《りゆう》・原因《げんいん》＝根拠《こんきょ》
- 雑踏《ざっとう》＝混雑《こんざつ》
- 永眠《えいみん》＝他界《たかい》
- 最初《さいしょ》＝冒頭《ぼうとう》
- 薄情《はくじょう》＝冷淡《れいたん》
- 加勢《かせい》＝応援《おうえん》
- 入手《にゅうしゅ》＝獲得《かくとく》
- 全快《ぜんかい》＝完治《かんち》
- 支援《しえん》・加勢《かせい》＝助力《じょりょく》
- 普通《ふつう》＝尋常《じんじょう》

- 結束《けっそく》＝団結《だんけつ》
- 不意《ふい》＝突然《とつぜん》
- 周到《しゅうとう》＝入念《にゅうねん》
- 無視《むし》＝黙殺《もくさつ》
- 推量《すいりょう》＝憶測《おくそく》
- 永遠《えいえん》＝恒久《こうきゅう》
- 失業《しつぎょう》＝失職《しっしょく》
- 許可《きょか》＝承認《しょうにん》
- 憶測《おくそく》＝推量《すいりょう》
- 回想《かいそう》＝追憶《ついおく》
- 堤防《ていぼう》＝土手《どて》
- 苦労《くろう》＝難儀《なんぎ》
- 隷属《れいぞく》＝服従《ふくじゅう》

- 改定《かいてい》＝変更《へんこう》
- 修理《しゅうり》＝補修《ほしゅう》
- 輸送《ゆそう》＝運搬《うんぱん》
- 値段《ねだん》＝価格《かかく》
- 身長《しんちょう》＝背丈《せたけ》
- 冷淡《れいたん》＝薄情《はくじょう》
- 露見《ろけん》＝発覚《はっかく》
- 老練《ろうれん》＝円熟《えんじゅく》
- 出席《しゅっせき》＝参列《さんれつ》
- 同意《どうい》＝賛成《さんせい》
- 離合《りごう》＝集散《しゅうさん》
- 健闘《けんとう》＝善戦《ぜんせん》
- 早速《さっそく》＝即刻《そっこく》

資料9

よく出る 熟語の構成の問題

熟語がどのように構成されているか、見分け方のコツをつかみましょう。

使い方▶熟語の構成のしかたについて確認しましょう。赤シートをあてて読み方もチェックしてみましょう。

ア（同じような意味の漢字を重ねたもの）でよく出題される熟語

上の字と下の字、それぞれの意味を考え、同じような意味であればこの構成。

（例）獲得　物をとること＝物をえること

☐ 獲得《かくとく》
☐ 遊戯《ゆうぎ》
☐ 歌謡《かよう》
☐ 到達《とうたつ》
☐ 援助《えんじょ》
☐ 恩恵《おんけい》
☐ 光輝《こうき》
☐ 比較《ひかく》
☐ 平凡《へいぼん》
☐ 運搬《うんぱん》
☐ 違反《いはん》
☐ 思慮《しりょ》
☐ 新鮮《しんせん》
☐ 繁茂《はんも》
☐ 鋭敏《えいびん》
☐ 休暇《きゅうか》
☐ 皮膚《ひふ》
☐ 乾燥《かんそう》
☐ 詳細《しょうさい》
☐ 劣悪《れつあく》
☐ 歓喜《かんき》
☐ 増殖《ぞうしょく》
☐ 舞踊《ぶよう》
☐ 堅固《けんご》
☐ 巡回《じゅんかい》
☐ 捕獲《ほかく》
☐ 汚濁《おだく》
☐ 継続《けいぞく》
☐ 店舗《てんぽ》
☐ 油脂《ゆし》

イ（反対または対応の意味を表す字を重ねたもの）でよく出題される熟語

上の字と下の字、それぞれの意味を考え、反対または対応する意味であればこの構成。

（例）栄枯　栄えること⇔かれること

☐ 栄枯《えいこ》
☐ 送迎《そうげい》
☐ 経緯《けいい》
☐ 首尾《しゅび》
☐ 賞罰《しょうばつ》
☐ 雌雄《しゆう》
☐ 是非《ぜひ》
☐ 陰陽《いんよう》
☐ 清濁《せいだく》
☐ 濃淡《のうたん》
☐ 着脱《ちゃくだつ》
☐ 功罪《こうざい》
☐ 師弟《してい》
☐ 優劣《ゆうれつ》
☐ 遅速《ちそく》
☐ 離合《りごう》
☐ 興亡《こうぼう》
☐ 攻防《こうぼう》
☐ 攻守《こうしゅ》
☐ 浮沈《ふちん》
☐ 存亡《そんぼう》
☐ 難易《なんい》
☐ 因果《いんが》
☐ 去来《きょらい》
☐ 需給《じゅきゅう》
☐ 干満《かんまん》
☐ 断続《だんぞく》
☐ 雅俗《がぞく》
☐ 利害《りがい》
☐ 取捨《しゅしゃ》

ウ（上の字が下の字を修飾しているもの）でよく出題される熟語

上の字から下の字に読むと意味がわかるものはこの構成。

（例）握力　ちから　にぎる

- 安眠《あんみん》
- 遠征《えんせい》
- 握力《あくりょく》
- 波紋《はもん》
- 瞬間《しゅんかん》
- 即答《そくとう》
- 曇天《どんてん》
- 弾力《だんりょく》
- 珍事《ちんじ》
- 帰途《きと》
- 斜面《しゃめん》
- 空欄《くうらん》
- 傍線《ぼうせん》
- 荒野《こうや》
- 豪雨《ごうう》
- 寝台《しんだい》
- 激突《げきとつ》
- 歓声《かんせい》
- 旧暦《きゅうれき》
- 後輩《こうはい》
- 樹齢《じゅれい》
- 微量《びりょう》
- 激怒《げきど》
- 妙案《みょうあん》
- 路傍《ろぼう》
- 即決《そっけつ》
- 偉業《いぎょう》
- 汚点《おてん》
- 橋脚《きょうきゃく》
- 盛況《せいきょう》
- 鉄塔《てっとう》
- 鈍痛《どんつう》
- 濃霧《のうむ》
- 白髪《しらが》
- 筆跡《ひっせき》
- 猛攻《もうこう》
- 砂丘《さきゅう》
- 朗報《ろうほう》
- 鋭角《えいかく》
- 巨体《きょたい》

エ （下の字が上の字の目的語・補語になっているもの）でよく出題される熟語

下の字に「て・に・を・は」をつけ、下の字から上の字に読むことができればこの構成。

（例）遅刻　時間（に）おくれる

- 尽力《じんりょく》
- 遅刻《ちこく》
- 抜群《ばつぐん》
- 禁煙《きんえん》
- 製菓《せいか》
- 拍手《はくしゅ》
- 避暑《ひしょ》
- 越境《えっきょう》
- 起床《きしょう》
- 執筆《しっぴつ》
- 仰天《ぎょうてん》
- 耐震《たいしん》
- 乾杯《かんぱい》
- 更衣《こうい》
- 追跡《ついせき》
- 配慮《はいりょ》
- 脱皮《だっぴ》
- 握手《あくしゅ》
- 越権《えっけん》
- 拡幅《かくふく》
- 屈指《くっし》
- 退陣《たいじん》
- 起稿《きこう》
- 出荷《しゅっか》
- 求婚《きゅうこん》
- 脱帽《だつぼう》
- 就寝《しゅうしん》
- 越冬《えっとう》
- 絶縁《ぜつえん》
- 噴火《ふんか》
- 迎春《げいしゅん》
- 失脚《しっきゃく》
- 離陸《りりく》
- 抜歯《ばっし》
- 捕球《ほきゅう》

オ （上の字が下の字の意味を打ち消しているもの）でよく出題される熟語

上の字が打ち消しの意味をあらわす「不」「未」「無」「非」であればこの構成。

（例）未婚　夫婦の縁を結ぶ　打ち消し

- 不屈《ふくつ》
- 未婚《みこん》
- 不眠《ふみん》
- 不朽《ふきゅう》
- 無尽《むじん》
- 不振《ふしん》
- 未踏《みとう》
- 不慮《ふりょ》
- 未詳《みしょう》
- 無為《むい》
- 無恥《むち》
- 未熟《みじゅく》
- 不惑《ふわく》
- 未完《みかん》
- 不沈《ふちん》
- 未納《みのう》
- 未到《みとう》
- 不備《ふび》
- 不順《ふじゅん》
- 不問《ふもん》
- 不詳《ふしょう》
- 不測《ふそく》
- 無縁《むえん》
- 無限《むげん》
- 未刊《みかん》
- 不便《ふべん》
- 不意《ふい》
- 未決《みけつ》
- 無言《むごん》
- 不敗《ふはい》
- 未明《みめい》
- 不当《ふとう》
- 無断《むだん》
- 不覚《ふかく》
- 未満《みまん》

よく出る送りがなの問題

覚えにくいものもあるので、一つひとつの送りがなをしっかり覚えていきましょう。

使い方▼下の部分に赤シートをあてて、送りがなをチェックしてみましょう。

□あびる―浴びる
□あやまる―謝る
□あらためる―改める
□うやまう―敬う
□おがむ―拝む
□おぎなう―補う
□おとずれる―訪れる
□おびる―帯びる
□かける―欠ける

□かりる―借りる
□かろやかだ―軽やかだ
□きびしい―厳しい
□けわしい―険しい
□こころざす―志す
□こまかい―細かい
□ころがる―転がる
□さいわい―幸い
□さずける―授ける

□したがう―従う
□しりぞける―退ける
□すぎる―過ぎる
□すぐれる―優れる
□そなえる―供える
□そらす―反らす
□たしかめる―確かめる
□たりる―足りる
□ちらかす―散らかす
□つらなる―連なる
□てらす―照らす
□とざす―閉ざす
□なれる―慣れる
□のぞく―除く
□のぞむ―望む

□ばかす―化かす
□はてる―果てる
□ひきいる―率いる
□ひさしい―久しい
□ふたたび―再び
□へらす―減らす
□ほしい―欲しい
□まじわる―交わる
□みちる―満ちる
□むらがる―群がる
□もうける―設ける
□もとづく―基づく
□やしなう―養う
□やすらかだ―安らかだ
□ゆたかだ―豊かだ

都道府県名 一覧

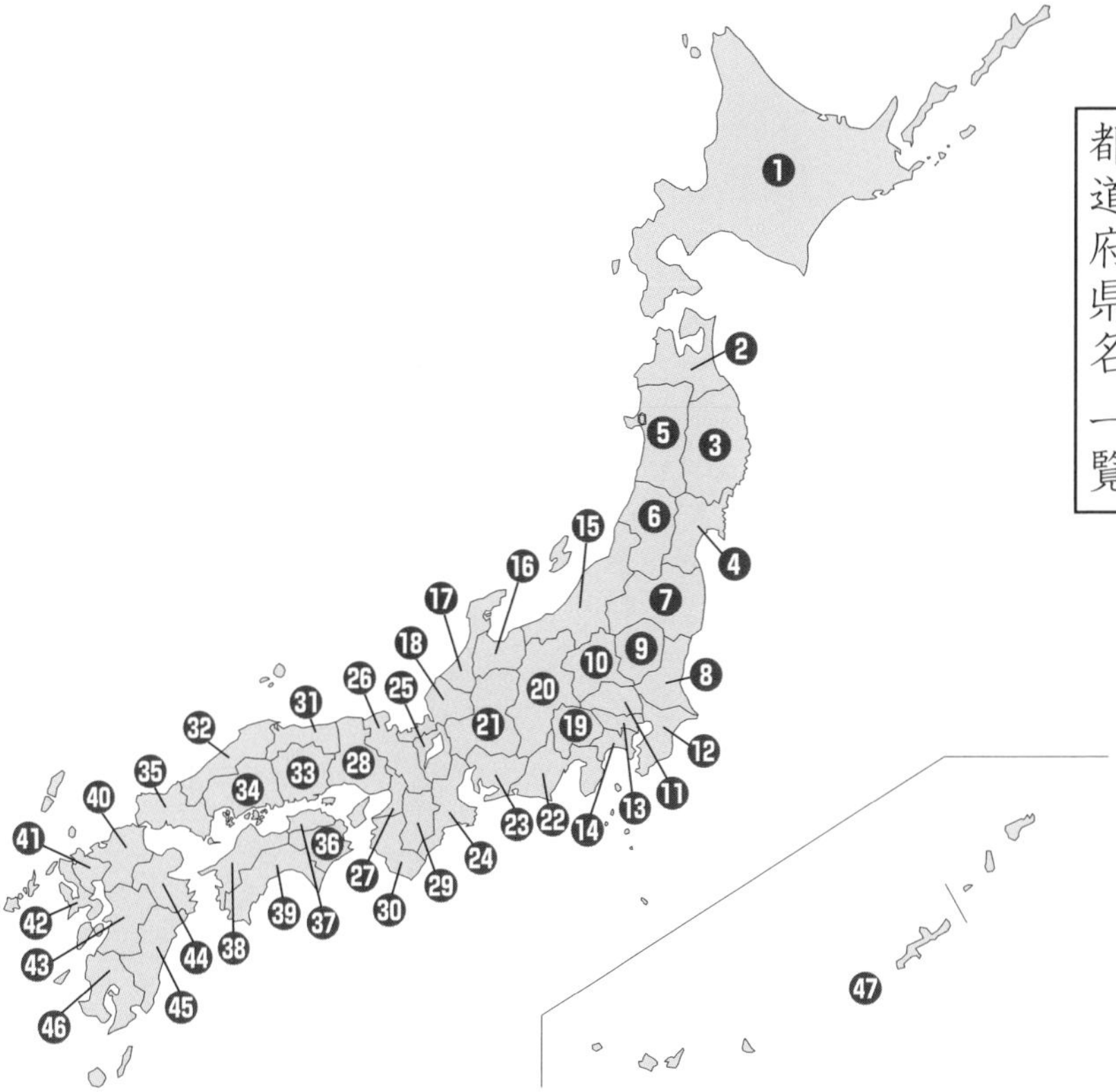

1	2	3	4	5	6	7	8	9	10	11	12	13	14	15	16
北海道《ほっかいどう》	青森《あおもり》県	岩手《いわて》県	宮城《みやぎ》県	秋田《あきた》県	山形《やまがた》県	福島《ふくしま》県	茨城《いばらき》県	栃木《とちぎ》県	群馬《ぐんま》県	埼玉《さいたま》県	千葉《ちば》県	東京《とうきょう》都《と》	神奈川《かながわ》県	新潟《にいがた》県	富山《とやま》県

17	18	19	20	21	22	23	24	25	26	27	28	29	30	31	32
石川《いしかわ》県	福井《ふくい》県	山梨《やまなし》県	長野《ながの》県	岐阜《ぎふ》県	静岡《しずおか》県	愛知《あいち》県	三重《みえ》県	滋賀《しが》県	京都《きょうと》府《ふ》	大阪《おおさか》府《ふ》	兵庫《ひょうご》県	奈良《なら》県	和歌山《わかやま》県	鳥取《とっとり》県	島根《しまね》県

33	34	35	36	37	38	39	40	41	42	43	44	45	46	47
岡山《おかやま》県	広島《ひろしま》県	山口《やまぐち》県	徳島《とくしま》県	香川《かがわ》県	愛媛《えひめ》県	高知《こうち》県	福岡《ふくおか》県	佐賀《さが》県	長崎《ながさき》県	熊本《くまもと》県	大分《おおいた》県	宮崎《みやざき》県	鹿児島《かごしま》県	沖縄《おきなわ》県

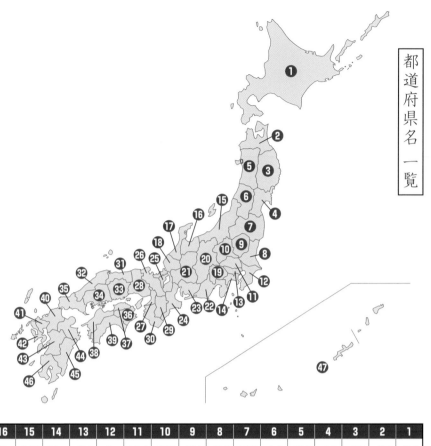

矢印の方向に引くと、取り外せます。→